묵상

성 도 의 품 격

세움북스 는 기독교 가치관으로 교회와 성도를 건강하게 세우는 바른 책을 만들어 갑니다.

묵상 : 성도의 품격

초판 1쇄 발행 2015년 12월 7일
초판 1쇄 인쇄 2015년 12월 10일

지은이 | 한병수
펴낸이 | 강인구

펴낸곳 | 세움북스
등 록 | 제2014-000144호
주 소 | 서울시 마포구 양화로 78, 502호(서교동, 서교빌딩)
전 화 | 02-3144-3500
팩 스 | 02-6008-5712
이메일 | cdgn@daum.net

교 정 | 이경희
디자인 | 참디자인(02-3216-1085)

ISBN 979-11-952908-5-7 (03230)

* 이 책은 신저작권법에 의하여 국내에서 보호를 받는 저작물입니다.
  출판사와의 협의 없는 무단 전재와 무단 복제를 엄격히 금합니다.
* 책 값은 뒷표지에 있습니다.
* 잘못된 책은 교환하여 드립니다.

묵상

성도의 품격

| 한병수 지음 |

**더 깊어진
미러링 묵상법
수록**

세움북스

추천사

***

고단한 광야 여정을 걸어야하는 신자들에게 하나님의 말씀인 성경 묵상은 필수적 일용할 양식과 음료입니다. 그러나 음식을 먹는 일에도 일정한 원리가 있습니다. 저자는 성경 묵상이 '사랑의 해석학'에서 출발해야 한다고 주장합니다. 이 책에는 16개의 묵상 방법론과 150개의 실재 묵상이 선보이고 있습니다. 어거스틴과 칼빈의 성경해석 전통을 이어받은 저자의 묵상들은 분주한 현대 크리스천들의 영혼에 깊은 울림을 줄 뿐 아니라 품격 있는 신앙의 세계로 나아가는 길을 안내합니다. 생각하는 크리스천들에게 육즙 가득한 스테이크가 될 것입니다.

류호준 목사 (백석대학교 신학대학원 구약학 교수, 『365 힐링묵상』저자)

***

이 책은 교수님의 첫 묵상집 『미러링: 더 깊은 묵상』보다 더 섬세하며(묵상의 필요성과 기초 이론), 구체성(미러링 묵상법의 14가지의 묵상 방식)이 더해져서 찾아 왔습니다. 한 편 한 편 기록된 수많은 묵상의 실재들은 끊임없는 통찰과 자극을 주면서 묵직한 울림으로 다가옵니다. 저자만의 독특한 사랑의 해석법("하나님과 신자 사이의 거리 좁히기는 무엇보다 사랑이요, 그 사랑이 우리의 의식과 버릇과 어투와 표정과 눈빛 등에 관여하지 않는 곳이 없습니다. 사랑을 추구하는 것이 최선의 길입니다. 성경은 사랑을 한 구절의 예외도 없이 독려하고 있습니다") 묵상도 고스란히 녹아져 있습니다. 말씀과 사랑의 마음이 활자에 갇혀지지 않고 펄펄 살아서 신자가 반응하고 움직이게 합니다. 그래서 교수님께서 제안하신 묵상의 방법과 당위성에 신뢰하는 마음이 강화됩니다. 이렇게 진리의 우물을 날마다 파고 길어 올린 소중한 결과물을 나눠 주시니 감사합니다. 그 작업을 쉬지 않고 실천하시는 건전한 모델로 계셔서 기쁩니다. 매일 성경을 읽고 학습하며 평생 '공부하는 삶'으로 '묵상하는 삶'으로 도전을 주시니 행복합니다.
서자선 집사 (광현교회)

* * *

"계시 의존적인 사색에서 계시 의존적인 대화로!"
『미러링: 더 깊은 묵상』에 이어 한병수 교수의 두 번째 묵상집을 기쁜 마음으로 읽었습니다. 유학시절 열심히 플래쉬 카드를 넘기며 외국어 공부를 하는듯한 느낌이 들었습니다. 짧지만 깊이 있고, 위엄이 있으나 호기심을 자극하는 하나님의 말씀이 먼저 제시됩니다. 곧이어 저자는 통찰력 있는 단상으로 주어진 말씀에 대해 성실하게 응답합니다. 저는 이것이 계시 의존적인 '대화'라는 느낌이 들었습니다. 계시 의존적인 '사색'보다는 훨씬 동적이며 생동감이 있습니다. 가끔씩 어거스틴과 칼빈을 비롯하여 교회사의 몇 몇 거장들이 이 대화에 끼어드는 까메오 역할을 하는데 이것 역시 읽는 즐거움을 더해 줍니다. 한 걸음 더 나아가『묵상: 성도의 품격』은 독자들을 거룩한 대화로 초청합니다. 독자들은 저자의 생각을 곧바로 읽지 말고 독자의 눈앞에 제시된 하나님의 말씀을 독자의 머리와 가슴 속에서 먼저 '묵상'해 볼 것을 권합니다. 그 후에 저자의 묵상을 천천히 읽어보시기 바랍니다. 이러한 시도를 통해 우리는 하나님의 계시된 '말씀'과 탁월한 식견으로 우리를 안내하는 '저자', 그리고 믿음과 사랑의 묵상법으로 무장한 '독자' 사이에 역동적으로 오가는 삼자간의 의미 있는 대화를 함께 경험할 수 있을 것입니다."
안상혁 교수 (합동신학대학교, 역사신학)

* * *

우리는 인문학적 성경 읽기의 기초를 넘어서서 한 걸음 더 나아갈 수 있어야 합니다. 혼잡한 도로를 벗어나 하나님께 영광을 돌리고 그리스도의 형상을 닮아가기 위한 경건한 성경 읽기의 조용한 산책로를 찾아 들어가야 합니다. 이 책은 무위의 방식으로 성경을 묵상하며 성경 그 자체를 즐기고 궁극적 저자이신 하나님과 사랑을 나누는 신앙적 성경 읽기의 길로 독자들을 초대하고 있습니다.
신현우 교수 (총신대학교 신학대학원, 신약학)

감사의 글

먼저 저의 첫번째 묵상집 『미러링: 더 깊은 묵상』을 읽고 주변에 추천해 주시고 많은 격려를 보내 주신 모든 분들에게 감사를 드립니다. 여호와를 가까이함이 복이라는 생각으로 말씀을 가까이하며 받은 은혜와 배운 깨달음을 공유하면 좋겠다는 뜻에서 묵상의 조각들을 블로그에 올리고 모아서 책으로 묶었습니다.

많은 분들이 때로는 따끔한 질책과 기발한 제안을, 때로는 진지한 찬사와 과한 호평을 보내 주셔서 얼마나 감사한지 모릅니다. 이 모든 반응들은 말씀의 사역에 전념해야 할 목회자로 부름을 받은 저에게 음으로 양으로 너무도 귀한 자양분이 됩니다. 한 마디도 놓치지 않고 가슴에 담고 있다가 다음 묵상집에 꼭 반영해야 되겠다는 생각을 하며 계속해서 묵상을 했습니다. 그리고 묵상법의 필요성과 이유와 방법에 대해서도 고민에 고민을 거듭하며 지속적인 수정과 보완을 해 왔습니다.

이제 다시 사랑하는 믿음의 선배와 동역자, 형제자매 앞에 두렵고 떨리는 마음으로 두번째 묵상집을 내밉니다. 이번에는 이론편을 조금 강화해서 신구약과 역사 전체를 관통하는 말씀의 구속사적 중심성을 함께 나누고 이에 대한 단상을 간결하게 썼습니다. 이는 제가 평소에 신학을 공부하고 가르치며 절감하는 하나님의 말씀인 성경의 중요성을 정리한 것입니다.

그리고 성경을 묵상하는 가장 기본이 되는 사랑의 묵상법은 첫번째 묵상집에 수록된 글을 그대로 실었습니다. 그리고 구체적인 묵상의 방법들에 대해서는 강연과 북콘서트 및 질의응답 속에서 새롭게 배우고 깨달은 내용들을 기존의 묵상법과 통합하고 재구성해 보다 체계적인 형식으로 정리했습니다.

이 과정에서 느낀 점은 이 땅에서 하나님의 말씀을 묵상함에 있어 "다 이루었다" 경지에 도달할 자가 아무도 없다는 것입니다. 이는 이 땅에서는 하나님의 진리를 전체가 아니라 일부분을 알며 그 일부분도 선명하게 알지 못하고 희미하게 알기 때문에 지적인 완전성에 도달할 수가 없다는 뜻입니다.

그러나 한 가지 분명한 점은 하나님의 말씀을 묵상하면 할수록 하나님에 대한 신뢰는 더욱 깊어지고 확신은 더욱 견고해진다는 것입니다. 정보의 분량과 관련된 지식의 확장이 아니라 관계의 깊이와 관련된 사랑의 증대가 지속적인 묵상이 주는 풍성한 열매입니다. 이것은 이 묵상집에 실린 실재편이 잘 보여줄 것입니다.

책 제목을 〈묵상: 성도의 품격〉으로 정한 이유는 다음과 같습니다. 묵상은 성도의 고품격 됨됨이와 삶의 모든 실천에 필수적인 것입니다. 하나님의 말씀과 사투를 벌이지 않고서도 성도의 고유한 품위를 유지하는 방법은 없습니다.

하나님의 말씀을 먹고 사는 성도의 정체성과 삶은 말씀을 규칙적인 끼니처럼 날마다 주야로 먹는 자에게만 주어지는 것입니다. 여기서 주의할 것은 성도의 품격이 묵상의 고상한 모양새를 의미하는 것은 아니라는 것입니다. 즉 말씀으로 인해 내가 깨어지고 부서지고 낮아지고 죽고 없어지는 동시에 말씀으로 살고 말씀과 더불어 살고 말씀으로 말미암아 살고 말씀 안에서 살고 말씀 자체가 그 안에서 사는 전인격적 묵상이 성도의 품격과 직결되어 있다는 뜻입니다.

이 책의 출간에 함께한 강인구 세움북스 대표님과 직원들께 감사를 드립니다. 저의 묵상에 다양한 의견을 남겨 주신 「미러링」의 독자들과 제 블로그를 방문해 주시는 분들께도 진심으로 감사를 드립니다. 몸의 고통 속에서도 묵묵히 저를 위해 기도하며 주의 지혜와 교훈으로 가정을 세워가는 아내 강은경에게 사랑을 전합니다.

그리고 한국의 언어와 문화에 적응하느라 힘든 시간을 보내는 중에도 불평이나 저항 없이 지금까지 믿음의 정도를 걷는 은진이, 긍휼이, 혜리에게 감사를 표합니다.

　끝으로 하나님의 말씀을 기뻐하고 사모하며 주야로 묵상하는 모든 분들에게 주님의 은혜와 사랑과 긍휼과 자비와 위로와 지혜와 능력이 늘 함께 하시기를 기도 드립니다.

2015년 4월 양평에서
한 병 수

CONTENTS 차 례

추천사 · 4
감사의 글 · 6
특별부록 : 묵상의 이론 · 12

구약 묵상

01 삼위일체 어법 · 66 ┃ **02** 우리의 형상은? · 68 ┃ **03** 땅의 저주를 생각한다 · 72 ┃ **04** 방패와 상급 · 74
05 깊은 신앙의 테스트와 초청 · 77 ┃ **06** 작은 영웅들 · 80 ┃ **07** 중심이 중요하다 · 82
08 형통의 비결 · 84 ┃ **09** 소통의 범례 · 86 ┃ **10** 사사기의 진단 · 88 ┃ **11** 자유의 과잉 · 90
12 이가봇의 슬픔 · 93 ┃ **13** 외모와 중심 · 95 ┃ **14** 다윗의 처신 · 97 ┃ **15** 무례 퇴치법 · 100
16 까닭 없이? · 102 ┃ **17** 수학을 넘어서 · 104 ┃ **18** 주체를 묻는다 · 106 ┃
19 계시 의존적인 사색 · 108 ┃ **20** 원수들에 대한 기도 · 110 ┃ **21** 하나님을 향유하다 · 113
22 해와 궁창의 비유 · 115 ┃ **23** 일반의 마음을 지으시다 · 117 ┃ **24** 슬픈 동물원 · 120
25 하나님을 동류로 여기는가? · 122 ┃ **26** 오직 주께만 범죄하여 · 124 ┃ **27** 짐 지시는 하나님 · 126
28 생각을 사랑하라 · 129 ┃ **29** 시편의 어법 · 131 ┃ **30** 복이란? · 132 ┃ **31** 창조의 메시지 · 134
32 여호와께 영광을 · 136 ┃ **33** 고난이 유익이다 · 138 ┃ **34** 집을 지키시는 여호와 · 141
35 형제의 아름다운 동거 · 143 ┃ **36** 바벨론 강변의 노래 · 146 ┃ **37** 하나님의 의와 우리의 꼬라지 · 149
38 하나님이 주시는 자유 · 151 ┃ **39** 잠언의 유익 · 153 ┃ **40** 기호와 즐거움의 중생 · 156
41 영혼의 주림은 없다! · 159 ┃ **42** 겸손 · 161 ┃ **43** 인자와 잔인의 역설 · 163 ┃ **44** 징계와의 화친 · 165
45 판단의 기준 · 167 ┃ **46** 속임과 희락의 출처 · 169 ┃ **47** 자기노출 · 171 ┃ **48** 미련의 정체 · 173
49 사생활과 공생활 · 175 ┃ **50** 성경의 경제학 · 177 ┃ **51** 겸손은 존귀의 앞잡이다 · 179
52 악인의 존재에도 목적은 있다 · 181 ┃ **53** 재앙에 대한 반응 · 183 ┃ **54** 뇌물의 유혹 · 185
55 기쁨이 실력이다 · 187 ┃ **56** 허물을 덮으라 · 189 ┃ **57** 경외: 생명에 이르는 길 · 191
58 이행득의 vs. 이신칭의 · 193 ┃ **59** 가르치라 · 195 ┃ **60** 약하다는 이유로 · 197 ┃ **61** 사유법 · 199
62 고아들의 지계석 · 201 ┃ **63** 영혼을 지키시는 분 · 203 ┃ **64** 영혼을 제어하라 · 205
65 미련함을 생각한다 · 207 ┃ **66** 어리석은 자와의 대화 · 210 ┃ **67** 투기의 기염 · 212
68 축복과 저주의 혼돈 · 214 ┃ **69** 철이 철을 · 216 ┃ **70** 마음이 비추이는 것 · 218
71 정의를 깨닫는다 · 220 ┃ **72** 물음이 있는 삶 · 222 ┃ **73** 성경이 낯설다? · 224
74 거짓의 원흉과 극복 · 226 ┃ **75** 지도자의 덕목 · 229 ┃ **76** 게으른 소득이 우리를 좀먹는다 · 231
77 성경의 침묵을 대하는 태도 · 233 ┃ **78** 스스로 감추시는 하나님의 은혜 · 235
79 악의 문제 · 237 ┃ **80** 교부들의 유익 · 240 ┃ **81** 문제란! · 242 ┃ **82** 죄 · 244
83 하나님의 공의로운 보응 · 246 ┃ **84** 나의 기뻐하는 바는? · 249 ┃ **85** 교만이 속인다 · 251

신약 묵상

01 높은 기준치 · 254 ┃ 02 염려하지 말라 · 256 ┃ 03 존재가 선행된 추구 · 258
04 자발성 발휘 · 260 ┃ 05 깨달음의 복 · 262 ┃ 06 예수님의 세금관 · 264
07 이웃을 사랑하는 방식 · 266 ┃ 08 율법의 하한선 · 268 ┃ 09 모든 소유를 버리란다 · 270
10 부자와 나사로 이야기 · 272 ┃ 11 믿음의 취득도 은혜고 보존도 은혜다 · 274
12 성경이 좋다 · 276 ┃ 13 외면당한 선물 · 278 ┃ 14 말씀의 본질 · 280
15 주어이신 그리스도 · 282 ┃ 16 공짜에 대한 단상 · 284 ┃ 17 진리의 증거 · 286
18 그리스도 예수를 생각하며 · 289 ┃ 19 예수님은 누구신가? · 292 ┃ 20 역설적인 증인 · 295
21 사람의 영광을 경계하라 · 297 ┃ 22 말씀의 달인 · 300 ┃ 23 주의 이름으로 기도하라 · 302
24 미움의 이유가 중요하다 · 304 ┃ 25 예수님의 억울함은 복음의 진수이다 · 306
26 십자가의 반전 · 308 ┃ 27 불쾌할 쓴소리 · 310 ┃ 28 베드로의 그림자 · 313
29 주어지신 하나님 · 315 ┃ 30 거룩에 대해서 · 317 ┃ 31 창조는 계시다 · 318
32 하나님의 한 의 · 320 ┃ 33 성화의 영광 · 322 ┃ 34 율법의 준거성 · 324
35 율법과 영의 관계 · 326 ┃ 36 일상의 기독교적 재조명 · 328 ┃ 37 십자가의 도 · 332
38 설교의 준비 · 335 ┃ 39 아비의 영광스런 길 · 337 ┃ 40 교회다운 교회의 회복 · 340
41 바울의 자발성 · 341 ┃ 42 희미하고 부분적인 지식 · 343 ┃ 43 바울의 과격한 언사 · 347
44 의로우신 하나님 · 349 ┃ 45 형통의 함정 · 300 ┃ 46 하나님의 예정 · 353
47 욕망 제거법 · 356 ┃ 48 도둑질 문제의 적극적인 해법 · 358
49 사람의 사찰과 하나님의 감찰 · 360 ┃ 50 사랑과 지식과 분별 · 362 ┃ 51 기독교적 지혜 · 364
52 미완성과 미취득의 삶 · 366 ┃ 53 지성인의 허울 · 369 ┃ 54 신성의 모든 충만 · 370
55 항구적인 기도의 이유 · 373 ┃ 56 신학자의 고민 · 375 ┃ 57 속고 속이는 일의 함정 · 379
58 안식 · 381 ┃ 59 성경해석 · 383 ┃ 60 유쾌한 멘붕 · 385 ┃ 61 은혜의 쓰나미 · 387
62 시험을 만나거든 · 390 ┃ 63 칼빈의 원수동기 · 392 ┃ 64 보다 확실한 예언 · 394
65 성경의 예언 · 397

특별부록
묵상의 이론

묵상의 필요성: 성경은 묵상해야 성경이다

인류와 교회의 문제

요한이 쓴 복음서에 나오는 첫 소절을 읽을 때마다 복음의 최고압 전기에 순식간에 감전되는 전율을 느낍니다. 인류의 근원적인 문제를 간파하고 풀어가는 요한의 안목은 태초까지 소급되고 있습니다. 그의 감동된 붓길은 태초에 말씀이 계셨고 이 말씀이 하나님과 함께 계셨으며 나아가 하나님 자신임을 증거합니다. 또 이 말씀으로 말미암아 만물이 지음을 받았고 말씀이 세상에 오셨다고 말합니다. 요한복음 1장 앞부분은 요한복음 전체의 요약적인 성격을 띱니다. 요한이 '말씀'을 전면에 배치한 이유는 말씀이 복음의 핵심 중에서도 핵심이기 때문입니다. 하나님의 말씀이 복음의 정수입니다. 복음이 세상의 빛과 백성의 언약이라 한다면 인류와 하나님의 백성에게 드리워진 어두움의 해법은 하나님의 말씀과 결부되어 있다는 결론에 이릅니다. 왜 그럴까요?

태초의 사건을 보십시오. 시공간이 창조되고 만물이 조성된 이후 인류가 창조됩니다. 이 지점에서 창세기는 하나님의 말씀을 꺼냅니다. 이 말씀은 최초의 사람 아담에게 주어진 하나님의 명령으로 에덴동산 중앙에 있는 나무의 실과는 먹지 말라는 것입니다. 인류 이야기의 핵심은 '명령'에 있습니다. 명령은 하나님과 인간의 관계를 이어주는 언약의 끈입니다. 이 것을 정확히 인지하고 있던 사탄은 그 끈을 끊으려고 교활한 뱀으로 가장하여 하나님이 금하신 실과를 먹어도 죽지 않을 것이고, 인간의 눈이 밝아질 것이라고 유혹합니다. 결국 하나님과 같아질 것이라는 너무나 달콤하고 자극적인 설득은 불순종의 덫이 되었습니다. 결국 인간은 하나님의 명령을 거역하고 사탄의 말을 들음으로 사탄이 파놓은 함정에 빠집니다. 그렇게 인간은 불순종을 통해 하나님이 연결하신 언약적 관계의 끈을 스스로 끊습니다.

아담의 허리에 있었던 온 인류는 아담과 더불어 죄를 범하였고 타락하게 되었습니다. 곧 인류에게는 저주의 그늘이 드리우게 되었는데 이 모든 문제의 원인은 하나님의 말씀을 버렸기 때문입니다. 하나님의 말씀은 인류가 죽느냐 사느냐의 여부를 좌우할 정도로 중요합니다. 같은 맥락에서 성경은 하나님의 말씀을 생명의 말씀으로 규정하고 있습니다. 말씀을 들으면 살고 듣지 않으면 죽는다는 것입니다.

인류의 실패만이 아니라 택함을 받은 이스라엘 백성의 실패도 하나님의 말씀과 연관되어 있습니다. 먼저 백성의 대표성을 가진 왕 사울을 한번 보십시오. 그는 "아말렉을 쳐서 그들의 모든 소유를 남기지 말고 진멸하되 남녀와 소아와 젖 먹는 아이와 우양과 약대와 나귀를 죽이라"는 하나님의 명령을 받습니다. 그러나 사울은 아말렉의 왕 아각을 생포하고 괜찮아 보이는 소와 양은 죽이지 않습니다. 하나님의 사람 사무엘이 그 이유를 묻자 사울은 백성들이 두려워서 그랬다는 궁색한 변명을 했습니다. 하나님을 경배하기 위해 쓸 최고급 제물을 마련한 것이라는 허울뿐인 명분을 내세웠습니다. 그러나 하나님의 관점으로 바라본 사무엘의 해석은 다릅니다. 아각의 생포와 가축의 남김은 "탈취"를 위해서고 이것은 하나님의 말씀을 버린 것이라고 말합니다. 탈취와 말씀의 버림이 이렇게 맞물려 있습니다. 왕의 양심에도 거리낌이 없고 이성적인 판단에 껄끄러울 것이 없다고 생각한 백성들의 호응으로 탈취가 벌어졌습니다. 참으로 교묘하고 그럴싸한 방식으로 탈취가 발생하고 그 이면에는 하나님의 말씀이 버려졌습니다.

사무엘은 사울의 불순종 사건을 "왕이 하나님의 말씀을 버렸기 때문에 왕을 버리신 것"이라고 말합니다. 첫 인류가 사탄의 말을 경청하여 실패한 것처럼 택함 받은 이스라엘 백성의 첫번째 왕 사울도 자신의 욕심을 위해 하나님의 말씀을 버림으로 동일한 실패에 이른 것입니다. 이것은 단순히 사울 개인의 실패가 아닙니다. 이스라엘 전체의 실패를 대표하는 것입니다. 예레미야 선지자는 이스라엘 백성의 멸망을 예언할 때에 그 이유를 이렇게 진술하고 있습니다. "네 하나님 여호와를 버림과 네 속에 나를 경외함이 없는 것이 악이요 고통인 줄 알라."

바벨론과 앗수르의 몽둥이로 인해 국권을 상실하고 예루살렘 담벼락이 허물어진 원인은 다른 것에 있지 않습니다. 바로 우리 하나님 여호와를 버림에 있습니다. 그분을 경외하지 않음에 있습니다. 그의 계명을 지켜 행하지 않는 불순종에 있습니다. 하나님의 계명을 준행하지 않음은 말씀을 버리는 것이요, 또한 하나님을 버리는 것입니다.

인류의 역사와 더불어 태초부터 시작된 교회는 온 인류와 선택된 백성의 실패가 하나님의 말씀을 버린 결과라는 사실을 증언하고 있습니다. 인류사와 교회사는 말씀의 수납과 버림의 역사라 해도 과언이 아닙니다. 온 인류와 택하신 백성의 문제를 일소하는 유일한 해법은 하나님의 말씀과 연관되어 있습니다. "태초에 말씀이 계시니라." "말씀이 육신이 되어 우리 가운데 거하시며." 요한은 말씀이 만물과 역사의 처음과 나중임을 복음서의 서두에서 분명히 밝힙니다. 말씀의 버림에서 시작된 만물과 인류의 고질적인 문제는 오로지 말씀에 의해서만 풀립니다. 그러나 우리가 버린 말씀을 스스로 취할 능력은 우리에게 없습니다. 스스로는 해법을 마련할 수 없는 절망적인 상태의 우리에게 말씀은 모든 날 마지막에 친히 육신이 되십니다. 말씀이신 그리스도 예수는 성육신하여 죽음의 십자가에 달리심으로 말씀과 얽힌 모든 문제의 근원을 제거했습니다. 그뿐만 아니라 완전한 순종으로 불순종 이전의 인류가 마땅히 이르러야 할 완성의 자리까지 길과 범례가 되셨으며 친히 우리와 영으로 동행하는 중보자가 되셨습니다.

이렇듯 말씀 이야기는 성경 전체를 관통하고 있습니다. 인류와 기독교의 역사는 말씀과 결부되어 있습니다. 이러한 말씀의 중요성을 간파하고 있던 사탄은 인류의 심장과도 같은 하나님의 말씀을 앗으려고 첫 사람 아담을 간교한 뱀의 목소리로 속였습니다. 또한 동일한 목적을 위하여 하나님의 기름 부음을 받은 이스라엘의 태조 사울을 백성과 사울 자신의 목소리로 속였습니다. 말씀은 어제나 오늘이나 내일이나 영원토록 동일합니다. 지금도 여전히 말씀은 성경과 인류와 교회를 관통하는 최고의 중요성을 가졌습니다. 그리고 이를 기억하는 사탄의 속임수도 동일하게 교활하고 교묘할 것입니다.

사탄이 만국과 그 영광 전체도 기꺼이 떡밥으로 사용하여 교회를 속이고자 하는 이유는 바로 하나님의 말씀을 빼앗는 것에 있습니다. 하나님의 말씀이 빼앗기면 화려한 예배당도, 건실한 재정도, 세상의 칭찬도 무의미합니다. 하나님의 영광이 떠나는 이가봇의 끔찍한 비극이 벌어질 뿐입니다. 그래서 교회의 빛과 소금기를 제거하는 사탄의 모든 전략은 바로 하나님의 말씀 빼앗기에 집중되어 있습니다.

하나님의 말씀이 빼앗기는 유형은 성경의 내용에 물리적인 일부를 가감하는 것, 하나님의 뜻에 도달하지 못하는 인위적인 해석, 해석된 하나님의 교훈을 삶의 현장에 실천하지 않는 것 등입니다. 하나님이 설정하신 계시의 기록된 경계를 무시하고 성경에 물리적인 일부를 가감하며 말씀을 빼앗는 초등적인 이단들도 있으나 그러한 가감이 없이도 성경의 본의에 도달하지 못하여 자기의 의를 세우려고 했던 바리새인 같은 인본주의 이단들도 있습니다. 나아가 하나님의 뜻을 알고서도 행하지 않아 자신은 물론이고 주변 사람들도 참된 신앙의 길을 가지 못하게 막는 지식적인 이단들도 있습니다.

말씀을 빼앗기지 않으려면 하나님의 말씀을 물리적인 차원과 해석학적 차원과 실천적인 차원 모두에서 가감하지 않아야 합니다. 이로 보건대 말씀을 빼앗기지 않는 것은 인간의 힘과 능으로는 불가능한 일입니다.

하나님의 열심

인류는 하나님의 말씀을 버림으로 말미암아 타락과 저주의 늪에 빠졌습니다. 그러나 인류의 회복과 완성을 향한 하나님의 열심은 한번도 중단된 적이 없습니다. 하나님의 명령을 버림으로 아담은 창조자의 권위를 짓밟았습니다. 수치와 두려움에 사로잡혀 저주의 나무 밑에 숨은 그에게 하나님은 곧장 찾아와 먼저 말씀을 건냅니다. 그리고 아담과 하와가 스스로 마련한 나뭇잎 치마의 무기력함을 보신 하나님은 친히 가죽으로 만든 치마로 덮어 그들의 수치와 두려움을 일소해 주십니다. 하나님의 말씀으로 자유케 한 것입니다.

하나님의 말씀이 십계명과 율법으로 성문화된 이후 하나님의 말씀은 지성소에 임하는 방식으로 바뀝니다. "거기서 내가 너와 만나고 속죄소 위곧 증거궤 위에 있는 두 그룹 사이에서 내가 이스라엘 자손을 위하여 네게 명령할 모든 일을 네게 이르리라." 이는 하나님의 말씀이 주어지는 소통이 지성소의 일이라는 말입니다. 이스라엘 백성은 지성소를 중심으로 운집하고 살았습니다. 광야에서 생활할 때에는 지성소에 임하는 구름기둥과 불기둥을 따라가지 않으면 생존할 수 없었기에 지성소의 움직임과 방향에 민감해야 했습니다. 이처럼 이스라엘 백성의 모든 의식과 삶은 지성소에 온통 집중되어 있어야만 했습니다.

　영적인 측면에서 보자면, 지성소 중심적인 생활은 하나님이 이스라엘 백성에게 당신의 말씀을 전달하고 그 말씀을 빼앗기지 않도록 그들의 일상에 새기려는 율법적인 장치였던 것으로 보입니다. 그러나 지성소 방식의 소통에는 약간의 제약이 있습니다. 먼저, 모든 사람들이 지성소에 출입할 수는 없었고 하나님이 친히 엄선하여 기름 부으신 대제사장 한 사람만이 들어갈 수 있었습니다. 출입의 시기에 있어서도 제약이 있었는데 일년에 한 번 대속죄일 단 하루만 출입할 수 있었습니다. 그리고 지성소에 들어가는 대제사장에게 흠이 있으면 그는 지성소 안에서 살아서 나오지를 못합니다. 그래서 대제사장 자신을 위해 제사를 드려야 했습니다. 이러한 제약 속에서도 하나님을 만나 생명의 말씀을 들을 수 있다는 자체가 최고의 복이기 때문에 이스라엘 백성은 제약이 주는 불편함도 너끈히 감내할 수 있었던 것 같습니다.

　율법과 선지자의 시대는 세례 요한에 의해 종결됩니다. 이제는 태초부터 하나님과 함께 계셨으며 하나님 자신이신 말씀이 육신으로 이 땅에 오심으로 인해 말씀 자체가 소통의 수단도 되는 성육신 방식으로 바뀝니다. 그리스도 예수께서 육체로 땅에 거하시던 시대에는 사도들과 교회가 말씀을 보고 듣고 만지는 물리적인 경험을 했습니다. 그들은 병들고 가난하고 무지하고 연약한 자들을 고치시고 온전케 하시는 말씀의 능력을 보았으며, 하나님 나라의 비밀이 말씀의 입술로 출고되는 교훈의 목소리를 들었습니다. 말씀과 더불어 먹고 마시고 동행하며 대화하는 생의 현장을 경험했기 때문에 사도시대 교회는 하나님의 말씀을 상실하지 않았던 것 같습니다. 하나님의 열심은 성육신 방식으로 하나님의 말씀이 교회에 머물게 했습니다. 그러나 이 방식에도 한계가 있습니다. 특정한 시대의 특정한 사람들만 말씀이신 예수님과 동행할 수 있었습니다.

　예수님의 탄생 이전과 이후에 출생한 사람들 그리고 예수님이 거하셨던 팔레스틴 지역 밖에서 살았던 사람들은 성육신된 말씀과 직접 만나거나 동행할 수 없다는 것입니다. 그럼에도 불구하고 말씀의 내용과 방법의 일원화가 이루어진 그 시대를 모두가 흠모하고 있습니다. 그러나 우리가 아무리 흠모해도 그 시점으로 직접 돌아갈 수는 없습니다. 선지자들 및 사도들을 통하여 돌아갈 수밖에 없습니다.

　육신을 입은 말씀으로 우리 가운데 거하셨던 예수님이 죽으시고 부활하여 승천하셨습니다. 이제 하나님의 열심은 사도들의 붓을 움직여 당신의 말씀에 문자를 입히는 기록의 방식으로 바뀝니다. 예수님은 승천하신 이후에도 말씀 즉 자신을 당신의 백성에게 주시는데 이것은 바로 성경입니다. 말씀을 기록하는 이유는 인간의 짧은 기억과 왜곡하는 악습이 하나님의 말씀을 훼손하지 못하게 하려는 방어적인 차원도 있겠지만 무엇보다 모든 시대, 모든 지역의 모든 사람들이 하나님의 말씀을 듣고 빼앗기지 않도록 하시려는 하나님의 적극적인 열심 때문입니다. 성경의 기록은 하나님의 뜻입니다.

　사도시대 이후의 방식은 하나님을 만나고 그분의 말씀을 수납하는 것입니다. 하나님과 직접 말을 섞었던 대화의 방식도 아니고, 특정한 인물이 지정된 날에 구별된 곳에 출입해야 했던 지성소의 방식도 아닙니다. 예수님과 동시대에 산 사람들이 말씀의 실체와 길이신 그분을 직접 경험했던 성육신의 방식도 아닙니다. 선지자들 및 사도들이 하나님의 말씀에 문자의 옷을 입힌 기록의 방식을 취합니다.

　달리 말하면 하나님의 말씀이 기록된 성경을 묵상하는 것은 하나님과 직접 대화하는 것입니다. 지존자와 은밀한 곳에서 만나 말씀이신 그리스도 예수를 보고 듣고 경험하는 것입니다. 성경은 언제 어디서나 하나님의 생생한 목소리를 들을 수 있는 하나님의 입술이며, 하나님을 찾아뵙고 마땅히 행하여야 할 교훈을 듣기 위해 무시로 출입할 수 있는 휴대용 지성소입니다. 성경은 시대와 민족과 언어에 제한되지 않고 누구나 언제든지 말씀에 다가갈 수 있도록 여호와의 집의 사환들을 통해 찾아오신 문자적 성육신과 같습니다. 그리고 온 인류와 온 교회와 역사의 본질적인 문제는 하나님의 말씀과 얽혀 있습니다. 그러므로 기록된 말씀을 묵상하는 것은 인류와 교회의 문제 전체에 저항하는 일입니다.

사탄이 어떠한 대가를 지불한다 할지라도 하나님의 말씀을 빼앗고 싶어하는 것은 당연합니다. 기록으로 고정된 하나님의 말씀을 묵상하는 것은 사탄과 정면으로 맞서는 것이며 그의 사악하고 교묘한 궤계의 허리를 꺾는 일입니다. 앞에서 살펴본 것처럼 하나님의 말씀은 성경의 처음과 나중이기 때문에 하나님의 말씀을 묵상하는 것은 그 자체로 성경의 흐름에 참여하는 것이며 성경의 본의를 파악하고 구현하는 것입니다.

하나님의 말씀은 인류와 교회의 전 역사를 관통하는 중심적인 주제입니다. 그러므로 하나님의 말씀을 묵상하는 것은 인류에 대해서는 빛과 소금의 기능을, 교회에 대해서는 변하지 않는 언약의 기능을 수행합니다. 이는 결국 역사의 중심부에 우리 자신을 세우는 일이 되는 것입니다. 말씀이 주어지는 곳이 세계의 중심이며 말씀이 육신으로 오신 때가 역사의 정점입니다. 이제 우리는 그 말씀이 다시 오시는 또 하나의 정점을 고대하고 있습니다. 그러하기 때문에 사도들은 지속적인 기도와 더불어 말씀의 사역에 전념했던 것입니다. 그러므로 우리도 성경을 펼쳐야 합니다. 책장이 펼쳐졌다 할지라도 묵상하지 않으면 허사입니다. 묵상은 성경이 가르치는 기초와 원리를 존중해야 합니다. 성경은 말씀의 중요성도 강조하고 있지만 말씀을 어떻게 묵상할 것인지도 친절하게 귀띔해 주고 있습니다. 성경에는 묵상의 내용과 원리와 방법도 있습니다.

시중에는 성경을 이해할 수 있도록 도와주는 참으로 많은 책들이 있습니다. 성경의 전반적인 내용을 요약한 개론서와 신학의 전반적인 내용을 체계화한 교의학서, 개별적인 교리들을 다룬 교리 각론서, 성경을 권별로 해석한 주석서가 있습니다. 또한 성경을 구절별로 묵상하고 적용하는 묵상집과 특정한 주제나 이슈를 다룬 전문서적 등을 읽으면 많은 도움을 받으실 수 있습니다. 그러나 성경과의 직접적인 만남을 대신하는 대체물은 그 어디에도 존재하지 않습니다. 우리에게 하나님의 말씀 이외에 다른 영혼의 양식은 없습니다. 성경을 직접 묵상해야 할 필요성이 바로 여기에 있습니다.

역사 속에서 아무리 많은 스승들을 만나고 그들에게 배움을 받았다고 할지라도 자신이 성경을 직접 묵상하는 당위성과 유용성을 대신해 주지는 않습니다. 아무리 성경 역사와 교리를 잘 알고 성경의 전반적인 지식을 가지고 있더라도 성경과의 직접적인 만남이 지속되지 않으면 그 사람의 영혼은 피폐해질 수밖에 없을 것입니다.

묵상의 기초:
하나님을 사랑해야 하나님의 말씀이 읽어진다(요5:39-42)

성경을 올바르게 읽고 묵상하기 위해서 우리는 독서의 주체와 대상을 모두 고려하지 않으면 안됩니다. 주체와 대상은 서로 분리되지 않습니다. 깨달음은 주체와 대상의 상호작용 속에서 나옵니다. 성경은 독자가 고려된 계시의 기록이기 때문에 묵상에는 대상에 대한 객관적 지식이 필요하며, 그런 필요성에 걸맞게 주체의 준비도 뒤따라야 합니다. 이 두 가지의 중요성이 언급된 예수님의 말씀이 있습니다.

"너희가 성경에서 영생을 얻는 줄 생각하고 성경을 연구하거니와 이 성경이 곧 내게 대하여 증언하는 것이니라 그러나 너희가 영생을 얻기 위하여 내게 오기를 원하지 아니하는도다 나는 사람에게서 영광을 취하지 아니하노라 다만 하나님을 사랑하는 것이 너희 속에 없음을 알았노라" (요5:39-41).

성경은 하나님이 사랑하는 자들을 그리스도 예수께로 이끄사 영생을 주시려고 기록한 책입니다. 위의 본문은 사람들이 성경을 읽는 목적이 영생을 취득하는 것에 있으며 성경은 그리스도 예수를 증언하고 있음을 분명히 밝힙니다. 그러나 영생을 얻기 위하여 사람들이 그에게 나아오는 것이 마땅한데 그에게로 오기를 원하지 않는다는 사실을 꼬집고 있습니다. 이러한 문제는 그들이 성경을 올바르게 읽지 않은 것에서 비롯된 것입니다. 그 원인에 대해 주님은 사람들이 사람의 영광을 취한다는 것과 하나님의 사랑이 그들 안에 없다는 사실을 언급하고 있습니다.

묵상의 대상인 성경은 하나님의 말씀이며 구원과 직결되어 있습니다. 그리스도 자신이 "내가 너희에게 이른 말은 영이요 생명이라"(요6:63) 했습니다. 성경은 정보를 전달하는 문자가 아니라 생명을 살리는 영입니다. 성경을 대하는 주체의 태도는 성경의 이러한 영적 속성에 의존할 수밖에 없습니다. 당연히 우리의 묵상은 성경의 인문학적 벗기기에 만족할 수 없습니다. 텍스트의 본질은 기호이기 때문에 기호 자체를 인식하는 작업은 필수적입니다. 하지만 최종적인 것은 결코 아닙니다. 기호가 가리키는 실체에 이르러야 비로소 해석하는 것입니다. 기호의 실체가 하나님 자신이기 때문에 우리는 모세에게 율법이 주어질 당시처럼 하나님 앞에서의 경외와 떨림으로 성경을 읽는 것이 마땅할 것입니다.

묵상의 주체인 인간의 성경 접근법에 대해서 예수님은 사람의 영광을 구하지 않는다고 언급하십니다. 사람에게 영광을 취하려는 성경 해석학은 우리를 영생과 무관한 길로 이끕니다. 거기에는 생명의 근원이신 그리스도 예수께로 나아가는 해석을 기대할 수 없습니다. 하나님의 영광에 이르라는 성경의 이정표를 무시하고 사람의 영광을 구하는 인간적인 해석학은 자기 만족의 빈궁한 초막을 짓게 만듭니다.

바울이 분명히 지적한 것처럼, 죄의 심각성은 그것 때문에 우리가 하나님의 영광에 결단코 이르지 못한다는 사실에 있습니다. 하나님의 영광에 이르지 못하는 어떠한 행위와 상태도 죄에 농락을 당한 결과라고 볼 수 있습니다. 성경 읽기도 예외가 아닙니다. 하나님의 영광에 이르기 전까지는 성경을 전혀 읽지 않은 것입니다. 죄의 그늘에서 한 발짝도 벗어나지 못한 것입니다. 이에 반하여 예수님은 사람의 영광을 구하지 않는다고 말합니다. 이는 예수님이 하나님의 영광만을 구하시는 분이라는 말입니다.

성경이 예수님을 증언하고 있으며 그 예수님이 하나님의 영광을 구하고 있다면 우리의 성경읽기 목적도 하나님의 영광을 지향함이 마땅할 것입니다. 성경의 어떠한 구절을 읽더라도 하나님의 영광을 구해야 한다는 사실을 놓쳐서는 안됩니다.

하나님의 영광을 구현하는 성경 묵상법의 핵심은 하나님의 사랑이 독자에게 있느냐 없느냐에 달려 있습니다. 예수님은 영생을 얻으려고 자신에게 나아오지 않는 자들의 문제점이 하나님을 향한 사랑의 부재에 있다고 말합니다. 이 대목을 기록한 요한은 그의 첫 서신서에서 "사랑하는 자마다 하나님을 안다"(요일4:7)는 명료한 사실을 밝힙니다. 엄밀한 과학적 접근법이 필요해 보이는 성경 해석학과 하나님의 사랑은 언뜻 보기에 서로 어울리지 않아 보입니다. 그러나 최고의 해석은 사실 최상의 사랑과 은밀하게 결부되어 있습니다.

해석은 기계적인 문자 해부학이 아닙니다. 참된 해석은 저자와 독자 사이의 관계에서 나옵니다. 독서는 저자의 마음을 읽는 행위이며 묵상은 저자의 뜻을 궁구하는 일입니다. 만약 관계가 틀어져 있다면 저자의 마음을 읽을 수 없으며 저자의 뜻은 왜곡될 가능성이 높아질 것입니다. 문자와 텍스트는 기호로서 저자의 마음과 뜻을 운반하는 수레일 뿐입니다. 일단 생각이 활자화 되면 해석의 열쇠는 저자를 떠나 독자의 손으로 넘어간다는 주장이 현대 해석학에 편만합니다. 이는 텍스트나 문자 자체의 가치를 지나치게 과장한 것에서 비롯된 것입니다. 마음의 언어가 활자의 옷을 입더라도 그것은 여전히 저자의 것입니다. 글이 저자와 분리되는 순간 의미를 상실하고 마침내 의미의 무정부 상태에 빠질 수밖에 없습니다. 이처럼 텍스트와 저자의 분리는 해석학에 치명적인 변질과 왜곡을 낳습니다.

성경의 해석이 독자인 인간에게 맡겨져 있다고 생각해 보십시오. 참으로 끔찍하고 두려운 결과가 초래될 것입니다. 인간은 만물의 영장이고 피조물 중에 가장 높은 존엄성을 가졌으나 하나님을 떠나고 말씀을 버렸기 때문에 피조물이 타락할 수 있는 마지막 극한까지 곤두박질쳤습니다. 이에 대하여 예레미야 선지자는 인간의 중심이 만물보다 심히 부패하고 거짓된 상태라고 했습니다. 인간의 상태는 단순한 무의식적 실수나 비의도적 오류의 결과가 아닙니다. 모든 정신활동 및 물리적인 행위의 중추요, 총화인 인간의 마음은 전적인 부패의 늪에 깊숙이 잠겨 있습니다. 보다 심각한 문제는 그러한 거짓과 부패의 절망적인 상태를 깨닫는 자가 없다는 것입니다.

선지자의 진술이 맞다면 이러한 마음 상태의 인간에게 해석의 열쇠가 맡겨진 것보다 더 끔찍하고 불합리한 상황은 없을 것입니다. 오히려 지극히 거짓되고 극도로 부패한 인간은 해석에 관여하지 않을수록 보다 정확하고 온전한 해석이 담보될 것입니다. 인간의 거짓과 부패가 해석에 관영하지 못하도록 배제하는 방법은 '자기부인' 밖에 없습니다. 자기를 부인하는 것은 도를 닦아서 무소유, 무아, 무념, 무욕의 경지에 도달하는 방식을 취하지 않습니다. 사실 인간은 진공의 상태로 존재할 수 없습니다. 이는 인간이 무언가로 채워질 수밖에 없는 그릇의 속성을 가지고 있는 탓입니다. 그래서 우리는 자기부인 방식으로 자신을 비우고 지우고 부정하는 소극적인 방법이 아니라 자기가 아닌 다른 무언가로 채우는 방법을 취합니다. 어두움은 빛의 채움으로 해결되고 거짓은 정직의 충만으로 해결됩니다. 또한 더러움은 거룩의 충만으로, 불의는 공의의 충만으로, 악한 생각은 선한 생각의 충만으로 해결되는 식입니다.

같은 맥락에서 성경이 요청하는 자기부인 방법은 우리 자신을 그리스도 예수로 채우는 것입니다. 바울은 하나님의 백성된 우리가 그리스도 예수의 몸이며 만물을 충만케 하시는 주님의 충만이 바로 교회라고 말합니다. 그리스도 예수로 충만하게 채워지는 것이 바로 교회라는 말입니다. 이보다 더 명시적인 교회의 정의는 성경에 없습니다. 완전한 하나님인 동시에 완전한 인간이신 그리스도 예수가 내 안에 충만할 때에 내 안에 나 자신이 들어설 자리가 없습니다. 내가 비워지고 주님의 뜻과 마음과 생각이 주님의 기준과 가치와 방향과 목적이 내 안에 채워집니다. 비로소 나의 가치관과 나의 기호, 나의 판단과 나의 기준이 모두 부인되는 것입니다. 그리하여 주께서 나의 모든 것을 주장하는 상태가 되는 것입니다. 내가 육체 가운데서 살지라도 이제는 내가 아니요 내 안에 그리스도 예수께서 사시는 것입니다. 나는 그리스도 안에서 살고 그는 내 안에서 사는 것이 바로 기독교적 삶입니다.

어떻게 이러한 삶이 가능할 수 있을까요? 그 가능성은 사랑에 의해서만 확보될 수 있습니다. '사랑'이란 내 안에 '그'가 있고 나는 없는 상태를 뜻합니다. 그에 따른 어떤 행위가 산출되는 경우를 우리는 '사랑하는 행위'라고 말합니다. 사랑은 우리로 하여금 참으로 신비로운 상태에 처하게 만듭니다. 누군가를 사랑하면 나 자신이 그의 존재로 채워지는 것을 느낍니다.

내가 나를 주장하지 못하고 그가 나를 주장하게 됩니다. 그가 좋아하는 것을 좋아하고 그의 눈길이 머무는 곳에 나의 시선이 머물고 그가 마음이 있는 곳에 나의 마음도 결박되며 그의 눈물이 흐르는 곳으로 나의 발이 향하는 상태에 빠집니다. 억지로 그런 것이 아닙니다. 나의 모든 것들이 마비되고 사라지는 듯하지만 그렇게도 좋을 수가 없습니다. 기쁨 속에서 자발적으로 자기가 부인되는 것입니다. 사랑의 신비입니다.

이 신비로운 사랑으로 인해 만물보다 심히 부패하고 거짓된 인간의 마음이 그리스도 예수의 마음으로 채워지고 부인될 때, 비로소 성경 해석학은 그 첫걸음을 내디딜 수 있습니다. 바울은 성령의 각종 은사들을 구할 때에도 사랑을 따라 구하라고 했습니다.

은사들 중에 지혜의 은사와 지식의 은사가 있습니다. 사랑의 방식이 아니면 건강한 지혜와 올바른 지식에 이를 수 없습니다. 이는 성경을 대할 때 성경의 진정한 의미를 얻기 위해서는 사랑을 따라 구해야 한다는 말입니다. 교부 중에서도 성경 해석학의 대표격에 해당되는 어거스틴은 성경의 독자에게 삼위일체 하나님만 향유의 대상으로 삼으라고 권면합니다. 이것은 예수님과 바울이 가르쳐 준 성경 해석학을 종합한 것입니다. 즉 영생을 얻고자 성경을 상고하는 자들이 생명 자체이신 자신에게 나아오지 않는 것은 하나님 사랑의 부재에서 비롯된 것이라는 예수님의 지적과 궤를 같이합니다. 또한 지식은 사랑을 따라 구해야 한다는 바울의 가르침은 삼위일체 하나님에 대한 향유 혹은 사랑이 성경 해석자의 으뜸가는 준비라고 본 어거스틴 해석학에 종합되어 있습니다.

여기서 우리는 사랑의 해석학과 관련하여 믿음의 인식론을 생각하지 않을 수 없습니다. 바울은 분명히 세상의 근원을 아는 것이 믿음으로 말미암는다고 했습니다. 그는 보이는 것은 나타난 것에서 비롯되지 않았다고 밝히면서 보이는 모든 것들의 비가시적 근원은 오직 믿음으로 안다고 분명히 언급하고 있습니다. 믿음은 보지 못하는 것들의 증거와 같습니다. 보는 눈과 듣는 귀와 마음의 생각으로 결코 보지 못하는 것들에 스스로 이르지 못합니다. 주께서 선물로 주신 믿음을 통해서만 얻을 수 있습니다. 만물이 하나님의 말씀으로 지음을 받았다는 사실은 눈으로 관찰되지 않고 귀로도 들리지 않습니다. 논리적인 인과의 사슬을 동원하여 마음의 생각으로 소급해도 도무지 도달할 수가 없습니다. 영적인 믿음의 도약 없이는 말입니다. 믿음으로 말미암는 앎은 과연 기독교 인식론의 핵심이라 할 수 있습니다.

그러나 바울은 믿음도 해석학의 종점은 아니라고 말합니다. 사랑을 기술한 자신의 서신에서 바울은 산을 옮길 정도의 막강한 믿음을 가졌다고 할지라도 사랑이 없으면 아무것도 아니라고 말합니다. 믿음으로 보이지 않는 것들을 아는 것도 부분적인 앎일 뿐이며 마치 거울로 보는 것처럼 희미한 수준의 지식임을 밝히고 있습니다. 이는 베드로의 고백처럼 우리의 주님을 "지극히 높으신 하나님의 아들 예수"(막5:7)라고 고백한 귀신들도 두려움과 떨림의 반응을 일으키는 정도의 앎과 크게 다르지 않을 것입니다. 나아가 바울은 믿음과 소망과 사랑은 항상 있을 것이지만 그중에 제일은 사랑이란 결론을 내리면서 사랑에 의해 인식의 원리인 믿음도 상대화 될 수 있음을 보입니다.

사실 사랑은 믿음과 소망을 포괄하고 있으며 믿음이나 소망보다 개념의 지경이 훨씬 넓습니다. 즉 사랑은 "모든 것을 참으며 모든 것을 믿으며 모든 것을 바라며 모든 것을 견딘다"(고전13:7)는 것입니다. 믿음은 주로 보이지 않는 것들의 지식이나 바라는 소망의 실상과 관계되는 것이지만, 사랑은 모든 보이는 것들의 근원이신 하나님과 온전히 연합하는 단계까지 이르는 것입니다. 바라고 믿는 모든 것과의 합일까지 이루는 것입니다. 다 알지는 못해도 우리를 하나님과 하나로 묶어주는 것은 사랑의 띠입니다.

이는 "사랑 안에 거하는 자는 하나님 안에 거하고 하나님도 그의 안에 거한다"(요일4:16)고 진술한 요한의 기록에서 확인할 수 있습니다.

　동일한 관점에서 히포의 주교는 우리가 성경을 읽으면서도 하나님 사랑과 이웃 사랑에 도달하지 않는다면 성경을 단 한 글자도 읽지 않은 것이라고 말합니다. 즉 사랑은 성경 해석학의 처음과 나중이 된다는 말입니다. 이는 성경 해석학이 하나님 사랑에서 시작하여 하나님 사랑까지 이르러야 한다는 말입니다. 이로 보건대 해석은 정보의 생산이 아닙니다. 문자의 해부나 분석에 그치지 않습니다. 내가 하나님 안에 거하고 하나님이 내 안에 거하시는 쌍방적인 사랑의 온전한 상태에 이르는 것입니다.

　그러나 주의해야 할 것이 하나 있습니다. 사랑의 해석학은 성경의 해석이 인간에게 맡겨진 것이라는 주장을 결코 두둔하지 않는다는 것입니다. 성경의 진리가 벗겨지는 것은 인간이 하나님을 사랑하고 안하고의 여부에 좌우되는 것이 결코 아닙니다. 오히려 우리가 하나님을 사랑하는 것은 그가 먼저 우리를 사랑했기 때문에 파생된 결과일 뿐 인간이 주도권을 행사하는 현상이 아닙니다. 결국 사랑의 해석학도 하나님의 은혜에 의존하고 있다는 것입니다.

　다시 말합니다. 궁극적인 해석은 문자의 기계적인 분석이 아닙니다. 저자와 독자의 긴밀한 교감에서 비롯되는 것입니다. 사랑은 두 당사자의 가장 긴밀한 상태를 뜻합니다. 사랑하는 사람들은 서로 밀어를 나눕니다. 밀어는 다른 이들이 해석할 수도 없고 깨달아 알 수도 없는 말입니다. 성경은 마치 하나님과 우리 사이의 신적인 밀어와 같습니다. 성경은 원래 우리가 하나님을 사랑하지 않는다면 해석될 수 없도록 기록된 연애편지입니다. 우리가 하나님을 사랑하지 않는다면 그의 보이지 않는 신성과 영원한 능력은 결코 그 안에서 발견될 수 없습니다. 하나님을 사랑하지 않으면 성경의 어떠한 구절도 우리에게 송이꿀의 당도를 능가할 수 없습니다. 하나님의 계명이 그 영혼에 송이꿀보다 달았던 다윗의 마음은 하나님에 대한 사랑으로 가득 차 있었습니다. 그런 마음은 하나님의 마음에도 합한 마음입니다. 사랑하면 보입니다. 사랑하면 읽힙니다. 사랑하면 성경에서 하나님의 마음을 보고 그의 뜻을 읽습니다. 하나님을 사랑하는 자는 성경을 펼칠 때마다 하나님의 마음과 뜻에 결박될 수밖에 없습니다. 그러나 사랑하지 않으면 하나님의 말씀인 성경을 읽는다 할지라도 인문학적 독법의 노예 상태에서 벗어날 수 없을 것입니다.

성경 해석학은 성경을 읽는 독자들의 머릿수 만큼이나 다양하고 많습니다. 하지만 성경도 그렇고, 자연도 그렇고, 역사도 그렇듯이 최적의 의미가 생산되는 적정의 차원이 어디에나 있습니다. 극거시 관점은 미세한 존재들의 고유한 가치와 의미를 생략하기 쉽고, 극미시적인 관찰로는 존재와 사태 간의 네트워크 차원에서 생산되는 의미와 가치를 간과하기 쉽습니다. 극미시와 극거시를 비롯하여 그 사이에 있는 모든 차원들이 다 존중되고 의미와 가치의 고유한 조각으로 참여하여 어떠한 해석의 가감도 일어나지 않고 통합되고 조화되는 적정선은 바로 하나님 사랑인 것입니다.

성경은 사랑의 적정선이 고려된 책입니다. 사랑하기 때문에 보시기에 좋은 것들을 우리에게 창조해 주셨고 사랑하기 때문에 사랑의 구현 차원에서 모든 역사를 통치하고 계십니다. 사랑하기 때문에 우리로 영생에 이르기를 원하셨고 사랑하기 때문에 영생의 주 그리스도 예수께로 나아오길 원하십니다. 그렇게 기록된 하나님의 특별한 계시가 성경인 것입니다. 창조자요 통치자요 구원자요 계시자인 하나님의 창조와 통치와 구원과 계시는 모두 사랑의 차원을 맴돌며 연결되어 있습니다. 사랑하지 않으면 어거스틴 해석학이 강조한 것처럼 자연이든 역사든 성경이든 단 한 줄도 읽어내려 갈 수가 없습니다.

인문학적 해석학에 머문다면 우리는 기껏해야 정보의 차원에서만 복음을 이해하고 전달할 수 있을 것입니다. 물론 인문학적 해석을 시도하는 것이 그렇게 하지 않는 것보다는 낫습니다. 그러나 사랑에서 시작하여 사랑에 이르는 해석학은 우리를 심비에 새긴 그리스도 예수의 편지와 향기로 만듭니다. 즉 입술이 아니라 인격과 삶으로 빚어낸 성령의 열매로 복음을 전파하는 증인이 된다는 것입니다. 성경을 어떻게 읽느냐에 따라 우리의 정체성과 상태도 바뀝니다. 성경을 사랑으로 읽고 해석해야 부작용도 없고 역기능도 없습니다.

나아가 삼위일체 하나님의 사랑을 따라 성경을 읽으면 아무리 난해한 구절을 해석할 때에라도 최적의 의미에 이를 수 있습니다. 성경 전체가 고려되고 각 구절들이 서로 모순되지 않고 훼손되지 않고 제거되지 않는 의미의 적정선에 이르는 유일한 해석도 특정한 위격이 아닌 삼위일체 하나님에 대한 사랑으로 말미암는 것입니다. 희미하던 것이 밝아지고 애매한 것이 명료하게 되고 모순적인 것처럼 보이는 구절들이 조화를 이루는 해석의 묘미도 사랑으로 말미암는 것입니다.

성경의 종합적인 해석의 정수는 하나님 사랑에서 나옵니다. 이스라엘 백성들 안에 하나님의 사랑이 있었다면 영생을 얻으려고 그리스도 예수께로 나아갔을 것입니다. 그러나 사랑의 부재 때문에 해석의 정수인 그리스도 예수께 나아가지 못했습니다. 지금도 동일한 현상이 반복되고 있습니다. 성경을 읽지 않음과 성경이 읽어지지 않는 것 모두 하나님에 대한 사랑의 부재 혹은 빈곤에서 비롯된 것입니다. 사랑이 없으면 묵상은 시작도 목적도 없습니다.

미러링 묵상법

믿음의 방식: 믿음으로 묵상하기

성경은 인간의 유한한 언어로 기록되어 있습니다. 그러나 유한한 언어로 전달되는 계시의 실체이신 하나님은 보이지 않으시고 무한하신 영입니다. 어떻게 영이신 하나님이 문자로 알려지실 수 있을까요? 그것은 보이는 문자 너머의 보이지 않는 실체를 감지하는 믿음으로 가능합니다. 사람들은 무한하신 하나님이 유한한 문자에 담겨질 수 없으며, 설령 그분을 문자에 담았다고 할지라도 전달되실 수는 없다고 말합니다. 이것이 종교의 언어가 갖는 한계라는 것입니다.

그러나 성경은 비록 인간의 유한한 언어로 이루어진 것이지만 하나님을 계시하는 매체일 수 있습니다. 물론 하나님을 아는 지식은 인간의 관찰이나 분석, 추론으로 도달할 수 있는 결론이 아닙니다. 그러나 성경의 계시에는 신적인 개입이 있습니다. 즉 성령께서 성경을 읽는 우리에게 증거하고 조명하는 은혜가 있기에 성경은 하나님의 계시로 읽히는 것입니다. 성령의 증거와 조명을 수납하는 인간 편에서의 수단이 바로 믿음인 것입니다. 이처럼 성경의 하나님 계시는 성령의 증거와 우리의 믿음이 서로 상응하는 방식을 취합니다. 성경은 믿음은 보지 못하는 것들의 증거라고 말합니다.

믿음은 보지 못하는 것들을 지각할 수 있도록 선물로 주어진 것입니다. 믿음이 없으면 성경은 읽혀지지 않습니다. 아무리 꼼꼼하게 관찰하고 깊이 생각해도 눈에 보이는 문자의 표피를 투과하지 못합니다. 문자의 주변을 맴도는 인문학적 해석 그 이상은 기대할 수 없습니다.

사실 성경에는 믿음 없이도 이해되는 부분이 많은 듯합니다. 그러나 믿음이 없는 이해는 성경 기록자의 인간적인 의도를 벗기는 정도일 뿐입니다. 성경의 주된 저자이신 하나님의 의도에 이르지는 못합니다. 성경을 묵상하는 것은 저자이신 하나님의 뜻에 이르는 일입니다. 그러려면 선지자와 사도의 인간적인 뜻에 담긴 보이지 않으시는 하나님의 심의를 읽어내는 경건한 비약이 필요한데 그 비약은 믿음의 몫입니다. 믿음을 통해서만 비약할 수 있습니다. 인간적인 상식으로 읽어낼 수 있는 성경 속 내용도 믿음이 없이는 묵상이 안됩니다.

눈에 보이는 세상은 관찰이나 실험과 분석, 추론 등으로 해석이 가능할 것 같아 보입니다. 그러나 히브리서 저자는 세상이 하나님의 말씀으로 만들어진 것을 믿음으로 안다는 인식론을 근거로 믿음이 아니면 세상이 존재한 첫 순간에 대해서도 완전히 무지하며 그 이후에 대해서도 당연히 무지할 수밖에 없다고 말합니다. 세상이 존재하게 된 시작도 말씀에 의한 일이고 존재 이후의 보존도 말씀에 의한 일입니다. 그러기에 믿음으로 말씀을 읽어내지 못하면, 세상의 보이지 않는 기원와 그 세상이 유지되고 움직이는 방식도 캄캄한 무지에 파묻히고 맙니다.

세상이 지식을 얻는 방식과 세상적인 객관성은 주로 보는 눈에 의존하고 있습니다. 보이지 않으면 없는 것으로 여깁니다. 비가시적 존재는 고려의 대상이 아닙니다. 그래서 세상 사람들은 이러한 인식의 한계에 근거하여 판단하고 행동하는 것입니다. 그러나 보이는 사물을 있는 그대로 관찰하고 지각할 수 있는 괜찮은 능력자는 이 세상에 없습니다.

인간은 태생적으로 자신의 전제와 이론과 논리를 떠나서는 관찰하는 것조차도 가능하지 않습니다. 그런 한계를 털어 내기 위해 프랑스 철학자인 르네 데카르트는 가장 혹독한 학문적 몸부림을 치며 합리론의 토대를 마련했습니다. 그러나 그 역시 객관성의 뿌리를 흔드는 주관성의 마지막 원흉인 자아 자체를 제거하는 가장 시초적인 일마저도 해결하지 못하고 "나"에게서 출발하는 주관적 이해의 울타리 안에 머물러야 했습니다.

믿음의 방식은 관찰과 분석과 추론과는 다른 것입니다. 믿음의 주체는 '자신'이지만 믿음의 원천은 하나님이며 믿음의 지속도 하나님께 의존하고 있습니다. 그러므로 믿음으로 말미암은 지식은 주관적인 겉모양을 취하지만 그 믿음의 출처가 내가 아니라는 객관성을 담보하고 있습니다. 사실 믿음으로 깨닫고 믿음으로 사는 것은 내가 아니라 내 안에 그리스도 예수께서 사신다는 것을 뜻합니다. 객관성 확보의 실재적인 내용이 바로 여기에 있습니다. 믿음의 묵상은 성경의 저자와 해석자와 의미의 대상이 되시는 예수를 우리 안에 모시고 행해집니다. 그러므로 이 세상에서 시도될 수 있는 최상의 객관성을 확보하게 됩니다.

일치의 방식: 주님처럼 묵상하기

일치의 원리는 주님을 그대로 따라하는 묵상을 말합니다. 주님처럼 묵상하는 것은 묵상의 주체 자리를 주님께 양도해야 가능한 일입니다. 성경은 전체가 주님을 가리키고 있으며, 주님께서 다양한 인물들의 목소리와 붓길을 사용하여 자신의 말씀을 기록의 형태로 남긴 책입니다. 즉 성경의 제1 저자는 주님이며 성경 전체가 자기 계시인 것입니다. 주님처럼 묵상하지 않으면 저자의 의도를 이해할 수 없습니다. 그리고 스스로를 계시하신 주님 자신에 대해서도 계시하신 그대로의 지식이 아니라 사람의 생각으로 가공된 인위적인 지식에 빠지고 말 것입니다. 주님처럼 묵상하는 것은 성경의 저자와 성경의 내용 모두를 존중하는 일입니다.

예수님은 말씀이 육신으로 오셔서 우리 가운데 거하셨습니다. 그러므로 주님처럼 묵상하는 것은 주로 복음서와 서신에 묘사된 주님을 모방하는 것입니다. 즉 하나님과 교회와 세상과 역사와 만물과 구원과 경배와 찬양에 대한 예수님의 이해와 실천을 본받아 나의 인격과 삶의 현장에도 구현하는 것입니다. 예수님이 생각하신 것처럼 생각하고, 예수님이 사물을 관찰하신 것처럼 관찰하고, 예수님이 말씀하신 것처럼 우리도 말하는 것입니다. 예수님이 다가가신 방법대로 다가가고, 예수님이 설명하신 어법대로 설명하고, 예수님이 강조하신 부분을 우리도 강조하는 것입니다. 예수님이 하나님 아버지와 소통하신 방식대로 우리도 소통하고, 예수님이 기뻐하고 슬퍼하신 그대로 우리도 기뻐하고 슬퍼하는 것입니다. 예수님이 이해하신 것처럼 이해할 때에 우리는 성경의 온전한 의미에 도달할 수 있습니다. 일례로, 예수님 자신이 성경을 자신에 대하여 기록된 책이라고 이해했기 때문에 최고의 해석자가 제시한 해석의 이정표를 따라 우리도 구약 전체를 예수님과 관련하여 읽는 것입니다.

선지자와 다윗의 입술을 빌어 성령께서 말씀하신 것이라고 해석하기 때문에 우리도 구약을 성령께서 그들을 통하여 말씀하신 것으로 해석하는 것입니다. 예수님이 보고자 하시는 것을 나도 보아야 성경이 바르게 해석됩니다. 예수님이 주목하는 지점까지 이르러야 나도 성경의 핵심을 제대로 주목하는 것입니다.

우리의 묵상은 외관적인 예수님 모방에 안주하지 않습니다. 더 나아가 일치의 방식은 예수님 모방을 넘어 아예 그리스도 예수로 충만한 것입니다. 우리가 그리스도 예수로 충만하게 되어 보다 근본적인 차원의 연합이 이루어질 때 우리는 말씀의 보다 근원적인 의미에 도달하게 될 것입니다. 주님처럼 되지 않으면 주님처럼 묵상할 수 없습니다. 그렇다고 인간이 신으로 변화될 수는 없습니다. 그래서 우리가 주님처럼 되는 최고의 방법은 주님께서 우리 안에 충만히 거하시는 것이며, 주님처럼 묵상하는 것은 주님이 우리 안에 거하셔서 묵상의 주체가 되시는 것입니다. 이는 나를 부인하고 내 안에 주님으로 충만하여 묵상을 주님께서 주장하는 상태를 말합니다. 이처럼 일치의 원리는 성경 독자로 하여금 그리스도 예수로 충만하여 주님께서 해석의 주체가 되시는 높은 차원의 성화를 요청합니다.

존재의 방식: 됨됨이로 묵상하기

존재의 원리는 성경의 이해보다 독자의 됨됨이가 앞선다는 것을 뜻합니다. 성경의 묵상을 포함한 우리의 모든 행위는 우리의 됨됨이에 의존하고 있습니다. 성경에 계시된 하나님을 아는 지식에서 자라가기 위해서는 지식에 부합한 존재의 어떠함이 구비되지 않으면 불가능합니다. 이 원리를 간파했던 믿음의 사람 다윗은 시편에서 하나님을 "자비로운 자에게는 주의 자비를 보이시며 완전한 자에게는 주의 완전함을 보이시며 깨끗한 자에게는 주의 깨끗함을 보이시며 사악한 자에게는 주의 엄중함을 보이시는"(시18:25-26) 분이라고 말합니다.

자비롭지 않은 자가 하나님의 자비를 읽어낼 수 없습니다. 완전하지 않은 자가 하나님의 완전함을 읽어낼 수 없습니다. 거룩하지 않은 자가 하나님의 거룩을 읽어낼 수 없습니다. 하나님의 성품에 참여하지 않으면 성경에서 하나님의 속성을 읽어낼 수 없습니다.

성경은 그리스도 예수를 가리켜 기록된 책입니다. 성경에서 그를 읽어내지 않으면 해석하지 못한 것이며 해석되지 않은 읽기는 아무것도 읽지 않은 것과 같습니다. 예수님을 알기 위해서는 우리의 됨됨이가 그를 닮아가야 합니다. 예수님의 산상수훈 안에 소개된 팔복은 모두 주님의 됨됨이를 묘사하고 있습니다. 예수님이 언급하신 심령이 가난한 자, 애통하는 자, 온유한 자, 의에 주리고 목마른 자, 긍휼히 여기는 자, 화평하게 하는 자, 의를 위하여 핍박을 받은 자는 모두 그리스도 자신을 가리키고 있습니다. 그런 자신을 닮으라는 것입니다. 예수님을 닮아가는 것은 지극히 고급한 복을 누리는 것입니다. 성경은 예수님의 성품을 닮으라고 권합니다. 그렇게 하지 않으면 성경 전체가 가리키고 있는 그리스도 예수를 발견할 수 없습니다.

우리의 됨됨이가 심령이 가난하고 애통하고 온유하고 의에 주리고 목마르며 긍휼히 여기고 화평하며 의를 위하여 핍박을 당하는 자의 정체성을 가졌다면 성경은 그런 그리스도 예수를 가리키는 역동적인 계시로 읽혀질 것입니다. 알면 알수록 됨됨이는 깊어지고 됨됨이가 깊어지면 질수록 주를 아는 지식도 그만큼 자랍니다.

실천의 방식: 행함으로 묵상하기

단순히 정보에 허기진 배를 채우려고 성경을 펼치는 것은 올바른 묵상법이 아닙니다. 성경은 잘난 척, 아는 척하기 위한 지적 장신구가 아닙니다. 우리의 영혼과 인격과 삶의 실질적인 회복을 위한 것이기에 정보공급 차원의 접근법은 성경의 취지와도 맞지 않습니다.

성경은 우리의 전인격이 성경을 규범으로 삼고 그것을 중심으로 움직이길 원하고 있습니다. 이러한 성경의 요청에 부응하기 위해서는 묵상에 행위나 실천의 개념이 주입될 필요가 있습니다. 이는 예수님의 직접적인 진술도 지지하는 바입니다. 요한복음 7장 16-17절에 보면 "내 교훈은 내 것이 아니요 나를 보내신 이의 것이라"고 한 예수님의 말씀이 나옵니다. 그것을 아는 방법에 대해서는 "하나님의 뜻을 행하고자 하면" 알 수 있다고 말합니다. 이는 하나님의 뜻을 행하려고 할 때에 예수님의 교훈이 어디에서 비롯된 것인지, 교훈의 궁극적인 의미와 의도와 목적은 어떤 것인지를 깨닫게 된다는 말입니다.

무엇을 겨냥하고 책을 읽느냐에 따라서 이해도에 차이가 생깁니다. 저의 짧은 경험에 의하면, 지식을 취득하고자 하는 학생의 신분으로 읽는 등의 활동을 할 때에 지각과 의식에 감지되는 내용들보다 가르치는 교수의 신분으로 연구할 때에 습득되는 내용의 질과 분량과 깊이가 훨씬 월등합니다. 머리의 이해를 겨냥한 독서의 갈고리가 걸러내는 깨달음의 종류와 분량은 인격의 찬동을 겨냥한 독서의 촉이 탐색하는 그것과 다릅니다. 또 타인과의 공감을 추구하는 독서의 방향이 제공하는 깨달음의 차원과 경지도 서로 다른 것 같습니다.

성경을 묵상할 때도 유사한 현상이 나타납니다. 입술로 지식을 자랑하고 싶어하는 마음의 태도로 성경을 대할 때에 건지는 교훈은 경박합니다. 그러나 하나님의 마음을 알고 뜻을 깨달아 그것을 행하고자 하는 마음의 태도로 성경을 대하면 보다 풍요롭고 깊은 영의 양식을 얻을 수 있습니다. 겉으로 보이는 행실을 넘어 보이지 않는 마음과 성품의 고품격 실천까지 추구하는 묵상의 자세는 보다 깊고 오묘한 진리로 우리를 안내할 것입니다. 그 지점에 이르기 전까지는 도무지 만족하지 않고 안식하지 못할 것입니다. 나아가 예수님이 말씀하신 "하나님의 뜻"이 하나님께 영광을 돌리는 것이라면, 하나님께 영광을 돌리고자 하는 실천의 마음으로 성경을 묵상하면 말씀의 가장 깊은 경지까지 도달할 것입니다.

행하고자 하는 묵상은 말씀의 유익이 우리 몸의 마지막 지점까지 이르기를 추구하는 것입니다. 하나님은 에스겔을 향해 두루마리 말씀을 "네 배에 넣으며 네 창자에 채우라"고 하십니다. 음식은 체내로 완전히 흡수되어 우리의 몸과 하나가 될 때에 비로소 에너지가 되고 제 기능을 발휘할 수 있습니다. 말씀을 부지런히 묵상하면서도 영혼과 삶의 배와 창자까지 도달하지 않고 생각만 요란하고 입술만 시끄러운 사람들이 종종 있습니다. "깨달음을 얻었다"는 인지와 "은혜를 받았다"는 느낌은 묵상의 종착지가 아닙니다. 말씀의 교훈을 배에 집어넣고 영양소가 비로소 제대로 흡수되는 창자까지 채워야 진정한 유익을 얻습니다.

성경에서 창자는 대체로 나의 내면과 전인격과 영혼을 가리키는 말입니다. 예수님이 목자 없는 양들을 보시고 "불쌍히 여겼다"는 표현이 나오는데 이는 창자가 끊어지는 극심한 아픔을 의미합니다. 유다가 자살할 때에 창자가 배에서 흘러나온 것은 인간의 존재론적 파괴라는 극도의 저주와 비극을 암시합니다. 창자의 이러한 뉘앙스를 고려할 때, "창자를 채우라"는 하나님의 명령은 무엇을 의미합니까? 바로 인간의 존재와 삶의 중심부에 해당되는 생각과 습관, 언어와 행실, 방향과 관계가 말씀으로 채워져 있어야 한다는 뜻입니다. 즉 행위라고 불리는 일체의 것들이 하나님의 말씀으로 충만해진 상태에 머물러 있어야 한다는 말입니다. 행하려고 성경을 묵상하는 것은 이처럼 우리의 전방위적 실천을 촉구하는 성경의 본래적인 의도에 부응하는 것입니다.

이와 관련하여 우리가 어떤 자인지에 대해서도 한번 생각해 볼 필요가 있습니다. 바울은 "우리가 그를 힘입어 존재하며 기동하며 산다"고 했습니다. 이는 우리의 존재와 삶과 실천이 모두 그리스도 안에서의 일이라는 뜻입니다. 하나님의 말씀을 묵상하고 거기에서 깨달은 하나님의 뜻 그대로 산다는 것은 우리가 처음부터 말씀이신 그리스도 안에서 존재하고 기동하는 존재임을 인정하고 고백하고 순응하는 행위와도 같습니다. 그러나 실천의 의도가 없이 성경을 읽는다고 생각해 보십시오. 사람은 의도한 바가 달성되기 전까지는 안식하지 못하는 법입니다. 반대로 의도한 지점에 도달하면 의문과 호기심과 열심이 더 이상 준동하지 않는 안식의 상태에 이릅니다. 성경을 읽을 때에 실천을 의도하지 않는다면 실천 없는 묵상과 이해에 만족하고 만다는 것입니다. 그러면 예수님의 말씀이 하늘에서 온 아버지의 뜻이라는 사실에 도달하지 못하는 불완전한 이해에 안주하게 됩니다

다. 원래 우리는 말씀이신 그리스도 안에서 존재하고 살며 기동해야 하는 존재인데 실천이 없다면 본래적인 존재의 자리도 이탈하는 셈입니다. 이처럼 실천이 포기되면 성경의 올바른 이해에도 이르지 못하고 본래적인 자신의 존재성도 뒤틀리고 말 것입니다.

무위의 방식: 있는 그대로 묵상하기

영원토록 변함이 없는 진리의 보고이며 하나님의 가장 심오하고 정확한 계시인 성경의 속성은 우리의 기발함과 독창성이 부리는 광기를 경계합니다. 이러한 생각은 창의성의 발휘가 곧 가치인 시대에 어울리지 않는 구시대적 발상으로 매도될 소지가 크다는 사실을 잘 알고 있습니다. 그러나 사도들은 우리에게 어떠한 상황 속에서도 성경을 가감하지 말라고 권합니다. 어떤 부분이 시대에 뒤떨어진 것이라고 여겨 버리지 말 것이며 새로운 것을 가치라고 여겨 추가하는 일도 없어야 한다고 말합니다. 즉 그럴듯한 명분으로 성경을 인위적으로 조작, 가감하거나 무언가를 하겠다고 나서지 말고 계시된 그대로 남도록 묵상하는 무위의 방식을 권하고 있습니다.

성경을 묵상하되 성경에 아무것도 행하지 않는다는 것은 지극히 난해하고 심오한 경지입니다. 다른 사람의 주장을 파괴하고 자신의 입장을 두둔하는 근거를 찾으려는 목적으로 성경을 펼치는 경우를 종종 봅니다. 저는 이것을 이념적 묵상이라 부릅니다. 전제된 자신의 이념을 두둔하고 정당화할 목적으로 묵상의 진입각이 설정되면 어떤 문제가 발생할까요? 하나님의 말씀을 있는 그대로 듣고 말씀으로 다가가는 계시 중심적인 묵상보다 삐딱한 각도로 말씀을 이해하게 되어 결국 말씀을 나의 이념에 순응시켜 해석하는 왜곡을 빚어내는 묵상이 되기 쉽습니다. 이러한 묵상은 사람의 계명으로 교훈을 삼아 하나님의 말씀을 버리는 불경과 다르지 않아

보입니다.

    나의 이념으로 말씀을 다스리는 것보다 말씀이 나의 생각과 사상을 주장하는 묵상이 훨씬 더 좋습니다. 이러한 묵상을 위해서는 환경에 지나치게 경도되어서는 안됩니다. 어떤 환경에 반응하는 경향성이 강해지면 그런 환경을 극복하기 위한 '반사신경'적 묵상에 경도될 것입니다. 너무나 힘들고 어려워서 환경에 바짝 밀착해야 할 상황이 오더라도 그 상황을 허용하고 주관하고 계신 하나님께 반응해야 합니다. 환경과의 적정한 거리를 유지하며 주님을 응시하고 주님께 반응하는 실력을 배양하는 것입니다.

    인간은 자신이 처한 상황과 공동체의 이념이나 시대의 정신에서 자유롭지 않습니다. 그러나 하나님의 사람들은 모든 것에서 자유할 수 있습니다. 어떠한 이념의 사슬도, 사상의 족쇄도 우리를 완벽하게 결박할 수 없습니다. 땅의 어떠한 장애물도 은혜 아래 있는 자의 자유를 빼앗거나 소멸할 수는 없습니다. 그러므로 얼마든지 이념적 묵상에서 자유로울 수 있습니다. 이처럼 이념적 묵상에 대한 경계가 우리로 하여금 기독인의 진정한 자유까지 구가할 수 있도록 만드는 듯합니다.

    이상에서 본 것처럼, 말씀을 있는 그대로 묵상하는 무위의 방식은 아무 일도 하지 않는 것이 아닙니다. 이 방식은 나 자신의 전 존재와 매 순간 치열하게 싸우고 또 싸우는 접전 속에서 말씀을 묵상하는 것입니다. 인간은 눈을 뜨는 순간 만물을 번역하고 의식이 깨어나는 순간 인위적인 의미를 부여합니다. 그런 행위들은 언제나 우리 속에 있는 어떤 죄악된 법의 이끌림을 받습니다. 성경은 이러한 죄악된 성향이 우리 스스로는 "오호라 나는 곤고한 자로다"는 탄식을 자아내게 하지만 오직 성령이 우리를 그 사망의 죄악된 법에서 자유롭게 한다고 말합니다. 성경을 묵상하는 무위의 방식은 이처럼 철저히 자신을 부인하고 성령에게 온전히 사로잡힐 것을 요구하고 있습니다. 우리의 인격과 생각과 말과 행실 전체를 동원하지 않으면 성경은 결코 바르게 묵상될 수 없습니다. 그렇기 때문에 무위의 묵상법은 아무것도 안하는 것이 아니라 우리의 전인격과 삶 전체로 처절한 싸움을 치루는 것입니다.

유비의 방식: 성경과 주께서 정하신 주제를 따라 묵상하기

하나님의 말씀을 이해하기 위해 믿음의 선배들은 "성경의 유비"(analogia scripturae) 혹은 "믿음의 유비"(analogia fidei) 원리의 해석학적 중요성을 외쳐 왔습니다. 이것은 그 무엇보다 성경 전체의 중심적인 주제를 토대로 성경을 이해해야 함을 강조하고 있습니다. 창세기 한 절을 읽더라도 창세기 첫 절에서 계시록 마지막 절까지 고려해야 한다는 것입니다. 다시 말하지만, 성경은 그리스도 예수를 기록한 책입니다. 그러나 단순히 예수님이 이 땅에서 사신 33년간의 생물학적 인생을 기록한 것이 아닙니다. 베드로의 고백에서 드러난 정체성인 "그리스도"이자 "살아계신 하나님의 아들"이신 예수를 가리켜 기록된 책입니다. 이는 예수의 신성과 인성이란 존재(essentia)와 이 땅에서 행하신 모든 사역(opera)이 바로 성경 전체의 주제라는 뜻입니다.

비록 우리의 눈과 논리에는 예수님과 무관해 보이는 구절이라 할지라도 성경 자체와 그리스도 자신의 증거에 근거하여, 즉 유비의 원리를 따라 그 구절에서 예수의 신적인 존재와 성육신적 사역 및 그 이유와 목적을 읽어낼 수 있어야 할 것입니다. 유비의 원리는 주님께서 스스로 정하신 성경 전체의 주제를 모든 구절의 해석에서 존중하는 것을 뜻합니다. 나아가 성경이 사람에 의한 인위적인 짜집기 편집물이 아니라 성경 전체가 궁극적인 저자이신 하나님의 영감으로 기록된 통일적인 계시라는 사실을 인정하는 것입니다.

그리고 "성경의 유비"는 성경의 난해한 텍스트가 보다 명료한 다른 텍스트에 의해서 해석되는 것을 뜻합니다. 이 관점에서 성경이 모든 해석학적, 신학적, 종교적, 실천적 문제를 푸는 절대적인 기준이며 최종적인 판결자입니다. 그러므로 난해한 성경 텍스트의 의미를 확정하는 것 역시 한 개인이나 교회 공동체의 권한이 아니라 성경 자체의 보다 명료한 텍스트의 몫이라는 것입니다. 하나의 성경 텍스트는 그 자체로 고유한 단독적인 의미를 가지지 않습니다. 그러므로 성경 전체가 가진 의미와의 연관성 속에서 성경 전체가 설정하는 의미의 방향과 범위를 존중하고, 보다 명료한 텍스트가 벗겨주는 만큼의 의미로 이해되어야 합니다. 이는 하나님을 아는 지식에도, 교회를 위한 건덕에도 가장 좋을 것입니다. 그래서 성경을 읽다가 난해한 구절을 만나시면 때로는 그것과 연관된 구절들 중에서 보다 명료한 본문을 참조하고 때로는 그것과 대조적인 구절들 중에서도 보다 명료한 본문을 참조하는 것이 좋습니다.

"믿음의 유비"는 "믿음의 규범"(regula fidei)과 다르지 않습니다. "믿음의 규범"은 사도신경 혹은 기독교 신학 전체를 가리키는 말입니다. 그래서 "믿음의 유비"는 하나의 성경 텍스트를 읽을 때에라도 기독교의 진리 전체 즉 성경의 속성, 삼위일체 하나님의 속성과 행하신 일들, 은총의 내적인 수단과 외적인 수단, 하나님과 사람에 대하여 행하여야 할 우리의 순종 등을 모두 의식하며 해석해야 한다는 말입니다. 신학 전체가 성경 전체에 의존하고 있기 때문에 성경 전체를 고려하는 것과 신학 전체를 고려하는 것 사이에는 약간의 뉘앙스 차이가 있을 뿐 실질적인 차이가 없습니다.

성경의 한 부분은 그 자체로도 의미를 가지지만 그 부분을 둘러싼 문맥에 의해 검증될 필요가 있습니다. 한 구절의 문맥은 한 장일 수도 있고, 한 권일 수도 있습니다. 혹은 신약이나 구약일 수도 있고, 성경 전체일 수도 있습니다. 더 나아가 성경을 포함한 모든 만물과 역사일 수도 있고, 그 모든 창조된 것들보다 더 크시고 궁극적인 삼위일체 하나님일 수도 있습니다. 각 차원의 문맥이 벗겨주는 의미의 층위들이 있습니다. 그 모든 것들을 어느 하나라도 버리지 않는 묵상이 좋습니다. 성경 전체와 기독교 진리 전체에 대한 이해가 견고하고 깊을수록 보다 깊은 묵상의 세계로 들어갈 수 있습니다. 유비의 원리가 이것을 가능하게 만듭니다.

지속의 방식: 무시로 묵상하기

하루에 얼마나 많은 시간동안 묵상을 하시냐는 질문을 종종 받습니다. 저의 경우, 묵상의 물리적인 모양새를 갖추고 보내는 시간은 대단히 짧습니다. 이런 답변을 드리면 곧장 말씀에 전념하는 목회자의 부르심에 위배되는 것 아니냐는 반론이 나옵니다. 그러면 저는 이렇게 말합니다. "저는 무시로 묵상하고 있습니다." 그게 무슨 말이냐고 또 묻습니다. 그러면 저는 "1시간동안 성경을 읽고 묵상한 것을 하루종일 씹고 다닌다"고 말합니다. 묵상은 소의 되새김질 습성과 같습니다. 구별된 시간에 이루어진 묵상은 본격적인 묵상을 위한 서곡일 뿐입니다. 성경을 묵상하는 것은 단회적인 것이 아니라 하루종일 지속되는 것입니다.

성경을 펼치고 읽고 생각하기 위해 구별한 물리적인 시간의 길이는 개인마다 다를 것입니다. 그러나 진정한 묵상은 때를 얻든지 못얻든지 매 순간마다 무시로 행하는 것입니다. 묵상을 하루종일 행하는 것이 우리의 눈에는 어쩌면 지루하고 따분한 일이고 시간을 허비하는 것처럼 보일 것입니다. 그러나 말씀이신 그리스도 예수의 혈통적 조상 다윗이 보여준 묵상의 본을 보십시오. 중차대한 국사의 빠듯한 일정을 소화하기 위해 촌음을 잘게 쪼개야 했던 일국의 왕이지만 여호와의 율법을 주야로 묵상했던 분입니다.

성경을 펼쳐 문자에 코를 박고 하루종일 시간을 보냈다는 의미가 아닙니다. 어떠한 상황 속에서도 계속해서 하나님의 말씀을 의식하고 숙고하고 떠나지 않았다는 말입니다.

지속의 원리는 사실 우리의 신앙 전반에 적용되는 것입니다. 우리가 주일마다 드리는 예배는 삶 속에서 무시로 드리는 거룩한 산제사의 모형입니다. 우리가 드리는 헌금도 나에게 있는 모든 것들이 하나님에 의해 주어진 것이기에 하나님의 영광을 위해 무시로 드려지는 것이 마땅한 것임을 고백하는 행위입니다. 기도가 범사에 하나님을 인정하고 모든 것들을 그분에게 의탁하는 삶의 모형이듯, 우리가 구별된 시간에 말씀을 묵상하는 것 역시 무시로 말씀을 묵상하는 삶의 모형일 뿐입니다.

아침마다 경건의 시간을 가지는 것은 적합하고 마땅한 것입니다. 그러나 거기에서 묵상이 종결되면 묵상의 유익은 머리에만 맴돌고 오히려 알고도 행치 않는 '스스로 속이는 역기능'이 발생할 수도 있습니다. 경건의 시간에 이루어진 묵상의 내용을 하루종일 씹고 음미하고 삼킬 때에 비로소 영혼의 창자까지 내려가는 것입니다. 하나의 말씀을 주야로 묵상하면 하루치의 삶이 말씀으로 조정을 받습니다. 그러면 당연히 전인격과 삶 전체가 묵상으로 인해 윤택하여 질 것입니다.

즐김의 방식: 즐겁게 묵상하기

무엇을 하든지 즐겁지 않으면 작심삼일 강박에서 헤어나지 못합니다. 앞에서 무시로 묵상해야 한다고 말했는데 즐겁지가 않으면 '무시로' 묵상하는 것 자체가 불가능합니다. 다윗이 주야로 하나님의 율례를 묵상할 수 있었던 것은 묵상이 즐거웠기 때문입니다. 다윗은 시편 곳곳에서 하나님의 율례를 사랑하고 즐거워했다고 고백합니다. 그 규례들을 너무도 사모해서 마음이 상할 정도였으며, 말씀은 그의 노래가 되었습니다. 이처럼 말씀에 대한 사랑과 즐거움이 우리가 무시로 묵상할 수 있게 만드는 힘입니다.

무엇이든 억지로 하면 효율이 떨어지는 법입니다. 묵상의 질도 즐거운 마음의 자발성이 담보되지 않는다면 떨어질 수밖에 없고 묵상 자체도 종교적 부담으로 여겨질 뿐입니다. 하나님을 알고 그분의 뜻을 이해하는 것보다 이 세상에 더 즐거운 것이 없다고 느낄수록 묵상의 질은 높아지고 묵상의 유익은 증대될 것입니다. 아침마다 최적의 당도를 가진 가장 신선한 송이꿀을 먹는다고 생각해 보십시오. 가장 사랑하는 연인의 박동하는 심장을 날마다 확인하고 사랑의 띠로 하나될 수 있다고 생각해 보십시오. 아침마다 늘 새로운 주의 성실을 경험하는 것보다 더 근원적인 삶의 활력소는 없을 것입니다. 이런데도 설레이는 마음으로 묵상의 아침을 기다리지 않을 수 있을까요? 아예 전날 밤부터 잠이 오지도 않을 것입니다.

이와는 달리 묵상을 종교적인 짐으로 여기며 의무감에 못 이겨 억지로 성경을 펼치는 하루를 살아가는 분들을 가끔 만납니다. 즐거움이 없으면 인생은 과제라는 부담에서 자유롭지 않을 것입니다. 무엇을 해도 율법 아래서의 강요된 일입니다. 지속적인 묵상도 즐거움과 자발성이 빠지면 율법적 행습일 수밖에 없습니다. 즐겁게 묵상하는 것은 터득해야 하는 하나의 묵상법이 아닙니다. 하나님의 자녀라고 한다면, 그리스도 예수의 신부라고 한다면, 그에게는 묵상 자체가 즐거움입니다. 즐거워서 묵상하고 묵상하면 즐거운 것입니다. 즐거워야 묵상을 해도 최고의 성과를 얻습니다. 묵상의 세월이 흐를수록 즐거움의 농도가 짙어집니다. 묵상의 밀도가 높아지고 분량이 많아지고 오래 지속됩니다. 즐거움은 묵상으로 우리를 빨려들게 하고 묵상의 즐거움은 또 다른 즐거움을 낳습니다. 세상이 주는 즐거움은 위험하고 가증하고 교활하고 사악하고 기만적입니다. 그러나 묵상이 주는 즐거움은 부작용과 역기능이 전혀 없습니다.

반복의 방식: 반복해서 묵상하기

성경에서 한번에 다 소화되는 구절은 하나도 없습니다. 인간이 이해하지 못할 정도로 성경이 어렵다는 의미가 아닙니다. 성경의 모든 구절은 하나님의 말씀입니다. 무한하고 전능하고 전지하고 영원하고 위대하신 하나님이 모든 구절의 주어이기 때문에 그의 말씀인 성경의 각 구절도 그에 준하는 의미의 심원함을 가집니다. 그렇기 때문에 우리의 묵상은 그 무한한 깊이에 이르기 위하여 성경의 같은 구절을 읽고 또 읽는 무한대의 반복을 요청합니다. 그런데 놀라운 것은 동일한 구절이라도 첫 번째, 두 번째, 세 번째로 묵상이 횟수를 거듭할수록 깨달음이 계속해서 바뀐다는 것입니다. 이는 서로 상반된 의미들의 다채로운 발굴이 아니라 하나의 구절이 가진 의미가 너무도 심원해서 깊이와 높이와 넓이와 길이라는 정도의 측면에서 그 의미의 조각과 층위들이 더해지는 부요함을 뜻합니다.

같은 구절을 반복해서 볼 때에 깨달음의 정도에 있어서 성장하는 것이 정상입니다. 그런데 아무런 변화가 없다면 우리의 신앙이 정체되어 있거나 후퇴하고 있다는 적신호일 수 있습니다. 신앙의 상태는 묵상의 상태로 점검하는 것이 제일 좋습니다. 만약 후퇴하고 있거나 정체되어 있다면 성경의 동일한 구절에서 보다 깊은 의미와 깨달음에 이를 때까지 경건의 연습에 박차를 가할 수밖에 없습니다.

사실 동일한 구절의 반복적인 묵상이 주는 유익은 여기에 있습니다. 즉 보다 깊은 진리에 대한 목마름을 자극하고 말씀의 더 깊은 세계로 들어갈 계기와 필요성을 계속해서 공급해 준다는 것입니다. 특별히 시편이나 복음서나 서신서를 보면 동일하고 유사한 표현들이 대단히 많습니다. 대부분의 사람들은 그런 표현들을 만나면 다 아는 것이라며 생략하거나 심지어는 건너뛰기도 합니다. 그러나 지나치지 마십시오. 동일한 구절이 다양한 문맥을 만날 때 노출되는 저마다의 고유한 의미와 교훈이 있습니다. 그리고 반복되는 횟수에 따라서 의미의 표정과 온도와 색깔과 강조점이 다릅니다. 반복이 되더라도 묵상의 맛은 다르다는 것입니다.

그리고 반복의 원리가 주는 또 하나의 유익에는 진리의 안정감이 있습니다. 빌립보 성도에게 바울은 이렇게 말합니다. "너희에게 같은 말을 쓰는 것이 나는 수고롭지 않고 너희에겐 안전하다"(빌3:1).

성경을 통독해 보면 일독과 이독과 삼독이 주는 안정감의 정도가 다르다는 사실을 확인할 수 있습니다. 묵상의 경우에도 동일한 구절을 거듭 묵상하면 의미와 깨달음의 안전감이 더해지는 것을 느낍니다. 반복은 결코 재탕의 지루함을 의미하지 않습니다. 일견 4권의 복음서가 예수님의 동일한 생애를 지루하게 반복하는 듯 보입니다. 그러나 4가지 음색이 어우러져 빚어내는 진리의 감미로운 화음은 이 세상에 제어할 법이 없습니다. 어떠한 사탄의 음모와 궤계도 허물지 못하는 견고함이 거기에 있습니다. 묵상은 무수한 반복을 통하여 동일한 구절과 깊고 안정된 관계 속으로 들어가는 길입니다.

매달 반복되는 규칙적인 묵상으로 하루에 시편 다섯 편과 잠언 한 장을 권하고 싶습니다. 시편은 세상에서 가장 아름다운 노래이며 잠언은 세상에서 가장 고급하고 농축된 지혜의 보고이기 때문에 우리의 정서와 마음이 진리의 말씀으로 다듬어질 수 있습니다. 시편과 잠언을 통해 일어나는 주님과의 정서적인 소통과 지성적인 교분은 일평생 날마다 반복되는 것이 좋습니다. 정서적 평강과 지성적 안전감은 고비용의 심리치료를 받고 막대한 분량의 연구에 몰입할 때 얻어지는 것이 아닙니다. 하나님의 감동으로 기록된 시어의 높은 감수성에 계속해서 노출되고 잠언의 정교하고 응축된 언술과 두뇌의 지속적인 어우러짐 속에서 서서히 형성되는 것입니다.

특별히 저는 소리를 내어 시편과 잠언을 읽습니다. 문자에 음성이라는 살이 두툼하게 입혀질 때 아주 특별한 감흥을 얻습니다. 눈으로 읽고 마음으로 읽지만 입술로도 읽어 귀에 들리게 합니다. 이 방식으로 말씀을 묵상할 때 지식의 평면적인 약점이 만회되는 경험을 많이 했습니다. 원래 성경에서 '묵상'이란 말은 읊조리는 입술의 협조를 얻는다는 의미를 함축하고 있습니다. 묵상에 동원되는 몸의 기관들이 많으면 많을수록 좋습니다. 그래서 저는 입술과 마음과 눈과 귀로 성경 읽기를 권합니다. 특별히 소리를 내어 말씀을 읽으면 입술도 훈련되고 화술도 좋아지고 언변도 승화되는 파생적인 유익이 생깁니다.

세상의 어떠한 시와 어떠한 처세술도 능가하지 못하는 최고의 시편과 잠언이 우리에게 주어진 것은 큰 은혜입니다. 그래서 저는 매일 시편과 잠언을 규칙적으로 묵상하며 정서와 지성의 균형과 조화를 잡아가는 동시에 성경의 다른 부분들도 두루두루 묵상하기를 권합니다.

초월의 방식: 신적인 속성으로 묵상하기

하나님이 자기를 사랑하는 자들을 위해 예비한 모든 것들은 눈으로도 보지 못하고 귀로도 듣지 못하며 마음으로 깨닫지도 못한다고 바울은 말합니다. 이것은 하나님을 사랑하는 우리에게 무언가를 주시려고 하나님이 예비하신 성경에 대해서도 적용될 수 있습니다. 성경은 인간적인 한계 속에서는 벗겨지지 않는 책입니다. 그리스도 안에 지혜와 지식의 모든 보화가 감추어져 있듯이 성경에도 지혜와 지식의 모든 보화가 감추어져 있습니다. 그런데 우리의 이성과 감각을 통해서는 찾아낼 수 없습니다.

바울은 오직 성령께서 우리에게 알려 주셔야 깨닫게 된다고 말합니다. 진실로 신령한 것은 신령한 것으로 분별할 수 있습니다. 성경은 신령한 것입니다. 신령하지 않는 육신의 수단을 통해서는 성경의 단 한 구절도 제대로 이해할 수 없습니다.

성경을 묵상할 때에 이성의 능력과 경험의 증거력을 과신하지 마십시오. 요긴한 도구일 수는 있지만 성경의 신적인 속성과 계시에 어울리는 원리는 아닙니다. 신령한 성경은 신령한 것에 의해서만 이해될 수 있습니다. 그래서 우리는 인간의 한계를 초월할 필요가 있습니다. 우리가 신이 되자는 이야기가 아닙니다. 성경에 계시된 하나님의 속성에 근거하여 성경을 읽자는 것입니다. 즉 성경의 저자이신 하나님이 영원하신 분이시기 때문에 영원의 관점에서 성경을 읽어야 한다는 것입니다. 그분이 의로우신 분이시기 때문에 신적인 의로움의 관점에서 성경을 읽어야 한다는 것입니다. 그분이 무한하신 분이시기 때문에 신적인 무한의 관점에서 성경을 읽어야 하고, 자비와 긍휼이 무궁하신 분이시기 때문에 무궁한 자비와 긍휼의 관점에서 성경을 읽어야 한다는 것입니다.

성경의 속성과 저자의 속성은 분리될 수 없습니다. 성경의 신적인 속성은 저자의 속성에 의존하고 있습니다. 저자의 속성에 따라 성경을 읽지 않고 인간의 감정과 지성과 의지가 특정한 상황과 더불어 빚어낸 역사적인 흔적 정도로 성경을 대하는 것은 어리석은 일입니다. 인간 기록자나 역사적 문맥이나 독자의 선 자리에서 인간적인 속성을 따라 성경을 읽으면 하나님의 말씀인 신적인 성경은 결코 읽혀지지 않습니다.

성경은 독자인 인간을 고려하여 인간의 언어로 쓰여졌습니다. 그렇지만 본질은 그 저자와 결부되어 있습니다. 즉 성경은 하나님의 말씀이기 때문에 하나님을 대하듯이 읽는 것이 제일 좋습니다. 이는 성경"책"의 신격화와 다른 것입니다. "그 말씀이 곧 하나님"(요1:1)이시라는 사도의 선언을 고려할 때, 하나님의 말씀을 하나님으로 읽기 위해 저자이신 하나님의 모든 속성이 존중되고 고려되는 독법의 필수성은 아무리 강조해도 지나침이 없을 것입니다.

속성에 따른 묵상의 예로서 영원의 관점을 생각해 보십시오. 꽃은 시들고 풀은 마르지만 하나님의 말씀은 영원토록 변하지 않습니다. 시간의 짧은 토막을 살아가는 우리는 영원이 고려된 말씀을 제대로 이해할 수 없습니다. 그래서 말씀을 묵상하다 보면 시공간의 논리가 무시되는 듯한 '모순'을 때때로 접합니다. 일례로서, 성경은 고난이 유익이고 죽음도 유익일 수 있다는 모순을 말합니다. 모두가 거절하고 할 수만 있다면 피하고 싶은 것들인데 시인은 "좋다"는 역설을 외칩니다. 정말 터무니가 없습니다. 그러나 영원한 생명과 결부시켜 생각하면 모순처럼 보이는 것도 모순이 아니라는 사실을 깨달을 수 있습니다.

터무니 없을 때마다 우리는 자신의 협소한 시공간적 논리를 내려놓고 영원의 관점에서 기록된 불변적인 말씀을 수용하는 것이 좋습니다. 물론 인생의 짧은 길이로는 영원한 진리가 다 가늠될 수도 없고 담아질 수도 없습니다. 그래서 그것을 수용하는 것이 불편하고 거북할 수도 있습니다. 그러나 그럼에도 불구하고 유한한 인생에게 감당할 수 없는 진리를 주신 것을 생각하십시오. 그것도 진리 자체이신 그리스도 예수께서 영원토록 우리 안에 거하시는 방식으로 기필코 담으시고 우리로 하여금 감당하게 하십니다.

이 은혜를 생각하면 도무지 말로 다 표현할 수 없는 영광인 것입니다. 시간의 유한성이 영원의 무한성에 의해 교체되는 진통은 불가피한 것이지만 그로 말미암아 참여하게 되는 영광의 중한 것에 비하면 지극히 경한 댓가일 뿐입니다. 시간 속에서는 모순인데 영원 속에서는 진리의 표출일 수 있다는 이 '거룩한 모순'을 묵상에도 적용하는 것이 좋습니다.

죽음의 방식: 자기를 부인하며 묵상하기

그리스도 예수께서 친히 본보이신 "죽고자 하면 살고 살고자 하면 죽는다"는 죽음의 역설적인 원리는 아마도 기독교 신앙의 가장 신비로운 영역일 것입니다. 기독교는 분명 영원한 생명의 종교인데 죽음을 지독하게 강조하고 있습니다. 죽음을 좋아하는 사람은 아무도 없습니다. 죽음은 인간에게 주어진 모든 은총의 반납이요 회수요 종식입니다.

사람들은 어떠한 대가를 지불한다 할지라도 죽음만은 피하고 싶어합니다. 그런데 바울은 날마다 죽겠다고 말합니다. 모든 하나님의 사람들은 그리스도 예수를 본받고 싶다는 바램을 가지고 있습니다. 대개는 당시의 석학들도 놀란 예수님의 깊은 가르침과, 모든 질병을 고치시고 죽은 자들도 살리시는 예수님의 막강한 권능과, 방황하는 이들에게 삶의 이정표를 몸소 제시하신 예수님의 인품과 삶을 흠모하며 본받기를 원합니다. 그런데 바울은 예수님의 그 화려한 면모들을 다 생략한 채 그의 죽으심을 본받고 싶다는 파격적인 기호를 밝힙니다. 나아가 그리스도 예수와 그가 달리신 십자가 외에는 알지도 않고 자랑치도 않겠다는 표명과 더불어 자신에 대해서는 약한 것만 자랑할 것이라고 말합니다. 그런 맥락에서 가장 약한 것이라고 할 죽음을 자랑하며 "나는 날마다 죽노라"고 말하였던 것입니다.

바울은 그런 식으로 성경 전체가 가리키고 있는 그리스도 예수를 이해하고 있습니다. 해석의 원리는 죽음과 관계되어 있습니다. 실제로 주님의 죽으심을 본받고자 하는 바울의 그리스도 묵상법에 나 자신을 비추어 보면 왜 이렇게도 작아지는 것일까요? 여기서 죽음은 물리적인 호흡의 중단을 의미하지 않고 영적인 삶과 대응되는 부패한 자아의 전적인 거절을 뜻합니다. 사람은 무엇을 하든 자신이 드러날 수밖에 없습니다. 그러나 자기가 부인된 사람은 자신이 드러나지 않습니다. 성경의 묵상에 있어서도 자신을 부인하지 않는 사람들은 자신이 드러나는 자의적인 해석만 배설할 수밖에 없습니다. 화려한 수사와 정교한 논리와 설득적인 합리성을 동원해도 해석의 자의성이 제거되는 것은 아닙니다. 성경을 묵상해도 자기를 부인하지 않은 그만큼은 인간적인 영역이 됩니다. 그러나 만약 내가 부인되고 그리스도 예수가 내 안에 사신다면 성경의 저자시며 최고의 해석자인 그분이 드러나는 묵상과 해석이 가능해질 것입니다. 우리가 부인된 그만큼의 그리스도 중심적인 의미에 도달하게 될 것입니다.

자기를 부인하면 주님을 인정하게 되고, 자기의 저열한 뜻을 부인하면 주님의 높은 뜻을 소원하게 되고, 자기의 이기적인 삶을 부인하면 주님의 영광스런 삶을 살아가게 됩니다. 자기의 조악한 가치를 부인하면 주님의 신적인 가치관을 소유하게 되고, 자기의 불의한 판단력을 부인하면 주님의 의로운 판단력을 발휘하게 되고, 나의 지상적인 이해를 부인하면 주님의 천상적인 교훈을 먹고 살아가는 자가 되는 것입니다.

우리는 자기가 부인되는 것을 손해로 여기고 억울하게 여기고 희생하는 것이라고 생각하기 쉽습니다. 그러나 자신을 부인하면 할수록 복입니다. 주님의 십자가만 알고 자랑키로 작정하고 자신의 연약함만 자랑하고 죽는 것의 유익을 깨닫고서 자신은 날마다 죽는다고 고백한 바울이 그렇게도 많은 성경을 기록한 것은 전혀 이상하지 않습니다. 우리도 성경을 자기부인의 방식으로 묵상하면 참으로 놀라운 진리 가운데로 인도함을 받을 것입니다.

적응의 방식: 적응 이전으로 소급하는 묵상하기

성경은 분명 하나님의 말씀인데 인간의 언어를 옷 입고 있습니다. 우리가 사용하고 이해하고 소통하고 반응하는 동일한 언어의 수단을 쓰셔서 당신의 뜻을 언어적인 기록의 방식으로 계시하신 책입니다. 하나님이 인간과의 소통을 위해 그렇게 적응하신 것입니다. 그런데 많은 분들이 성경을 묵상할 때 적응된 언어의 상태에 머물려는 경향을 보입니다. 그러나 하나님 자신과 그 뜻의 언어적 계시는 적응이지 결코 최종적인 것이 아닙니다. 하나님의 적응은 묵상의 종착지가 아니라 초청장일 뿐입니다. 하나님의 적응은 우리를 높은 곳으로 인도하기 위해 낮아지신 것입니다.

성경의 묵상은 우리의 자리까지 낮아지신 하나님의 은혜를 힘입어 높은 곳으로 나아가는 것입니다. 성경 전체가 하나님의 적응이고 성경의 모든 구절들도 초청의 적응적인 성격이 있다는 사실에서 저는 성경의 묵상이 각 구절의 적응적인 의미에 머무는 것이 아니라 적응의 지점을 딛고 가장 지고한 진리의 교훈까지 도약해야 한다는 당위성을 느낍니다. 인간에게 성육신의 방식으로 적응하신 그리스도 예수를 처음에는 "육체대로 알았으나 이후에는 그렇게 알지 않게 되었다"(고후5:16)고 한 바울의 고백이 교훈하는 것처럼, 하나님의 언어적인 적응을 적응으로 여기지 않고 궁극적인 추구의 대상으로 여기는 것은 예수님을 육체로 알았던 바울의 오류를 고스란히 답습하는 것입니다.

예수님을 보십시오. 그분은 하나님의 본체시나 하나님과 동등됨을 주장하지 않고 사람의 모습을 취하사 죄인의 자리까지 낮아지신 분입니다. 그러나 우리와 더불어 그 지점에 영구히 머물고자 그렇게 낮아지신 것이 아닙니다. 하나님의 보좌 우편까지 우리를 높이시기 위한 목적 때문에 우리에게 적응하신 것입니다. 주님께서 우리의 육신을 입으시고 땅으로 오셨기 때문에 우리도 주님과 함께 땅에 머물자는 주장은 하나님의 뜻을 오해한 것입니다. 주님은 우리와 더불어 땅에서 살고자 내려오신 것이 아니라 우리를 하늘로 이끌어 올리시기 위해 초청하러 오신 것입니다. 죄를 없애시고 의를 입히셔서 높은 곳으로 올라갈 수 있도록 이 땅에서 준비하신 것입니다. 주님과 더불어 이 땅에서 살겠다고 초막을 짓겠다는 발상은 주님의 적응에 머무는 것이며, 초청장만 붙들고 초청의 장소로는 나아가지 않는 심히 어리석은 것입니다.

하나님의 적응을 오해하여 하나님의 말씀인 성경을 하나님의 감동과는 무관한 인간의 역사적인 기록물일 뿐이라고 주장하는 분들도 있습니다. 적응에 머무는 자보다 적응을 오해하고 왜곡하고 폄하하는 자들이 더 어리석은 자입니다. 하나님의 적응적 계시인 성경이 인간의 언어와 붓으로 기록되어 있다는 사실이 하나님의 영감으로 인한 성경의 신적인 성격을 폐하지 못합니다. 즉 신적인 영감 때문에 성경은 하나님의 말씀이며, 이런 사실은 적응의 수단으로 동원된 인간의 언어와 기록자의 붓이 어찌하지 못하는 것입니다. 적응 이전의 근원으로 소급하는 묵상은 하나님의 적응적 계시인 성경의 신적인 속성을 결코 무시하지 않습니다.

주어의 방식: 주어이신 하나님을 존중하는 묵상하기

성경에는 다양한 인간 저자들이 주어로 등장하고 있습니다. 그러나 성경은 하나님의 영감으로 기록된 책이기에 주어를 인간 저자로만 여긴다면 온전한 이해에 도달하지 못할 것입니다. 아무리 인간 기록자가 "나"라는 일인칭 주어로 등장하는 텍스트라 할지라도 하나님의 감동으로 기록된 글이라는 사실에 근거하여 우리는 하나님을 주어로 생각하는 묵상을 시도해야 할 것입니다.

일례로 다윗을 보십시오. 그는 대단히 많은 시편을 썼습니다. 그런데 사도행전 기록자는 다윗의 시어를 "성령이 다윗의 입을 통하여 예수 잡는 자들의 길잡이가 된 유다를 가리켜 미리 말씀하신 성경"으로 묘사하고 있습니다. 다윗의 입에서 출고된 말이라고 해서 반드시 다윗이 해당 텍스트의 주체인 것은 아니라는 말입니다. 하나님은 우리에게 소통하기 위해 얼마든지 인간의 언어와 입술과 붓을 사용하실 수 있습니다. 그런데 성경을 묵상할 때 우리는 근원적인 주어보다 수단적인 주어를 주목하고 보다 중요하게 여기는 경우가 적지 않습니다. 신약과 구약을 "하나님의 말씀"(히 4:12)으로 표기한 히브리서 저자는 분명 하나님을 신구약 전체의 저자로 여기며 성경을 풀어가고 있습니다. 베드로도 구약의 기록자인 선지자들 및 신약의 기록자인 사도들이 성경을 사사로이 기록하지 않았고 하나님의 감동을 받아 기록했고 그 기록은 그들 안에 거하셨던 그리스도 예수의 동일한 영이 "증언"(벧전1:11-12)한 것이라고 말합니다.

저자와 주어의 교체는 심각한 해석학적 오류와 왜곡을 낳습니다. 성경의 이중적인 저자와 주어를 바르게 이해하지 못하면 아무리 원문을 꼼꼼하게 읽고 정교하게 분석해도 성경적 본의와는 무관한 정반대의 인간적인 의미만 산출하고 말 것입니다. 꼼꼼한 읽기와 정교한 분석은 자신의 인위적인 해석이 전혀 틀리지 않았다는 교묘한 '속임수'에 정당성을 제공하는 유력한 인자로 전락할 것입니다. 결국 타인도 속이고 스스로도 속는 역효과를 낳습니다. 그래서 주어의 올바른 설정과 이해가 배제된 묵상은 유익이 아니라 독입니다.

우선의 방식: 성경을 따라가는 묵상하기

끝으로 나누고 싶은 묵상의 원리는 로마서 11장 35절과 관계된 것입니다. "누가 주께 먼저 드려서 갚으심을 받겠느냐?" 우리는 성경을 묵상할 때에 나의 물음과 나의 관심과 나의 호기심을 투척하며 성경이 거기에 부응하길 원하는 태도를 취하는 경향이 있습니다. 물음의 방향을 내가 설정하고, 중심 주제를 내가 설정하고, 논지전개 방식도 내가 설정합니다. 그 이후에 그러한 나의 설정에 따라 성경의 입을 여는 오만한 태도로 성경을 펼칩니다. 물론 작심하고 그렇게 성경을 묵상하는 사람은 없을 것입니다. 그러나 우리는 무의식 중에 그러한 자세로 성경을 대합니다. 가만히 스스로를 성찰해 보십시오.

내가 주께 질문을 먼저 드려서 그 답을 촉구하는 묵상은 참으로 어리석고 교만한 짓입니다. 성경 텍스트를 읽을 때 우리는 우리의 머리에 탑재된 질문의 갈고리에 걸리는 내용만을 건집니다. 머리에 물음이 없으면 묵상의 시간이 아무리 길어도 건져지는 것이 없습니다. 물음이 있더라도 어떤 종류의 물음을 가지고 있느냐에 따라 건져지는 내용이 다릅니다. 그런데 문제는 내가 질문을 결정하고 성경에 대답을 강요하고 있다는 것입니다. 성경은 내가 던지는 물음을 풀어주기 위해 기록된 해답집이 아닙니다. 주님께서 우리에게 당신에 대해 계시하고 싶으신 것을 계시하고 싶으신 분량만큼 계시한 책입니다. 당연히 우리의 물음을 던지는 것보다 주님께서 우리에게 던지는 물음을 나의 물음으로 삼고 성경을 펼쳐야 주님께서 우리에게 주시기를 원하시는 계시의 중심부에 도달할 것입니다.

예를 들어서, "너희는 나를 누구라 하느냐"의 질문은 주님께서 앞으로 당신의 교회를 위탁하실 제자들을 향해 던지신 것입니다. 이것은 우리가 던지는 질문과는 차원이 다른 것입니다. 성경 전체가 이 물음과 결부되어 있을 정도로 중요한 것입니다. 제가 묵상할 때에 취하는 우선의 원리는 성경이 우리에게 먼저 던지는 질문을 붙들고 우리는 그 질문에 상응하는 답변을 찾아가는 식으로 성경을 좇아가는 방식입니다.

우선의 원리는 물음만이 아니라 의제나 주제를 설정할 때에도 성경의 우선성을 존중할 것을 요구하고 있습니다. 즉 성경이 그리스도 예수를 가리켜 기록된 것이라면 우리가 추구하는 의제나 주제도 그리스도 예수여야 한다는 것입니다. 내가 설정한 주제를 먼저 주께 드려서 그 주제를 중심으로 성경의 입을 여시라고 촉구하는 식의 묵상법은 우선의 원리에 어긋나는 것입니다. 성경이 먼저 설정한 주제에 집중하고 우리는 미리 설정된 그 주제를 바르게 이해하기 위해 성경을 묵상하는 순서가 좋습니다. 나아가 우선의 원리는 물음과 주제만이 아니라 논지전개 방식에 있어서도 성경의 우선성 존중을 요구하고 있습니다. 성경을 읽다 보면 우리의 논리적인 이해의 흐름과 다르게 전개되는 경우를 종종 만납니다. 그러나 당황하지 마십시오. 하늘이 땅보다 높음같이 하나님의 생각이 우리의 생각보다 높기 때문에 전혀 이상한 현상이 아닙니다. 오히려 우리의 논리와 성경의 논리 사이의 양자택일 상황에서 비록 납득이 되지 않더라도 성경의 논리를 앞세우고 따라가면 우리의 논리로는 도달할 수 없는 진리의 깊은 경지를 경험할 수 있습니다.

일례로, 사마리아 지역에 수가라는 동네에서 벌어진 주님과 한 여인의 대화를 보십시오. 여인의 물음과 예수님의 답변은 서로 대응되지 않아 보입니다. 여인이 영원히 목마르지 않는 물을 달라고 요청하자 예수님은 "네 남편을 불러 오라"고 하십니다. 여인이 예배의 처소를 묻자 예수님은 "아버지께 참되게 예배하는 자들은 영과 진리 안에서 예배를 드린다"고 답합니다. 끝으로 여인이 메시야에 대해서 묻자 예수님은 "내가 그라"고 답하시며 대화를 접습니다. 이렇게 매끄럽지 않은 동문서답 식의 대화는 우리가 가진 논리와 합리의 무장해제 없이는 읽혀지지 않습니다. 이런 경우에는 자신에게 익숙한 논지전개 방식을 고집하지 않고 예수님의 어법을 따라가는 것이 좋습니다. 그러면 여인처럼 묻고 답하는 중에 결국 여인에게 있는 모든 문제의 해답이요 열쇠이신 그리스도 예수의 "내가 그니라"는 궁극적인 진리에 도달하게 될 것입니다.

질문이든 주제이든 논지전개 방식이든 언제나 성경이 옳습니다. 이와 관련하여 성경과 내가 충돌할 때마다 다 납득되지 않더라도 성경을 앞세우고 성경을 좇는다면 결국에는 성경의 가장 깊고 좋은 의미의 차원으로 이끌림 받을 것입니다. 계시 의존적인 사색, 계시 우선적인 사색, 계시 주도적인 사색에 우리의 묵상을 맡기면 우리의 무지와 연약과 무관하게 주께서 우리에게 말씀하고 싶어하시는 모든 진리 가운데로 인도함을 받을 것입니다.

기도의 방식: 주님과 동거하며 묵상하기

기도는 뜻과 마음과 목적과 방향을 조율하기 위해 하나님과 함께 있는 것입니다. 긴급한 필요와 난해한 문제를 풀어 달라고 떼쓰며 전능한 주먹과 신적인 에너지를 요청하는 청구서나 독촉장을 발부하는 행위가 아닙니다. "기도하라" 명령에는 "쉬지말고", "무시로"와 같은 수식어가 늘 붙습니다. 이런 수식어가 붙으면 동사는 형용사로 변합니다. 기도를 움직임이 아니라 상태라고 이해하는 이유는 여기에 있습니다.

기도는 하나님과 함께 하는 상태를 뜻합니다. 하나님과 함께 한다는 것은 동일한 공간에 머문다는 뜻입니다. 그러나 영이신 하나님과 함께 하는 것이기에 물리적인 공간이 아니라 의미적인 공간에서의 공존을 의미합니다. 그러므로 기도는 하나님이 원하시는 것을 나도 원하고 하나님이 바라보는 것을 나도 바라보고 하나님이 의도하신 것을 나도 의도하고 하나님이 기뻐하신 것을 나도 기뻐하는 그런 공존의 상태입니다.

"주님과의 함께"는 성경이 집요하게 강조하는 바입니다. 예수님이 자기가 원하는 12명의 제자들을 부르신 이유를 보십시오. "이에 열둘을 세우신 것은 자기와 함께 있게 하시고 또 보내사 전도도 하며 귀신을 내쫓는 권능도 가지게 하려 하심이라." "함께 있게 하신다"는 목적이 먼저 나옵니다. 나머지 목적은 예수님과 함께 하는 자에게 나타나는 현상 혹은 결과라고 보아도 무방할 것입니다. 포도나무 비유를 보시면 "주님과의 함께"가 "가지에 붙어 있음"으로 묘사되어 있고 "너희가 나를 떠나서는 아무것도 할 수 없다"는 단언과 연결되어 있습니다. 이는 우리가 주님과 함께할 때에만 무언가를 할 수 있다는 말입니다. 우리는 주님께 기도를 드리면서 주님의 뜻과 생각, 그리고 주님의 기쁨과 주님의 일하심에 붙어 있을 수 있습니다. 복음을 전하고 가르치고 권능을 행하는 것은 그 결과로 초래되는 일입니다. 주님께서 부활하신 이후 승천하기 직전에 제자에게 남기신 유언의 마침표는 "모든 족속으로 제자를 삼으라"는 말씀이 아니라 "내가 세상 끝날까지 너희와 항상 함께 있겠다"는 것입니다. 구약의 이스라엘 백성들에 대해서도 하나님은 "함께"의 의지와 기호를 곳곳에서 밝히고 계십니다. 전쟁에 있어서도 하나님과 함께 하면 승리하고 함께 하지 않으면 패합니다. 이는 전쟁의 승패라는 목적의 수단으로 하나님께 함께 해야 한다는 말이 아니라 하나님과 함께 하는 것이 인생을 인생답게 만들고 이끄는 주도적인 전제와 목적이 되게 하라는 뜻입니다.

주님과 함께 하는 것은 성경에서 이처럼 강하게 강조되고 있습니다. 성경이 강조하는 지점에 서 있을 때에 성경이 말하고자 하는 의미의 깊이와 높이와 넓이와 길이가 가장 절묘하게 조화된 의미의 종합에 이릅니다. 성경의 강조점은 "주님과의 진정한 함께함"의 의미로서 언제나 우리가 하나님과 모든 면에서 조율되어 있어야 한다는 것입니다. 하나님의 말씀을 읽을 때에 소원과 생각과 시선과 기호에 있어서 하나님과 코드를 조율하지 않으면 어떠한 구절도 이해되지 않을 것입니다. 오히려 나의 자아가 주장하는 인위적인 의미로 읽으려고 할 것입니다.

기도는 나의 소원과 생각과 시선과 기호를 부인하고 주님의 것으로 대체하는 전쟁과 같습니다. 기도의 방향은 내가 없어지고 주님만 내 안에 계심으로 주님과 온전히 동거하는 상태에 이르는 것입니다. 이러한 상태는 하나님의 말씀을 읽고 묵상하고 이해하기 위한 최고의 준비일 것입니다.

성경의 묵상에 있어서도 우리가 주님의 가지에 붙어 있으면 많은 깨달음의 열매를 맺을 것입니다.

경외의 방식: 하나님을 경외하고 인간은 존중하며 묵상하기

믿음의 선배들이 권하는 묵상법들 중의 하나는 하나님을 경외하고 인간을 존중하며 성경을 읽어야 한다는 것입니다. 성경을 바르게 이해하기 위해서는 하나님과 인간을 모두 고려하지 않으면 안된다는 말입니다. 칼빈은 하나님을 아는 지식과 우리를 아는 지식이 모든 만물과 역사가 우리에게 교훈하는 지혜의 총화라고 말합니다. 시편 119편 38절에서 시인은 하나님의 말씀을 일컬어 "여호와를 경외하게 하는 혹은 여호와 경외함에 이르는 당신의 말씀"이라 했습니다. 이는 하나님의 말씀 자체가 하나님을 경외하는 마음으로 읽혀지고 하나님 경외를 지향하고 있다는 뜻입니다. 당연히 여호와 경외를 떠나서는 말씀의 묵상이 가능하지 않을 것입니다. 이는 만물과 역사와 세상을 이해함에 있어서도 적용됩니다. 하나님 경외라는 관점의 진입각이 정교하게 조율되지 않으면 만물과 역사와 세상의 본질과 생리와 흐름과 목적을 파악할 수 없습니다.

믿음의 선배들은 하나님을 경외하는 것과 더불어 인간을 인간답게 존중하는 태도도 성경을 올바르게 묵상하는 원리라고 강조했습니다. 많은 사람들이 여호와를 경외하는 것이 지식의 근본이요 출발이기 때문에 대체로 여호와 경외를 성경 묵상법의 핵심적인 방식으로 여깁니다. 그러나 인간을 존중하는 것이 묵상과 연관되어 있다고는 생각하지 못합니다. 그러나 성경은 인간을 존중하지 않는 자들의 뇌리에는 진리의 깨달음을 허락하지 않습니다.

성경은 타인을 자신처럼 사랑하는 인간에 대한 최고의 존중을 하나님에 대한 전인격적 사랑과 대등한 자리에 나란히 언급하고 있습니다. 성경 전체가 하나님 사랑과 이웃 사랑을 지향하고 있습니다. 성경의 지향점을 존중하지 않으면 성경은 읽혀지지 않습니다. 성경의 모든 구절들이 이웃을 사랑하는 것을 지향하고 있다면, 내 이웃을 내 몸처럼 사랑하는 차원의 인간존중 없이는 성경이 읽어지지 않습니다. 읽어도 해석은 성경과 무관한 방향으로 흘러갈 것입니다.

인간을 인간답게 존중하는 것은 여호와를 경외하는 것과 무관하지 않습니다. 인간을 대하되 가식이나 조작이 통하지 않는 소자들을 대하는 상황과 관련하여 주님은 "너희가 여기 내 형제 중에 지극히 작은 자 하나에게 한 것이 곧 내게 한 것"(마25:40)이라고 하십니다. 이는 주변에 있는 형제자매들을 자신과 분리하지 않는다는 것입니다. "가난한 자를 조롱하는 자는 이를 지으신 주를 멸시하는 자"(잠17:5)라는 지혜자의 말도 의미의 맥락이 같습니다.

이처럼 인간을 존중하는 것은 지혜와 지식의 근본이요 시작인 여호와 경외와 직결되어 있기 때문에 인간존중 없이는 성경을 깨달을 수 없습니다. 하나님을 경외하는 것과 인간을 존중하는 것과 하나님의 진리가 전달되는 것은 서로 얽혀서 분리될 수 없습니다.

묵상의 목적:
하나님의 영광과 하나님의 형상 추구하기

하나님의 기록된 말씀을 묵상하는 것은 하나님이 우리에게 전하고자 하시는 뜻에 귀를 기울이고 그것을 이해하고 살아내는 것입니다. 하지만 성경을 묵상할 때에 많은 분들이 하나님이 말씀하기 원하시는 내용과 뜻보다는 우리가 듣고 싶어하는 것만 취하려는 경향을 보입니다. 듣고 싶어하는 것에 이끌리고 우리가 원하는 목적을 고집하는 마음이 강할수록 묵상은 그 만큼의 방해를 받습니다. 성경을 주신 하나님의 의도에서 벗어난 모든 묵상은 비록 양상이 다르다고 할지라도 실제로는 자신의 기호를 말씀에 투영시켜 그것의 인위성과 자의성을 세탁할 신적 기원을 확보할 요량으로 성경을 이용하는 것입니다. 이는 비록 묵상의 모양은 취했으나 자신의 기호와 취향에 의해 조정을 당하는 일종의 종교적 종노릇일 수밖에 없습니다.

성경이 우리에게 가르치는 묵상의 목적은 하나님께 영광을 돌리되 자기 안에 하나님 아들의 형상을 온전히 이루는 방식으로 영광을 돌리는 것입니다. 저는 묵상을 "하나님의 입에서 나오는 모든 말씀을 먹는 것"이라고 정의하고 싶습니다. 많은 사람들은 각자의 묵상론을 논하면서 어원론적 접근법을 취합니다.

이를 테면, 여호수아 1장 8절에 나오는 히브리어 "하가"(הָגָה)에 근거하여 묵상을 "입으로 읊조리며 생각하는 것" 혹은 "속삭이는 것"이라고 말하기도 하고, 창세기 24장 63절에 이삭이 들에서 묵상하는 것을 가리키는 히브리어 "슈아흐"(שׂוּחַ)에 근거하여 "꿇어 엎드리는 것" 혹은 "온 마음을 기울이는 것"이라고 말하기도 합니다. 디모데전서 4장 14-15절에서 하나님의 말씀을 공부해야 한다는 취지에서 사용된 헬라어 "멜레타오"(μελετάω)에 근거하여 "주의하는 것"이라고 묵상을 규정하는 사람들도 있습니다. 단어의 인문학적 분석이 제공하는 개념적 유익을 부정할 수 없지만 성경적 의미를 거기에 다 내맡길 수는 없을 것 같습니다.

저에게 성경의 묵상은 하나님의 입에서 나오는 말씀을 "먹는 것"입니다. 말씀이 육신으로 오신 예수님도 자신을 우리에게 양식과 음료라고 하시면서 먹고 마시라고 했습니다. 먹는다는 것은 음식과 하나가 된다는 것입니다. 말씀과 내가 구분되지 않도록 전적으로 말씀의 사람이 되는 것을 뜻합니다. 말씀은 먹어도 배설물이 나오지 않습니다. 그래서 말씀을 먹는다는 것은 말씀 전체가 저의 인격과 신앙과 삶의 살점으로 동화되는 것입니다. 하나님의 뜻이 나의 인격을 관통하고 신앙을 지배하고 삶을 주장하는 것입니다. 묵상은 하나님의 기막힌 뜻과 그것에 대한 깨달음이 나의 바깥에 머물러 있는 게 아닙니다. 하나님의 뜻이 내 속으로 들어와 나의 전 존재를 꿰뚫는 것입니다. 이러할 때에 비로소 하나님은 진정 우리의 하나님이 되시고 우리는 그의 백성이 되는 것입니다. 즉 언약의 총화가 성취되는 것입니다. 이것이 말씀을 먹는다는 말에 함축되어 있습니다. 우리는 말씀을 먹음으로 하나님의 백성에게 필수적인 영양소가 공급되고 하나님의 백성다운 사람으로 성장하는 것입니다.

그리스도 예수는 말씀이 육신으로 오신 분입니다. 말씀과 하나되는 묵상은 곧 그리스도 예수와 하나되는 길입니다. 그의 형상을 온전히 닮는다는 것은 하나님의 말씀을 먹어서 체화되어 말씀과 내가 온전히 연합되는 것입니다. 그리스도 예수의 형상을 온전히 이루는 방법으로 이것보다 더 좋은 방편은 없습니다. 우리가 하나님께 영광을 돌린다는 것은 우리의 어떤 외적인 행위가 수단이 되어 하나님의 기쁨을 산출하는 것이 아닙니다. 시인은 "땅에 있는 성도는 존귀한 자니 나의 모든 즐거움이 저희에게 있도다"는 시어로 교회가 바로 하나님의 기쁨이 머무는 곳이라는 사실을 밝힙니다.

교회에서 나오는 어떤 이차적인 매개물을 기뻐하는 것이 아닙니다. 교회 자체를 기쁨의 대상으로 여기고 계시다는 말입니다. 하나님의 진정한 기쁨은 우리가 성도다운 성도, 하나님의 자녀다운 자녀, 주님의 교회다운 교회가 되는 것에 있습니다. 우리가 말씀이신 그리스도 예수의 형상을 온전히 닮은 말씀의 자녀, 말씀의 성도, 말씀의 교회가 될 때에 하나님께서 영광을 받으시는 것입니다.

말씀을 먹고 마시지 않고서도 말씀이신 그리스도 예수로 충만하고 그의 형상을 온전히 이룰 수는 없습니다. 이처럼 성경 묵상은 하나님께 영광 돌리는 것을 목적으로 삼되 하나님의 아들의 형상을 온전히 우리가 각자에게 이루는 방식으로 그 목적을 성취하는 것입니다. 이는 말씀이신 성자와 연합되는 묵상 없이는 불가능한 일입니다.

구약 묵상

01
삼위일체 어법

태초에 하나님이 천지를 창조하시니라 (창1:1)

창세기 1장 1절에는 '하나님(엘로힘)이 천지를 창조하신' 이야기가 나온다. '하나님'은 복수이고 '창조하다' 동사는 단수이다. 그리고 3절에는 '하나님이 가라사대' 구절이 나오는데, 여기서도 '하나님'은 복수이고 '가라사대' 동사는 단수이다. 히브리어 성경은 이런 불협화음 문법을 그대로 두었고 70인역 헬라어 성경은 모두 단수로 처리해서 번역했다. 그런데 2절에는 '여호와의 신'이 나오는데 여기서도 '여호와'는 복수이고 '신'은 단수이다.

우리는 삼위일체 하나님을 믿고 있다. 그런데 이 창세기 처음 부분은 어떻게 해석해야 할까? 만약 '하나님'이 복수이기 때문에 세 위격들을 의미하는 것이라고 한다면 그 '하나님의 신'은 네 번째 위격으로 해석해야 하는가? 아니면 '엘로힘' 안에 언급된 세 번째 위격을 강조하기 위해 반복해서 언급한 것인가? 아니면 '엘로힘'은 성부와 성자만을 말하는 것이고 그 엘로힘의 '신'은 세 번째 위격인 성령을 일컫는 것이라고 이해해야 하는가?

이처럼 인간의 상식과 합리성이 고개를 숙여야 하는 단복수의 신비로운 조합에 대하여 칼빈은 사벨리안 오류(성부, 성자, 성령은 한 위격임)를 지적하며, 그 단어(엘로힘)의 복수성은 비록 삼위일체 하나님을 떠올리게 하는 (revocat) 기능도 있지만 하나님의 많은 권능들(multas Dei virtutes)을 가리키는 것이라고 해석한다. 칼빈의 표현을 인용하면, 엘로힘은 하나님 자신을 가리키는 말이지만 "하나님의 영원한 실체에 내재된 능력"(potentiam quae in aeterna eius essentia inclusa fuerat)을 가리킨다.

성경 전체는 성부와 성자와 성령을 모두 창조자로 언급하고 있다. 이런 분명한 사실에 기초하여 애매하게 보이는 구절을 해석해야 함이 마땅하다.

창세기 초두에서 언급된 '엘로힘'은 삼위일체 하나님을 생각하지 않을 수 없는데, 그 '엘로힘의 신'도 언급되고 있기 때문에 여기서 말하는 엘로힘은 '성부'와 '성자'로 보는 것이 무난하지 않을까 생각된다. 또한 엘로힘을 성부, 성자, 성령으로 본다면 '엘로힘의 신'은 어떻게 해석해야 하느냐의 난관에 봉착하게 되기 때문이다. 그렇다고 이것을 엘로힘의 신은 '하나님'이 아니라는 배타적인 성격으로 이해하면 안될 것이다.

한편으론 이런 해석도 가능하다. 즉 하나님은 영이시기 때문에 '엘로힘의 신'에서 '엘로힘'과 '신'을 동격으로 이해할 때 '엘로힘'을 세 위격으로 규정해도 아무런 문제가 없다. 엘로힘(성부, 성자, 성령)은 영이시다. 이것을 '엘로힘의 신'이라고 표현한 것이라 주장해도 큰 무리는 없어 보인다.

어떠한 해석을 취하든 삼위일체 하나님에 대한 신앙을 흔들지는 못한다. 혹여나 이러한 생각은 교리가 성경의 권위를 장악한 결과라고 비방하는 것은 적합하지 않다. 성경 전체가 말하는 바를 종합하여 표현한 것을 '교리'라고 의식하며 그렇게 묘사한 것이기 때문이다. 즉 성경 전체라는 큰 문맥에서 애매한 구절들을 조명하는 식의 해석학적 방법론을 '교조적인 접근'인 것처럼 매도하지 말라는 말이다.

02
우리의 형상은?

하나님이 이르시되 우리의 형상을 따라 우리의 모양대로 (창1:26)

때때로 신학적인 용어가 묵상을 주관하는 경우가 있다. 이 구절을 묵상하면 그런 경향에 결박된다. 칼빈은 인간을 창조할 때 삼위일체 하나님이 의논하신 것은 "인간의 탁월함"을 입증하는 것이며, 우리에게 "최고의 영광"이라 해석한다. 그렇게 지어진 인간은 "거룩한 지혜와 의와 선함을 가진 탁월한 표본"이라 할 수 있다. 고대 학자들이 명명한 것처럼 소우주라 불리는 것도 정당하다.

하나님의 의논이 가지는 또 하나의 의미는 "하나님 안에는 여러 위격들이 있다"는 것이다. 이 위격의 복수성은 유대인의 단일신론 주장을 우스꽝스러운 것으로 만든다. 칼빈은 위격의 복수성을 강조함과 동시에 '우리'라는 말에서 하나님이 자신을 "복수로" 지칭하고 있다는 이유로 하나님의 복수성을 주장하는 자들을 또한 경계하고 있다. 하나님은 하나님 자신 이외에 조언자를 필요로 하지 않으시는 완전한 분이시며, 하나님은 유일한 신이시기 때문에 인간을 창조하는 순간에 의논이 있었다는 것은 위격의 복수성 이외에는 설명할 길이 없다고 칼빈은 이해한다.

하나님의 "형상"(imago)과 "모양"(similitudo)은 구별이 되어야 한다는 것이 일반적인 이해이다. 즉 형상은 "실체"(substantia)에 속한 것이며, 모양은 "우연"(accidentibus)에 속한다는 것이다. 칼빈은 여기에 동의하지 않는다. 나아가 삼위일체 교리를 여기에 적용하는 어거스틴 방식의 형상론에 대해서도 다소 소극적인 태도를 보인다. 즉 삼위일체 개념에서 아리스토텔레스가 구분한 인간의 세 가지 능력, 즉 지성과 기억과 의지를 유추하여 하나님의 형상으로 규정하려 하는 시도를 거절한다.

칼빈은 형상과 모양의 구분을 서로 다른 어떤 실체로 해석하지 않고, 다른 언어로 동일한 것을 반복하는 히브리식 표현의 특성으로 간주한다. 형상의 의미에 관하여 칼빈은 크리스소톰의 이해를 소개한다. 즉 하나님의 형상은 인간이 세상을 다스림에 있어서 하나님의 대리자로 행하도록 그에게 주어진 권세(imperium)을 의미한다. 칼빈도 이것을 하나님의 형상이 의미하는 것의 일부(portio)로 인정한다.

나아가 하나님의 형상을 이해하기 위한 칼빈의 방식은, 인간에게 있는 하나님의 형상은 타락으로 인하여 파괴되었기 때문에 복음으로 말미암아 영적으로 회복된 하나님의 형상이 무엇인지 탐구하는 수밖에 없다는 것이다. 영적인 거듭남은 동일한 형상의 갱신(instauratio) 이외에 다른 것을 의미하지 않는다(골3:10; 엡4:23). 이 형상은 의와 진정한 거룩으로 이루어져 있다고 바울이 말하지만, 칼빈은 이것이 하나님의 전 형상을 의미하는 것으로 보지 않고 부분이 전체를 나타내는 제유법(synecdoche)적 표현으로 해석한다. 칼빈이 이해하는 하나님의 형상은 "전 본질의 완전성"을 뜻한다. 인간의 본질 안에는 지성과 의지와 모든 감각들이 거룩한 질서(divinum ordinem)를 나타내며 이로써 하나님의 영광을 빛내고 있다. 하나님의 형상을 해석할 때 그리스도 예수만이 아버지의 유일한 형상이라는 바른 진술에서 하나님의 형상이 곧 그리스도 예수라고 주장한 그릇된 교부들이 있었음을 칼빈은 지적하고 있다.

칼빈은 인간이 세상의 주(Dominum mundi)로서 모든 살아있는 피조물을 다스리는 권세를 가졌다고 말한다. 그리고 단수가 아니라 복수가 사용된 것에서 칼빈은 통치의 주권이 아담에게 주어진 것만이 아니라 그 후손을 포함한 인류 전체에게 주어진 것이라고 하였다. 하나님이 인간을 창조하기 이전에 세상을 온갖 풍요로운 것들로 가득 채우신 것은 아버지의 부성애적 열심을 보여주며, 또한 우리가 먹는 것과 다른 모든 생필품에 있어서 부족함이 없게 하시려는 돌보심을 보여준다. 모든 만물이 창조된 목적은 우리의 모든 편의와 생필품이 조금도 부족함이 없게 하려는 것이라는 칼빈의 언급도 놓치지 말아야 할 대목이다.

어떤 자는 종일토록 탐하기만 하나 의인은 아끼지 아니하고 시제한다. 종일토록 탐하기만 하는 자의 마음을 주목할 필요가 있다. 왜 쉬지 않고 날마다 탐할 수밖에 없는가? 그의 마음은 가난하기 때문이다. 마땅히 채워져 있어야 할 것이 텅 비어 있어서다. 그래서 무언가가 없으면 자신의 신분과 지위도 상실할 수 있다는 본성적인 위기감이 발동하기 때문이다.

그러나 의인은 아끼지 아니하고 베풀기를 좋아한다. 그렇게 하는 의인의 마음을 주목할 필요가 있다. 자칫 해프다고 냉소와 핀잔을 들을 수도 있겠다. 도대체 얼마나 부하길래 아끼지 않고 퍼주는가? 그에게는 천하와 만물을 지으시고 소유하고 계신 주님께서 지극히 큰 상급으로 그의 마음 안에 거하신다. 마땅히 있어야 할 것을 아시는 하나님을 신뢰하고 있기에 아무리 꺼내주고 베풀고 흩어 구제하더라도 궁핍의 두려움과 담쌓은 사람처럼 태연할 수밖에 없다.

행동은 마음의 열매요, 고백이다. 그의 행동은 단순히 우발적인 충동이 아니다. 그의 마음과 생각의 어떠함이 쌓이고 넘쳐서 흘러 나온 결과이다. 주변에서 아니 나 자신을 보더라도 움켜쥐고 감추고 아끼려는 마음을 쉽게 발견한다. 어떻게 하면 더 나눠주고, 더 구제하고, 더 섬길 수 있을까를 고민하지 않고 정반대의 방향으로 질주하는 마음의 빈곤을 경험할 때가 허다하다.

오늘도 주어진 시간에 의인의 넉넉한 마음을 품어보려 한다. 주님께서 나의 목자시기 때문에 내게 부족함이 없다는 확신으로 조금이라 하더라도 가진 것을 나누어 주변을 풍요롭게 만드는 진원지가 되기를 원한다. 희생의 수고와 아픔이 수반될 것을 지레 두려워할 필요는 없다.

하나님의 부요한 손을 경험하기 위해 하나님의 마음을 품고 그 마음이 주장하는 삶을 살아갈 때다. 결코 마르지 않는 그분의 부요함을 주변에 끊임없이 공급하면 우리 자신에게 축적되는 부요함이 아니라 주변으로 흐르고 넘치게 하는 통로 신분으로 경험하는 독특한 부요함을 누리게 된다. 공기 파장으로는 전달되지 않는 주변의 가난한 자, 연약한 자, 무지하고 방황하고 낙담하는 자들의 신음에 귀를 쫑긋 세우고 세미한 것까지도 수신하는 사랑의 사람이 되기를 소원한다.

03
땅의 저주를 생각한다

땅은 너로 인하여 저주를 받고 (창3:17)

땅이 저주를 받았다. 왜? 아담 때문이다. 사람의 "행위" 때문에 땅을 저주하신 것이 아니라 그 행위의 주체인 "사람" 때문에 저주를 내리셨다. 별 차이도 없는 말에 괜한 요란을 떠는 것처럼 보일 수도 있겠다. 그러나 언제나 우리의 외모가 아니라 중심을 보시고 판단을 내리시는 하나님을 생각하면 땅에 내려진 저주의 내용을 더욱 고심하게 된다.

저주의 표면적인 내용은 땅이 가시와 엉겅퀴를 낸다는 것이다. 아름다운 꽃도 있고, 푸른 하늘과 달콤하게 지절대는 시냇물도 있다. 가시와 엉겅퀴를 낸다는 것은 말 그대로 황폐함을 뜻하지만 더 깊은 의미가 있다.

땅은 인격적인 대상이 아니다. 그렇다면 땅이 저주를 받았다는 말은 무슨 뜻인가? 땅은 그 자체를 위해서 존재하지 않는다. 하나님이 땅을 창조하신 이유는 하나님의 영광과 우리의 기쁨과 유익을 위해서다. 하나님의 영광과 관계된 우리의 유익을 중심으로 생각하자. 즉 땅은 온갖 열매를 맺으면서 인간에게 은총의 내용으로 존재한다. 풍성한 은총을 통해서 인간에 대한 하나님의 애틋한 사랑이 증거되며 그 사랑 때문에 우리는 하나님께 영광을 돌리게 된다. 즉 매개체로서의 역할이 곧 땅이 창조된 이유라고 볼 수 있다.

칼빈이 파악한대로 열매가 가시와 엉겅퀴로 바뀐 것은 하나님의 신령한 은총이 박탈된 것이라 볼 수 있다. 다윗의 눈에는 불완전한 온 천지마저 신적인 은총의 충만으로 보였지만. 이는 저주 아래 있는 자연의 인식론적 회복이라 할 수 있다. 바빙크는 아마도 이런 차원의 일반적인 은총을 말하고 싶었을 것이다. "은총은 자연을 파괴하지 않고 완성한다."(Gratia non tollit naturam, sed perficit)

땅의 저주는 자연에 대한 저주로 이해하는 것보다 인간과 관계된 차원에서 내려진 '메시지'로 이해해야 한다. 이것이 propter te로의 번역이 은근히 드러내고 있는 칼빈의 해석이다 그러나 자연 자체의 훼손이 있었다는 사실을 고려하면 자연의 원형 그대로의 보존을 하나님의 일반적인 은총으로 이해하는 것은 다소 무리가 있어 보인다. 파괴나 소멸은 아니지만 '소정의 훼손이 있었음'은 인정해야 한다. 비록 부분적인 훼손이라 할지라도 인간은 하나님의 진노와 저주 아래 있다는 사실을 감지하는 일반적인 장치가 훼손의 형태로 계속 고발되고 있다고 보는 것이 더 타당한 것 같다.

저주와 파괴는 언제나 행위의 문제라기보다는 행위자의 문제이다. 올바른 행동을 가르치기 이전에 사람의 변화가 우선이다. 그래서 바울도 하나님의 뜻을 알고 실천하는 외형적인 변화 이전에 마음으로 새롭게 되어 변화를 받으라고 권면한 것이다. 하나님의 예리한 검 같은 시선 앞에서 중심의 변화를 부르짖으라! 온 땅에 저주를 초래한 무거운 책임감을 의식하며.

04
방패와 상급

아브람아 두려워 말라 나는 네 방패요 너의 지극히 큰 상급이니라 (창15:1)

믿음의 조상은 지금 두려움을 느끼고 있다. 그러나 본문에서 두려움의 원인은 분명하지 않다. 아마도 안전하고 익숙했던 본토와 친척과 아비의 집을 떠났기 때문에 가해졌을 주변의 무력적인 위협이 유력한 원인일지 모른다. 어쩌면 그런 환경적인 것이 아니라 내면적인 두려움일지도 모른다. 외부적인 원인이든 내부적인 원인이든 아브람이 두려움에 떨고 있다는 사실은 분명하다. 이에 하나님은 두려워 말라고 하시면서 그 이유로서 "나는 너의 방패요 너의 지극히 큰 상급"이기 때문이란 사실을 밝히신다. 그러나 상급은 두려움과 무관해 보이고 방패와 상급 사이에도 어떤 연관성을 찾기가 어렵기 때문에 무엇을 뜻하는 말인지가 명확하지 않다. 면밀한 묵상을 요구하는 구절이다.

"방패"는 두려움을 해소하는 수단이다. 두려움을 해소하기 위해서는 두려움의 원인을 제거하는 것이 상책이다. 대체로 사람들의 두려움은 자신에게 있는 소유물을 빼앗기는 것에 근거한다. 경제적인 재산이나 정치적인 지위나 신체적인 건강이나 사회적인 명성이나 미래적인 희망이나 물리적인 생명에 박탈의 위협이 가해질 때 우리는 두려움에 휩싸인다. 그리고 위협의 외적인 요소들을 없애려는 태도를 취한다. 그러나 두려움이 제거되기 위해서는 내면적인 요소의 해결도 요청된다. 재물의 경우, 재물을 약탈하는 외부의 위협만이 아니라 재물의 약탈을 두려움의 대상으로 여기는 내면의 상태도 두려움에 일조한다. 내 견해로는 외부의 위협보다 내부의 상태를 해결하는 것이 급선무다.

만약 우리에게 상실할 것이 없다면 두려움의 뿌리가 완전히 제거되는 셈이다. 다른 한편으로, 만약 어떠한 것을 상실한다 할지라도 그것이 두려움을 유발하지 못하는 마음의 상태를 가졌다면 그를 두려움에 내몰 위협의 모든 요소가 완전히 일소되는 것이겠다. 믿음의 조상에게 건낸 하나님의 말씀은 이런 맥락에서 이해해야 한다. 하나님 자신이 우리의 "방패"라는 것은 두려움을 유발하는 위협의 외적인 요소를 제거하는 것을 뛰어넘는다. 두려움의 보다 근원적인 요소로서 우리의 일그러진 마음이 자초하는 내면의 위협까지 막아내는 것을 의미한다. 무언가를 상실해도 이에 대하여 어떠한 위협이나 두려움도 느끼지 않는 마음의 담력을 제공하는 방패는 다른 어떤 것보다 유익하다. 문제는 다른 어떤 것으로도 내부의 자해적인 위협을 막지는 못한다는 사실이다. 그러나 하나님은 외적인 위협보다 우리의 내부에서 가해지는 위협을 막아주는 유일한 방패시다.

본문의 후반부에 등장하는 "너의 지극히 큰 상급"이란 표현은 "방패"와 무관하지 않고 "방패"의 이면이며 구체적인 설명이다. 즉 하나님 자신이 우리의 "지극히 큰 상급"이기 때문에 우리에게 "방패"가 되신다는 내용이다. 실제로 하나님 자신이 우리에게 지극히 큰 상급이 되신다면 우리는 어떠한 것을 상실해도 두렵지가 않아진다. 하나님은 우리의 어떠한 소유보다 위대하고 탁월하고 광대하다. 하나님은 우리의 어떠한 보물보다 더 귀하신 분이시다. 우리의 의보다 더 의롭고, 우리의 거룩보다 더 거룩하고, 우리의 지혜보다 더 지혜롭고, 우리의 부함보다 더 부하시고, 우리의 능력보다 더 강하시고, 우리의 미보다 더 아름다운 분이시다.

그러니 하나님이 우리의 지극히 큰 상급만 되신다면 우리에게 있는 어떠한 것을 상실해도 우리를 두렵게 만들지는 못한다. 심지어 우리의 목숨을 앗아가도 우리의 영혼은 어찌하지 못하는 이 땅의 어떠한 세력도 두려움의 대상으로 여기지 말라고 하신다. 하나님 자신만이 우리에게 유일한 두려움의 대상이다. 하나님만 경외하는 사람, 그는 이 세상과 저 세상에 두려워 할 어떠한 것도 존재하지 않는 사람이다. 하나님이 우리를 위하시면 그 누구도 우리에게 두려움을 가하지 못한다. 그런데 하나님은 우리에게 지극히 큰 상급이 되겠다고 믿음의 조상에게 약속을 하셨다.

그래서 하나님은 우리의 방패시다. 이것보다 더 막강한 방패는 존재하지 않으리라. 하나님을 자신의 지극히 큰 상급으로 여기는 자는 외부나 내부의 어떠한 위협이나 두려움도 능히 막아내는 방패의 소유자다. 어떠한 경우에도 염려하지 않고 근심하지 않고 늘 기뻐하고 감사하고 평안하고 즐거워할 사람이다. 믿음의 조상은 그런 사람으로 부름을 받았고 우리도 그러하다.

05
깊은 신앙의 테스트와 초청

나는 전능한 하나님이라 너는 내 앞에서 행하여 완전하라 (창17:1)

자녀를 주겠다는 약속은 이미 24년 전에 주어졌다. 그러나 자녀의 소식은 없고 하나님은 그저 자신을 전능하신 분이라고 밝히신다. 약속도 지키지 않으시는 하나님의 전능은 과연 어떤 속성일까? 왕주먹 같은 막강한 에너지일 것이라는 생각이 뇌리를 휘감았을 법한 상황이다. 게다가 하나님은 그런 하나님 앞에서 행하여 완전할 것을 요구하고 계신다. 사람들 앞에서의 완전이 아니라 의와 진리와 거룩에 있어서 제한이 없으신 전능의 하나님 앞에서의 완전이다.

믿음의 조상도 심기가 많이 뒤틀렸다. "여러 민족의 아버지가 될지라"는 말은 이미 24년간 귓가를 맴돌던 상투적인 문구였다. 아브람의 아내로 하여금 그에게 아들을 낳아 주게 하며 여러 민족의 어머니가 되게 하리라는 공약도 24년째 그대로였다. 이에 믿음의 조상은 하갈을 통해 낳은 서자 이스마엘 삶이라도 형통하면 좋겠다며 말뿐인 하나님의 출산공약 불이행에 대한 서운함을 애써 감추지 않았다.

그러나 이것은 아주 중요한 믿음의 은밀한 테스트요 깊은 신앙에의 초청이다. 믿음의 조상에게 주어진 믿음의 테스트는 자신에게 어떠한 지각이나 경험이나 구체적인 선물이 주어지지 않더라도 오로지 하나님 자신 때문에 행하여 완전함에 있어서 흔들림이 없어야 한다는 것이었다. 만만치가 않다. 더군다나 아브람은 심기도 불편하고 마음의 서운함도 극에 달한 시점이다. 하지만 이것은 우리의 믿음이 어떤 차원까지 이르러야 하는지에 대한 일종의 초청이다. 땅의 어떠한 것에도 의존하지 않는 오직 하나님 자신에게 근거를 둔 신앙에의 초청!

태가 끊어지고 자녀에 대한 소망의 씨가 완전히 말라버린 상황 속에서도 한 아이의 아비가 아니라 여러 민족의 아비가 되게 하신다는 하나님의 전능을 의심하지 않는다면 그 신앙은 땅의 어떠한 사물이나 사건에 의해서도 흔들리지 아니한다. 비록 나에게 주신 하나님의 약속이 수십 년째 성취되지 않고 성취에 대한 기대감도 이미 종적을 감춘 상황에도 하나님은 여전히 전능하신 분이라고 고백하며 그분에 대한 우리의 자세와 처신에 흠 없는 신앙의 소유자가 되도록 믿음의 조상을 부르셨다. 이는 본문이 신앙의 깊은 테스트요 깊은 신앙에의 초청인 이유라고 생각한다.

마침내 이삭이 주어지고 자신의 신앙을 뒤따르는 무리들이 증다하여 바닷가 모래의 수효보다 많고 하늘의 별들보다 더 헤아릴 수 없어졌다. 이 상황에서 하나님의 전능을 믿는 믿음은 여전히 땅에서의 현상에 의존한 땅의 신앙이다. 하나님이 나에게 이루신 일들을 찬양하는 것은 마땅하다. 그러나 이루어진 일의 유무가 우리 신앙의 근간은 아니라는 사실을 놓쳐서는 아니된다. 주님께서 우리에게 요구하는 신앙은 경험 의존적인 신앙, 논리 의존적인 신앙, 이해 의존적인 신앙, 환경 의존적인 신앙이 아니라 계시 의존적인 신앙이다. 하나님을 신뢰하되 성경에 계시된 그대로의 하나님을 신뢰하는 신앙보다 더 강하고 향기로운 신앙은 없으리라.

우리의 삶에도 때때로 이런 테스트와 초청이 주어진다. 그때마다 '당황하지 않고' 하나님은 어떠한 상황 속에서도 항상 전능하신 분이심을 상기하자. 그리고 하나님 앞에서 행하여 완전한 삶의 여정을 주님 오실 그때까지 고수해야 하겠다. 하나님의 속성은 땅의 일로 인해 좌우되지 않는다. 혹 하나님의 속성과 상치되는 일이 땅의 현상으로 펼쳐진다 할지라도 하나님의 속성에 근거하여 그 현상을 해석함이 정당하다. 이는 인식의 등뼈를 통째로 교체하는 일이기에 믿음 없는 이들에겐 상식의 숨통이 막히는 일이다. 그러나 믿음의 눈으로 보면 언제든지 하나님의 속성이 땅의 현상에 선행한다. 이 진리를 고수함은 교회와 세상 모두에게 유익이다.

06
작은 영웅들

주의 기록하신 책에서 내 이름을 지워 버려 주옵소서 (출32:32)

이 구절에서 하나님이 확고히 정하신 뜻의 불변성이 아니라 얼마든지 바뀔 수 있는 신적인 뜻의 유연한 가변성을 떠올리는 분들도 계시겠다. 생명책에 이름을 기입하고 지우는 것은 우리의 행동거지에 달렸다는 추정을 지나 구원의 여부가 우리 개개인이 하기 나름이란 '합리적 궤변'으로 직행하는 것도 그리 무리는 아니겠다. 이는 사실 우리의 성정에 어떠한 갈등이나 주저함도 없이 쫘악 달라붙는 친숙한 사유의 흐름이다. 오히려 이에 대한 반론과 저항이 우리에겐 낯설고 거북할지 모르겠다.

다윗과 바울도 모세와 유사하게 '생명책 삭제' 멘트를 내뱉었다. 마치 영생의 여부가 나의 결정에 달렸다는 인상을 솔솔 풍긴다. 이와 유사한 구절들을 한데 긁어모아 성도의 이름은 철필이 아니라 연필로 생명책에 기록되어 있어서 하나님의 심기가 틀어지면 얼마든지 삭제될 수 있으니까 까불지 말라는 가당치도 않은 협박용 카드로 악용하는 사례도 종종 발견된다. 목회를 성공으로 이끌고 성도들의 주머니를 털어 짭짤한 소득만 올릴 수 있다면 소설도 가히 흉내낼 수 없는 면죄부 발부와 매매도 '적법한 제도'로 둔갑하는 일들이 교회사의 갈피마다 심심치 않게 등장했다.

나는 본문을 읽으면서 '네 이웃을 네 몸처럼 사랑하라'하신 계명이 떠올랐다. 전적인 은택으로 택함을 받아 생명책에 그 이름이 기록되어 영원토록 주님과 함께하게 된 최고의 복마저도 수단으로 삼을 정도로 백성들을 사랑하는 모세, 하나님의 백성이 광야에서 암울한 최후를 맞이하고 그로 인해 하나님의 영광에 치명적인 흠이 생길지도 모를 가능성과 맞서서 자신이 활용할 수 있는 마지막 카드라고 할 영생마저 소모적인 방편으로 과감히 내던지는 모세의 결연한 사랑과 희생이 보여서다. 이렇게 모세는 '처럼'이란 몸의 수단성을 넘어 영생조차 수단으로 여길 정도로 하나님의 사람들을 사랑했던 거다.

이는 모세와는 비교할 수 없도록 고귀하신 하나님의 본체시나 하나님과 동등됨을 취할 것으로 여기지 않으시고 자기를 비우고 종의 형체를 입으신 예수님이 자기 백성을 죄에서 건지시는 구원의 수단으로 생명까지 내어주신 사랑에 전혀 손색이 없는 구약적 모델이다. 이런 지도자가 목마르다. 그러나 어떤 대리만족 차원의 출중한 영웅을 기다리는 것보다 우리 각자가 작은 영웅의 길을 걸어가는 것이 성경의 요청일 수 있겠다는 생각이 든다. 삽비라와 아나니아 정도의 헌신 앞에서도 실천의 손이 떨리는데 어찌 모세의 모델을 감히 넘볼 수 있느냐는 반론이 각자의 목젖에 매달려 출고를 기다리고 있다는 걸 모르는 바는 아니다.

그러나 성경이 분명히 기록하여 알도록 의도한 모델이고 이로써 그런 수위의 섬김을 우리에게 요구하고 있다면 우리의 육신적 형편을 기준으로 가부를 결정하지 않고 거기까지 이르도록 용기와 지혜의 은총을 베푸시는 주님께 구하는 태도가 마땅하지 않을까 생각한다. 은혜로 말미암아 모세의 섬김은 과히 감동의 언덕을 지나 예술의 고매한 경지까지 등극했다. 세상의 기본적인 지탄만 모면해도 좋겠다는 척박한 기독교의 현실에 관념의 헛방망이질 같은 소리일 수 있겠으나 불가능한 것만은 아니라는 실 한 오라기의 희망마저 묵살할 필요까진 없겠다. 꺼져가는 불도 끄지 않으시는 주님의 소망 보존의 의지를 믿기에…….

07
중심이 중요하다

우리는 스스로 보기에도 메뚜기 같으니 (민13:33)

가데스에 이르러 아낙 거인들을 목격한 정탐꾼의 보도에 이스라엘 백성들은 한 목소리로 애굽으로 원상복귀 해 달란다. 그간 보고 듣고 경험한 하나님의 영광과 행하신 이적이 얼마인가! 그러나 이미 그들에게 무의미한 과거였다. 그들의 뇌리에는 지금 눈앞에 마주한 아낙 거인들의 장대함이 전부였다.

하나님은 약간의 형벌과 언어의 혼란으로 일반사의 관영한 죄악상을 제한해 두셨다가 아브라함 일가를 부르시며 선택에 의한 하나님의 백성사(史)를 약속하고 전개해 나가셨다. 하나님의 나라는 하나님이 왕이시며 이스라엘 백성은 그의 백성이 된다는 것이 언약의 핵심이다. 이스라엘 역사는 이러한 언약사의 실현이다.

그런데 하나님의 이 언약은 이스라엘 백성들의 마음을 파고들지 못했음이 분명하다. 하나님의 영광이나 초자연적 이적은 하나님의 존재성만 겨우 인정하는 자극제에 불과했다. 하나님의 언약이 민족의 방향과 미래를 어떻게 좌우하고 관통하게 될 지에 대한 기대보다 노예근성으로 똘똘 뭉친 애굽의 종노릇이 현실과 미래의 가치를 가늠하는 잣대였다.

언약의 땅을 눈앞에도 두고도 통곡을 쏟아내며 자기들은 아낙의 거인들 앞에 마치 메뚜기와 같다며 불평과 원망을 쏟아내는 이스라엘 백성을 보면서 내 안에 있는 메뚜기 본색이 들킨 것처럼 뜨끔했다. 자신을 중심에 세울 때 사람은 열등과 교만의 화신으로 변하게 마련이다. 메뚜기 근성은 전자와 후자 모두에 해당된다.

열등은 언뜻 보기에 겸손과 닮은 듯하나 중심에 있어서 완전히 판이하다. 즉 내가 나의 중심일 때에는 열등이고 주님이 나의 중심일 때에 겸손이다. 내가 중심일 때에는 아낙의 장대함과 나의 왜소함을 비교하게 되고 하나님이 중심일 때에는 먼지와 같은 세상과 측량할 수 없는 하나님을 비교하게 된다. 내가 중심이 된 열등은 사실 하나님을 중심으로 모시지 않고 스스로가 자신의 주인이 된 교만의 이면이다. 이처럼 열등과 교만은 동전의 양면이다. 주님이 중심일 때에는 열등과 교만이 동시에 떠나가고 겸손과 담력이 우리를 장악한다.

이스라엘 백성이 스스로를 메뚜기로 여긴 것은 겸손이 아니라 열등의 소산이다. 하나님이 그들의 주인이요 신이라는 사실을 부정하고 그분을 중심에서 주변으로 밀어낸 교만의 산물이다. 모든 사람들이 이러한 사실에서 자유롭지 않다. 교만한 사람과 열등한 사람 모두 하나님을 대하는 태도에서는 동일하다. 둘 다 그들의 중심에 하나님은 없다.

08
형통의 비결

네 길이 평탄하게 될 것이며 네가 형통할 것이라 (수1:8)

평탄과 형통을 싫어하는 사람은 없다. 그래서 최고의 비법이 모두에게 목마르다. 이런 막대한 수요에 걸맞게 다양한 비법을 공급하는 사람들로 이미 포화 상태다. 개인의 형통이든 교회의 형통이든 만사형통을 약속하는 기발하고 깜찍한 이벤트와 세미나가 곳곳에서 정신을 못 차리게 할 정도다.

형통에도 격이라는 게 있다. 여호수아 서두에 등장하는 형통의 비법은 개인의 잘 먹고 잘 사는 삶이나 교회의 금전적, 양적인 부흥을 겨냥하고 있지 않다. 각자의 기호에 따라 설정된 형통의 개념은 지우시라. 성경의 형통은 하나님의 백성에게 주께서 약속하신 그 땅으로 들어가는 형통을 뜻한다.

이러한 형통의 비법은 사람들의 호기심을 자극하고 관심을 사로잡을 만한 방식과는 다르다. 하나님의 말씀을 우리의 입술로 늘 읊조리고 주야로 묵상하며 말씀에 기록된 그대로를 다 지켜 행하는 것이 비법이기 때문이다. 창조 이래로 한번도 변하지 않았던 비법이다.

언뜻 보기에는 형통의 주체가 여호수아 자신으로 지목되어 있는 듯하다. 그러나 지도자는 언제든지 섬기는 무리들과 분리되지 않는다. 형통을 특정한 개인에게 돌리는 것은 지도자의 신분과 본분에 무지한 자들의 얄팍한 묵상이고 그러기를 은근히 기대하는 자의 어법이다.

가장은 가족 구성원 전체를, 목회자는 교회 전체를, 국가의 지도자는 국민 전체를 자아의 연장으로 생각해야 한다. 공동체의 형통이 나의 형통이고, 공동체의 아픔은 또한 나의 아픔이다. 공동체의 문제는 곧 나의 문제이며, 공동체의 잘못은 나 자신의 잘못으로 여기라는 뜻이다.

억울하게 생각하는 분들도 있을 수 있겠으나 이러한 공동체적 책임이 어깨에 맡겨진 그 자체가 영광이다. 여기서 천국의 열쇠권을 적용하면 하늘에 대한 공동체의 닫힘은 나의 책임이고, 공동체의 열림은 나의 사명이란 수종자의 책임있는 의식이 요청된다.

여호수아의 어깨에 걸린 책임의 막중한 무게는 그 크기만큼 큰 영광이다. 그 영광을 위하여 하나님의 말씀을 주야로 읽고 묵상하고 준수함에 있어서 좌로도 우로도 치우치지 말아야 했다. 아무리 호기심을 자극하고 의식을 결박하는 이슈들이 유혹의 촉수를 내밀어도 말이다.

형통의 성경적인 개념 정립도 필요하고 그 개념에 걸맞은 비법의 인지와 수호도 동일하게 중요하다. 동시에 공동체적 형통과 책임을 의식하는 것 역시 빠뜨리지 말아야 할 대목이다.

09
소통의 범례

오직 당신의 하나님 여호와가 모세와 함께 계시던 것 같이 당신과 함께 계시기를 원합니다 (수1:17)

이 구절은 지도자와 백성 사이의 아름다운 소통의 범례를 보여준다. 이스라엘 백성은 모세의 종이었던 여호수아가 새 지도자로 등극한 것을 인정하고 환영했다. 범사에 모세에게 순종한 것처럼 그에게도 그리할 것이라고 서약했다. 대신 백성이 원하는 요구는 단 하나였다. 하나님이 모세와 동행하신 것처럼 그와도 함께 계시기를 원한다는 소원이다.

이스라엘 백성의 안목이 대단하다. 주님과 동행하는 것이 인간 여호수아 자신에게 좌우되지 않고 주님께 속한 일이라고 생각했기 때문이다. 그래서 눈의 아들이 하나님과 동행해야 한다가 아니라 하나님이 모세에게 그러셨던 것처럼 그에게도 함께 계시기를 원한다고 했다. 국운의 성쇠를 인간 지도자가 아니라 하나님께 돌리는 태도는 기억하며 본받아야 하겠다.

어떤 해석가는 눈의 아들이 집권 초기라서 실권을 장악하지 못했기 때문에 백성이 동등한 국정운영의 동반자로 전면에 서는 것을 방지하지 못했다고 해석할 수도 있겠다. 그러나 기독교의 지도력은 지배하고 장악하고 탈취하고 조종하고 겁박하는 권세와는 무관하다.

지도자는 하나님의 집에서 사환으로 섬기는 신분이다. 당연히 그에게 요구되는 것은 막대한 카리스마를 휘두르며 사람들의 수족은 물론이고 감정과 생각까지 결박하는 무소불위 권력이 아니라 하나님이 그와 동행하는 것이다. 이것이 목회자의 도리이고 사환의 본분이다. 결과는 공포와 불안이 아니라 사랑과 인내와 자비와 긍휼과 화평과 같은 성령의 열매이다.

무서운 주먹을 보이면서 사람들을 움직이려 드는 사람들이 종종 목격된다. 마음의 자발성을 따라 이루어진 행위가 아닌 모든 강압에는 반드시 부작용이 따르고 뒤틀린 결과가 초래된다. 돈과 힘과 다른 수단으로 사람들을 지배하는 자는 권력을 유지하기 위해 더더욱 돈과 힘 및 그와 유사한 수단 확보에 집착하게 된다. 백성의 아픔은 당연히 다각도로 증대된다.

그런 지도자와 함께 있는 사람들은 지도자의 눈치 살피기가 일과이고 모든 면에서 그런 눈치 의존적인 체질로 고착된다. 인격, 습관, 생각, 언어, 행실 모두 눈치 의존적으로 변질된다. 이는 성도를 하나님 앞에 온전한 자로 세우며, 봉사의 일을 하게 하며, 그리스도 예수의 몸을 세우는 것과는 무관하다. 그런데 그걸 통치력의 승리라고 오독하는 경우가 허다하다. 개인의 체질과 가정의 체질과 교회의 체질과 교계의 체질로 눈길을 돌리면 동일한 현상이 목격된다. 개인은 하나님 앞에서의 삶이 아니라 사람들의 눈치에 적응된 삶을 살아간다. 가정은 가장의 심기에 따라 천국과 지옥이 교차하며 교회는 담임 목회자의 성정이 말씀의 권세와 흥왕을 대신한다. 교계는 패거리 문화의 온상처럼 추락하고 있다. 어떤 공동체건 지도력을 발휘하는 자에게 요구되는 유일한 덕목은 주님과의 동행이다. 지도자에게 그것을 당당하게 요구할 수 있는 환경이 마련되어 있어야만 한다. 지도자와 대립각이 세워질 법한 사안에 대해서 찍소리도 못하는 상황은 이미 그 자체가 대대적인 수술이 요구되는 중증이다. 특정한 사안보다 그걸 둘러싼 상황이 더 사실에 가깝다.

지도자는 하나님과 동행하고 백성은 그 권위에 순응하되 자신의 이상적 갈망을 입술로 자유롭게 발설할 수 있는 분위기가 건강한 교회의 척도이다. 무섭게 겁박하고 광기를 쏟으면서 주변을 장악하려 하는 지도자가 있다면 그 사람도 불행하고 그와 더불어 있는 공동체도 불행하다. 이스라엘 백성과 여호수아 사이의 아름다운 소통이 그리운 아침이다.

10
사사기의 진단

여호와의 목전에 악을 행하니라 (삿3:12)

로마서의 규모 있는 기독교 신앙, 즉 하나님을 아는 지식과 그가 행하신 일의 경륜, 그것에 대한 성도의 마땅한 도리의 교훈을 접한 이후에 맞이한 사사기 시대의 혼란을 대하는 느낌은 사뭇 다르다. 이스라엘 백성의 타락과 실패의 너무도 간단한 이유는 '여호와의 목전에 악을 행했다'는 거다. 그러나 이런 진단이 표현은 간명해도 내용은 다양하고 복잡하다. 악의 실체가 하나님의 명령을 거스르는 행위의 실패만이 아니기 때문이다.

악을 넘어 그 배후에 죄의 본질이 어떻게 버티고 있는가? 또한 그것이 해결되지 않은 채 실을 바늘의 허리에 매는 식의 급조된 처방으로 오히려 하나님의 진노만 축적하는 우매함은 어떤 것인가? 소망의 빛 한 줄기라도 합당하지 않은 그들의 죄와 그 죄의 지칠 줄 모르는 뻔뻔한 반복에도 불구하고 간간이 하나님의 사람을 보내시고 완전히 진멸되지 않도록 긍휼의 손으로 붙들고 계신 신실하고 자비로운 언약의 하나님은 어떤 분이신지 궁금하지 않은가? 이스라엘 백성들의 부끄러운 실패와 실족의 반복이 과거의 먼 그들의 이야기가 아니라 어떻게 우리의 이야기, 나의 이야기를 들려주고 있는지 사사기는 독특한 어법으로 거침없이 증언하고 있다.

시대의 혼돈과 무질서가 하나님을 더 많이 보여주고 있음은 부인할 수 없는 역설이다. 이는 마치 험한 세월을 살아온 야곱이 하나님을 아는 지식에 있어서는 열조의 어떤 거인에게도 일순위를 놓치지 않았다는 사실과도 맥락을 공유한다. 형통의 반듯한 길밖에 모르는 사람들이 더 무지할 수 있고 환난의 떡과 고생의 물을 일평생 먹고 마시는 사람들이 하나님을 아는 지식에 있어서는 더 박식할 수 있다. 바울의 말처럼 그리스도 예수를 아는 지식이 가장 고상한 것이라면 고난의 떡도 유익이며, 그 끝자락에 있는 죽음의 잔도 유익이다.

여호와의 목전에 악을 행한다는 것은 인생의 총체적인 실패를 의미한다. 우리가 생각하는 수준의 부끄러움, 민망함, 죄책감 정도가 아니라 하나님과 대결하고 하나님의 질서를 훼손하고 자신도 비참의 심연으로 빠져드는 것을 의미한다. 모든 악의 본질과 궁극과 총화가 바로 하나님 앞에서의 악행이다. 사사기의 진단은 지금의 우리 자신도 겨냥하고 있다.

11
자유의 과잉

이스라엘에 왕이 없으므로 사람이 각기 자기의 소견에 옳은 대로 행하였더라 (삿21:25)

왕의 부재와 개인의 자율성은 비례한다. 통치자가 없으면 당연히 외부의 강요와 억압과 통제도 사라진다. 여기서 "왕"은 사람을 지칭하는 말이지만 넓게는 일반적인 권위 일체를 일컫는다. 규범이나 예절이나 상식이나 관습이나 도덕이나 윤리나 교훈이나 제도나 질서나 다수결 혹은 심지어 지식과 경험조차 권위의 다양한 얼굴이다. 예나 오늘이나 사람들은 자유에 막대한 의미와 가치를 부여한다. 자신의 생명마저 수단이 될 정도로 자유에 대한 열망은 참으로 대단하다. 자유의 수호를 위해서는 자신의 몸을 불사르는 자살도 불사한다. 그러나 만약 자유의 개념이 왜곡되어 있다면 무서운 종노릇의 끔찍한 희생물로 전락하고 만다.

사람들은 자기의 소견에 옳다고 판단하는 대로 살아간다. 세상에는 이것이 자유의 보편적인 개념이다. 이러한 자유는 통치와 지배와 억압과 통제를 상징하는 "왕"의 부재를 요청한다. 그래서 "왕"의 권위적인 숨결이 느껴지는 어떠한 것도 거부하고 부정한다. 통치자의 권위도 부정하고, 통치하는 그룹이 만들어낸 규율도 부정하고, 그런 규율이 체질화된 관습도 거부하고, 규율이 제도의 옷을 벗은 주류 문화도 거부한다. 부모와 스승의 권위도 거부하고, 성을 구분하는 남녀의 생물학적 경계도 무시한다. 자신이 옳다고 하는 자기의 소견 이외에는 어떠한 권위도 인정하지 않는다. 드물게 외부의 권위를 인정하는 것은 자기의 소견과 일치하는 경우이다.

사실 사람들은 세상의 일그러진 질서 속에서 신물이 나도록 개인적인 모순과 사회적인 부조리를 경험했다. 부당한 규정과 편파적인 판결에 염증이 났다. 어두운 물건을 뒷문으로 거래하고 고급한 정보는 측근에게 빼돌리고 사회적 시스템의 정상적인 작동을 입맛대로 조작하고 생존의 경제적 위협으로 순응을 강요하는 야비한 권위의 파행적인 남용이 우리의 고귀한 삶을 분노와 좌절로 얼룩지게 했다. 권위의 부정은 어쩌면 권위 자체의 부정보다 권위의 과잉을 거부하는 것인지도 모른다. 지금 세대가 이전 세대의 권위를 존중하지 않음도 무작정 후세대의 무례로만 돌릴 게 아니라 스스로를 돌아볼 계기로 여김이 더 합당하다. 과잉의 경계선은 대체로 외부의 어떤 권위가 나의 소견과 충돌되는 바로 그 지점이다. 문제는 나의 소견도 과잉 가능성이 얼마든지 있다는 것이다. 그동안 나의 인생이 아니라 부모의 기호를 따라 꼭두각시 인생을 살았다고 여기며 부모의 모든 흔적을 나에게서 지우려는 것, 사회의 기대와 가치의 프레임에 갇혀 죄수처럼 살았다고 여기며 일체의 사회적인 규범과 관행을 배척하는 것이 그러하다. 신앙적으로는 교회문화 속에서 나도 모르게 벌어진 교리의 주입을 종교적 폭력으로 여기며 기독교와 관련된 모든 것들을 허울이나 악으로 여기는 것 등이 개인적인 소견의 과잉을 보여주는 예들이다. 게다가 부모와 사회와 종교가 준 그동안의 유익에 대해서는 지금까지 속아준 것으로도 충분히 갚았다고 생각한다.

맞다. 우리는 잘못된 권위의 횡포로 오랜 시간동안 신음하며 살아왔다. 권위의 부정과 배척은 어느 정도 정당하다. 그러나 부당한 권위의 제거와 개인적 소견의 과잉은 궁극적인 해결책이 아니라는 점은 간과하지 말아야 한다. 인간은 자존적인 전능자가 아니다. 참으로 연약하다. 너무나도 쉽게 무너진다. 더 연약한 사람들도 있다. 그분들은 어떡하나! 자기의 소견이 권위의 요체라는 주장이 나에게는 마치 연약한 자들은 죽으라는 묵언으로 들린다. 이는 마치 자신의 소견이 자신의 존재와 생존을 지탱해 줄 정도로 강하고 출중하고 견고하고 지속적인 사람만 남고 나머지는 내 알 바 아니라는 적자생존 법칙이다. 약자는 종교나 도덕이나 규율이란 아편을 맞으며 살아가고 강한 자에게는 그런 따위들이 불필요한 것이라고 생각하는 사람들도 있다.

그러나 내 입장은 이렇다. 나에게는 왕이 필요하다. 그러나 나보다 뛰어난 왕이어야 한다. 사람과 사람 사이에는 높낮이가 없다. 모두가 동등하다. 다른 누군가가 나에게 왕으로 군림하는 것은 일체 거부한다. 어떠한 도덕과 규율도 나는 권위로 인정하지 않는다. 오직 하나님 한 분만이 나에게는 유익한 권위시다. 그분이 설정한 질서만이 나에게는 규범이다. 개인과 가정과 학교와 직장과 사회와 국가와 시간과 자연의 다양한 질서에서 하나님이 의도하신 그만큼의 권위만 인정하려 한다. 하나님은 이 모든 것들의 주인이기 때문이다. 하나님이 나보다 훨씬 뛰어나신 분이기 때문이다. 나를 나의 소견보다 더 행복하고 유익하게 하실 하나님은 나의 왕이시다. 그분의 자녀요 벗이요 종이라는 것이 나에게는 최고의 기쁨이요 영광이다.

나보다 못한 것들이 휘두른 권위의 횡포 때문에 우리가 마땅히 인정해야 할 권위까지 거부하며 각기 자기의 소견에 옳은 대로 살아가는 것은 참으로 안타까운 우매함과 불행이다. 게다가 그런 상태를 자유의 극치라고 여기며 도무지 헤어나올 마음과 의식조차 없으니 더더욱 애달프다. 성경은 왕의 부재를 불행한 무질서로 간주한다. 이는 진정한 왕의 부재로 인해 무수히 많은 종류의 그릇된 왕들이 진정한 왕의 공석을 차지하기 때문이다. 무소불위 자유를 원했으나 속박이 대체하는 격이다. 자유의 과잉은 속박의 다른 얼굴이다. 최고의 존재를 나의 왕으로 모실 때에 비로소 가장 완전한 자유를 구가함은 만인의 상식이다. 나는 나 자신에게 왕이기를 원하지 않는다. 나는 나를 나의 주인으로 삼아도 될 정도로 괜찮지가 않다.

진리가 우리를 자유케 한다는 예수님의 말씀처럼 최고의 자유는 진리이신 예수님을 왕으로 모실 때에 구현된다.

12
이가봇의 슬픔

아이의 이름을 이가봇이라 하였으니 (삼상4:21)

"이가봇"은 "하나님의 영광이 없다, 아니다, 떠나다"를 의미한다. 하나님의 말씀을 빼앗기고 내다버린 상태를 이보다 더 정확하게 통찰하고 냉철하고 섬뜩하게 표상한 구절이 또 있을까?

하나님의 영광은 구하지 아니하고 사람의 영광에 허덕이는 사람들이 있다. 거짓말하고 간음해도, 사기치고 등쳐먹어도 증오하고 저주해도 들키지만 않으면 된다. 설령 들킨다 하더라도 물리적, 물질적, 사회적 손실만 가해지지 않는다면 그런 행보를 중단하지 않으며 심지어 잘못이라 느끼지도 않고 반성도 안 한다.

이가봇은 비운의 시기에 출생한 인물이다. 그의 이름은 그의 어머니가 지었다. 비느하스의 아내이기도 한 그녀는 시아버지 엘리와 남편의 비보를 듣고 급작스레 출산하고, 그 이후 그녀의 마지막 호흡을 내뱉으며 이름 하나를 지었다. 여인이 죽음으로 전한 메시지는 바로 이스라엘 백성에게서 하나님의 영광이 떠났다는 것이다. 가장 음울하고 비통한 시기의 본질을 제대로 통찰한 이는 이름도 없이 등장했다 무대 뒤로 사라진 여인이다. 그렇게 짧은 등장으로 시간의 역사가 종료될 때까지 사라지지 않을 충격적인 진리의 산출 수단으로 활약한 그녀에게 감사를 표하고 싶다.

하나님의 영광이 떠난다는 것보다 무섭고 강력하고 눈앞이 캄캄한 저주는 없을 것이다. 돈과 명예와 건강과 목숨은 잃어도 절대 잃지 말아야 할 것은 바로 하나님의 영광이다. 겉은 멀쩡한데 위로부터 온 영광은 전무한 상태는 아닌지. 하나님의 존영이 떠난 사람, 교회, 시대는 아닌지 염려된다. 이가봇을 거명해야 설명되는 교회가 되지는 않기를 기도한다.

13
외모와 중심

내가 보는 것은 사람과 같지 아니하니 사람은 외모를 보거니와 나 여호와는 중심을 보느니라 (삼상16:7)

외모와 중심의 구분은 쉽지도 않고 간단한 것도 아니다. 어쩌면 중심이나 외모라는 것은 객관적인 부위를 의미하는 것이 아닌지도 모른다. 그렇다면 구분은 사람의 몫이 아닐 것이다. 하나님이 보시는 게 중심이고 인간이 보는 게 외모라는 의미에 더 가까운 것 같다. 이런 논리에 입각해서 보자면, 하나님이 보시는 것을 보는 게 중심을 보는 것이고 하나님이 주목하지 않는 것에 집착하는 모든 관찰이 외모를 보는 것이다.

사무엘이 주목한 엘리압은 품행도 방정하고 용모도 준수하고 키도 훤칠한 지도자적 자질을 골고루 갖춘 자다. 주님께서 주목하신 다윗 역시 인상이 좋았고 눈이 빼어나고 얼굴이 아름다운 사람으로 묘사되고 있다. 사람의 눈으로 관찰되는 모습에는 큰 차이가 없어 보인다. 고작해야 오십보 백보 혹은 도토리 키재기다. 중심과 외모는 사람들의 눈으로 식별되는 구분이 아니다. 오히려 "내가 보는 것은 사람과 같지 않다"는 구절이 중심과 외모의 차이를 제대로 설명하는 듯하다.

이 구절에 근거하여 나는 하나님의 안목이 중심이고 사람의 안목이 외모라는 구분을 지지한다. 나아가 하나님의 안목은 그분의 선택과 무관하지 않다. 사무엘의 인간적인 눈길이 머문 인물들에 대해 하나님은 "내가 택하지 않는 자"라고 잘라서 말한다. 이로 보건대 하나님의 뜻과 정하심을 모른다면 누구도 중심을 보는 일은 불가능하며, 사람을 보든 사물을 보든 역사를 보든 외모에 홀리는 일이 즐비해질 것이다.

하나님의 생각과 사람의 생각 사이의 격차는 하늘과 땅차이로 물리적인 잣대로는 도저히 측량되지 않는다. 우리는 막둥이 다윗의 은밀한 중심보다 장대한 엘리압의 준수한 외모에 더 끌리는 성향을 가지고 있다. 그런데 더 큰 문제는 우리의 시선이 중심을 관통하지 못하고 고작 외모만 더듬어도 문제인 줄도 모르고 개의치도 않는다는 것이다. 오히려 우리가 중심을 보고 하나님은 외모를 보신다는 역발상의 불경도 서슴지를 않는다.

중심을 주목하는 문화가 가정과 교회와 사회에 정착되는 것은 내가 보는 자로 머무는 한 결코 구현될 수 없다. 신적인 안목의 지속적인 수혈 없이는 불가능한 일이다. 성경은 중심을 보시는 하나님의 눈이다. 성경으로 우리의 안구가 거듭나지 않으면 외모를 주목하는 악습은 결코 근절되지 않을 것이다. 성경이 안내하는 그만큼 길게 보고 높게 보고 깊게 보고 넓게 보는 중심 바라보기 문화에 동역의 어깨를 모으고 싶다.

눈은 몸의 등불과 같다. 눈이 성하면 온 몸이 밝지만 눈이 나쁘면 온 몸에 무서운 캄캄함이 드리운다. 하나님이 주목하는 그것을 주목하는 자가 있다면 그 가정과 교회와 사회는 공동체 전체가 밝아진다. 이처럼 안목의 중요성은 아무리 강조해도 지나침이 없다. 우리의 안목을 유혹하는 현란한 외모를 과감히 외면하고 주님께서 보시는 그 중심을 함께 바라볼 수 있으면 좋겠다.

14
다윗의 처신

내가 너희와 무슨 상관이 있느냐 (삼하16:10)

간음과 살인의 주범인 다윗은 아들 압살롬의 칼을 피하여 도피하는 중이었다. 충신들과 백성이 그를 둘러싸고 있는 상황에서 몰락한 사울가의 사람 시므이가 정색을 하고 다윗에게 저주를 퍼붓는다. 다윗은 왕이었던 사울을 살해하고 권좌를 찬탈하려 했고, 이에 대하여 하나님은 징벌하는 차원에서 나라를 다윗의 손에서 빼앗아 반역자 압살롬의 손에 넘기고자 하셨으며, 마지막으로 다윗은 '벨리알의 사람'이기 때문에 '꺼지라'는 독설까지 내뿜었다. 그러나 그 전부가 사실이 아니었다.

첫째, 다윗은 권세에 눈이 어두워 사울을 제거하려 하지 않았다. 오히려 그는 조그마한 옷자락 한 조각의 제거로도 죄책감에 시달렸던 인물이다. 둘째, 성경 어디를 보아도 하나님께서 이스라엘 백성을 다윗의 손에서 압살롬의 손에 넘기고자 한 적이 없으시다. 셋째, 다윗에게 돌려진 '벨리알의 사람'은 '하나님의 사람'과는 너무도 대조적인 호칭이다. '꺼지라'는 말은 몰락한 시므이의 입에서 나와서는 안 된다. 더군다나 하나님의 기름 부음 받은 왕에게는 극도로 부당한 망언이다.

무자격자 입에서 사실과 무관하게 출고된 저주를 들은 스루야의 아들 아비새는 '죽은 개'와 같은 시므이의 무엄한 악담을 저지하기 위해 그의 목을 베겠다고 나섰다. 이는 누가 보아도 지극히 충신다운 반응이요 지극히 정당하고 상식적인 처신이다. 그러나 저주의 대상인 다윗의 해석은 상이

했다. 시므이는 하나님의 명을 받았으며, 그가 저주하는 것은 그 명령에 순종하는 것일 뿐이라고 해석했다. 그리고 "스루야의 아들들아 내가 너희와 무슨 상관이 있느냐"고 말하면서 관계성의 묘한 선긋기에 들어갔다. 심지어 자신의 충신들을 향해 '사탄'이란 표현도 불사했다.

말씀을 묵상하고 있노라면 '죽은 개'와 '벨리알의 사람'과 '사탄'이란 부정적인 호칭이 남발되고 있는 이 상황이 한국교회 현실과 묘하게 중첩된다. 교회의 지도자에 해당되는 사람이 간음이나 살인을 저지르면 무수한 목소리가 이 사실을 지적한다. 격분한 목소리는 '벨리알의 사람'이란 호칭을 투척하며 내용에 있어서도 사실의 경계를 훌쩍 넘어선다. 이에 대하여 그 지도자의 충신들은 사실 여부와 별개로 사실을 발설한 모든 목소리를 '죽은 개'의 짖음으로 규정하고 목을 제거하려 앞다투어 달려든다.

사태가 이 정도로 발전하면 지도자는 다윗처럼 '내가 너희와 무슨 상관이 있느냐'며 충성심 차원에서 발동한 측근들의 격분을 조기에 진압하며 적당한 선긋기에 들어가야 한다. 그러나 오히려 측근들의 충성심을 부추기고 측근들 선에서 사태가 해결되길 은근히 바라면서 어떻게든 엮이지 않으려고 비겁한 침묵으로 응수한다. 측근들의 목소리가 설득력을 얻으면 무고죄를 들먹이며 사실을 있는 그대로 발설한 입술까지 고소하고 고발한다. 법적인 면죄부가 발부되기 전까지는 철회하지 않겠다는 으름장을 놓기도 한다. 고소의 철회가 넉넉한 관용으로 둔갑되는 분위기가 조성되면 마치 아량이라도 베푸는 것처럼 고소장을 보란듯이 찢는 가증함을 연출한다.

사람은 인간이기 때문에 누구나 실수하고 잘못도 저지른다. 그러나 인품과 신앙의 격은 그 사실에 대한 당사자의 반응에서 좌우되는 법이다. 다윗은 하나님의 마음에 부합했던 사람이다. 품행이 완벽했기 때문이 아니었다. 최고의 자격을 갖춘 선지자 나단의 따끔한 지적을 수용하기는 오히려 쉬웠다. 그러나 지극히 무자격한 사람인 시므이가 사실에 근거하지 않은 망발을 일삼는다 할지라도 휩쓸리지 않았다. 오직 그 모든 것들을 주관하고 계신 하나님과 그의 의도를 의식하며 읽어내고 하나님 앞에서 하나님께 반응하는 그의 정직과 겸손과 온유 때문이다.

지금 우리의 현실은 다윗의 이런 처신이 심히 목마르다.

15
무례 퇴치법

저로 저주하게 버려두라 (삼하16:11)

이는 폐족이 된 사울의 사람 시무이가 내뱉은 "비루한 자여 꺼지라"는, 이스라엘 최고의 왕인 다윗에게 너무도 어울리지 않는 저주에 대한 왕의 반응이다.

상대방이 연고 없이 무례하게 대한다고 흥분하지 말라. 무례의 당사자가 스스로의 잘못을 가장 정확하게 알고 있어서다. 그에게서 즉각적인 사과의 목소리가 나오지 않는 것은 대체로 성대의 기능이 체면이나 민망함에 압도되어 있어서다. 일단 무례가 벌어지면 가해자는 수동적일 수밖에 없다. 여기서 분위기의 주도권은 의외로 피해자가 거머쥔다. 이때 깔끔한 한판승을 원한다면 고도의 예를 갖추어라. 가해자를 향한 일말의 사랑과 존경도 회수하지 말라.

피해자의 반응에 가해자의 신경이 극도로 고조되어 있는 상황, 인간의 진정성이 가장 강력하게 먹혀드는 절호의 시점이다. 당하는 상황 속에서도 피해자가 겸손의 허리를 숙이고 존경의 눈빛에 흔들림이 없다면 그 앞에서 무너지지 않을 무례가 없다. 무례와 예의 극명한 교차 속에서 깊은 존경과 신뢰가 빚어진다. 한 사람의 일대기 속에서 그런 기회는 절대 흔하지가 않다. 눈에는 눈으로, 이에는 이로 평형적인 정의 구현은 접으라. 1마일 동행하자는 부탁은 10마일을 함께 걷는 것으로 들어주고 겉옷을 요청하면 속옷까지 벗어주자.

무례 한 토막에 운명을 내맡기는 생의 경박은 결코 연출하지 않도록 하라. 아무리 끈질겨도 세월의 일방성에 떠밀리지 않는 인연은 없어서다. 이전 세대를 기억함이 없듯이 장래 세대도 이후 세대에는 잊혀진다. 일시적인 무례의 멱살을 잡으려고 영원한 것을 놓쳐서는 안된다. '죽은 개'를 방불하는 폐족 시무이의 하찮은 무례 속에서도 하나님께 반응하는 다윗의 모습에서 우리 주님이 짙게 투영된다. 그 상황이 주님께 가장 가까이 다가갈 호기였기 때문일 것이다. 백성들은 그런 왕이 발산하는 영광의 섬광에 휘감기지 않았을까…….

당장 무례자가 변하지 않아도 괜찮다. 사람에게 보이려는 게 아니니까. 기독인의 정체성 사수의 일환이며 하나님의 인정으로 족하다. 모든 자랑은 땅에서가 아니라 위로부터 온다는 사실도 이에 부합한다. 변화가 없더라도 무례가 더할수록 예가 깊어지는 대처법은 끝까지 고수함이 자신에게 유익이다.

16
까닭 없이?

욥이 어찌 까닭 없이 하나님을 경외하리이까 (욥 1:9)

식민지 생활의 고달픈 표정을 아침마다 만들고 힘겹게 교환하던 이스라엘 백성들에게 해방의 돌파구가 심히 아쉬웠을 그때, 다른 선지자나 제사장과는 달리 예수님은 질병을 고치시고 권능을 행하시고 죽은 자도 살리시는 범상치 않은 모습을 보이셨다. 사람들은 그에게 열광했고 그에 대한 소문은 땅끝까지 이를 듯하였다. 예수님을 가까이 함이 복이라고 믿어 그가 가는 곳마다 몰려든 무리들이 연출한 인산인해 현상은 낯설지가 않았다. 그들의 추종에는 까닭이 없지 않았다. 영혼의 골수를 관통하는 주님의 송곳 평에 따르면, '떡 먹고 배부른 까닭'이다.

무리의 추종이 정치적, 사회적, 문화적, 심리적 고달픔의 발로라는 것을 모르시지 않았을 주님께서 내린 결론은 차갑고 냉담했다. 그렇다고 주님의 판단에 토를 달거나 인위적인 변형을 가하는 건 피조물의 도리가 아니며 오히려 무례한 나댐일 수 있다. '떡 먹고 배부른 까닭'이란 주님의 언급이 마치 '주린 돼지'를 책망하는 듯하여 불쾌한가? 이런 류의 저항감이 유발되는 이유는 주께서 뜻하시는 떡의 범위가 우리의 생각보다 넓어서다. 사실 주님의 지적은 물리적인 떡 문제가 아니었던 거다.

'떡 먹고 배부른 것'은 이적을 행하시는 주체가 누구냐는 물음도 없이 그저 그에게서 발휘된 효력에만 주목하고 만족하는 것을 일컫는다. 만족은 언제나 지향의 중단이다. 더 이상 묻지를 않는다. 우리의 마음을 둔 곳에 우리의 물음도 머문다. 우리의 소망과 기쁨이 머무는 곳에서 물음도 중단된다. 마음의 눈이 떡으로 어두우면 배부른 까닭으로 움직인다. 배가 신이고 떡이 안식처다. 그곳에서 만족하고 안주한다. 참 단순하다. '떡 먹고 배부른 까닭'을 꼬집으신 주님의 심중에는 우리로 하여금 인간의 본질과 성향을 돌아보게 하시려는 의도가 있었음이 분명하다.

우리가 먹고 배불러야 할 산 떡은 주님 자신이다. 주님 이외에 다른 어떠한 것도 우리의 본성적인 주림을 해소할 수 없어서다. 물음의 종착지와 만족의 처소는 주님 자신이다. 우리에게 있는 것 중에 받지 아니한 것이 없는데도 우리는 그것을 지으신 자에 대한 주림이 없다. 배가 고파야 의지가 생기는데, 의지는 늘 썩어 없어지는 것들의 포만으로 쉬이 중단된다. 만물과 역사를 지으시고 이끄시는 주님 자신이 모든 것과 일에서 궁극적인 떡으로 추구되지 않는다면? 사단이 욥에 대하여 하나님께 건넨 '욥이 어찌 까닭 없이 경외하리이까'라는 참소에서 자유로울 자가 없을 것이다.

하늘과 땅에 나의 사모할 자 주님 밖에는 없다는 시인의 노래가 너무도 절묘하다.

17
수학을 넘어서

하나님은 크고 측량할 수 없는 일을 행하시며 기이한 일을 셀 수 없이 행하신다 (욥 5:9)

수학을 알면 사유의 길이 보인다. 때로는 피곤하고 때로는 안타깝다. '이건 아닌데'의 입증에는 용이하다. 대단한 박식가와 달변가도 정교한 수학적 회로를 수시로 이탈한다. 그렇다고 수학에 진리의 객관성을 부여할 필요는 없다. 수학도 동의의 폭이 넓기는 해도 여전히 행하는 주체가 사람이란 본질적 주관성을 극복하진 못해서다.

수학에는 조화도 있고 체계도 있고 질서도 있지만 대립도 있고 모순도 있고 비약도 있다. 세상이 수로 되어 있다는 주장의 근거들을 그냥 허술할 것이라고 생각하면 안되겠다. 그럼에도 불구하고 나는 수학이 세상을 다 덮지는 못한다고 생각한다. 하나님을 아는 지식은 더더욱 그러하다. 수학적 객관성과 정밀성이 때때로 진리를 가늠하는 경우를 본다.

수긍의 고개를 끄덕일 수밖에 없도록, 왠만한 지성이 반박의 대립각을 함부로 세울 수 없도록, 거절하면 몰지각과 맹신의 협의를 뒤집어 쓸 수밖에 없도록 수학화된 현장이 있다. 이러한 인간의 마음과 경향 일반을 지으신 하나님은 우리에게 믿음이 요구되는 계시의 방식으로 성경을 주셨다. 수학적 잣대가 가볍게 무시되는 것을 세상은 견디지를 못한다.

히포의 주교가 "지혜는 모든 것에 수를 주었다"고 하면서도 수학자를 경계하되 심지어 진리를 말하는 때에라도 그리해야 한다고 한 태도에서 많은 것을 생각하게 된다. 여기서 언급된 수학은 인간의 언어와 과학과 문화와 논리와 체계와 질서와 대립과 모순과 비약까지 포괄하는 광범위한 개념의 총화로서 이해하면 되겠다. 사실이 그렇기도 하다.

그럼에도 불구하고 수효를 헤아릴 수 없이 많고 측량할 수 없도록 큰 하나님의 기이한 일에 대해서는 제 아무리 수학의 고수라 할지라도 초수학적 경탄을 쏟아낼 수밖에 없겠다.

18
주체를 묻는다

가슴 속의 지혜는 누가 준 것이냐 마음 속의 총명은 누가 준 것이냐 (욥38:36)

히포의 어거스틴 주교는 인간의 공로를 고려하는 예정론과 순종 개념을 펼치다가 카르타고 순교자 키푸리안 주교의 단문을 읽고 신학적 중생을 경험했다. 문제의 단문은 이렇다. "어떠한 것도 우리의 것이 아니기 때문에 어떤 것에서도 자랑하지 말아야 한다면, 가장 항구적인 순종에 대해서도 자랑할 수 없음은 너무도 명백하다"(si in nullo gloriandum est, quando nostrum nihil est, profecto nec de obedientia perseverantissima gloriandum est).

이런 어거스틴 회심 이야기는 이후로 교회사의 줄기를 타고 유수의 신학자의 문헌에 출현하여 마르고 닳도록 회자된다. 짧지 않은 교리의 역사가 이 대목의 중요성을 인증한 셈이다. 사안의 중요성은 반복의 지루함을 압도하는 법이니까 이상하지 않다. 그러나 내가 믿었고 내가 믿음으로 순종한 것인데도 믿음과 순종의 주체에 일인칭 사용이 거절될 수밖에 없다면 사람의 일반적인 상식과 합리성은 그 지점에서 필름이 끊어진다. 맹목적인 교리의 횡포라는 딱지 붙이기가 이어지는 수순이다.

하지만 상천지하 질서들 중 최고의 궁극적인 질서라 할 하나님의 말씀과 계명을 아는 지혜와 거기에 순응하는 총명의 근원적 출처를 우리의 가슴과 마음 너머로 소급하여 하나님께 둔다는 것은 교리 마니아의 어설픈 발상이나 장난끼의 소산이 아니다. 땅에서 으뜸가는 의인 욥조차 헤아나올 수 없었던 이치를 가리는 교만과 스스로 깨닫지 못하는 무지의 늪에서 나오도록 던져진 동아줄과 같은 주님의 질문에 믿음의 선배들이 한결같이 내놓은 답이었다.

우리는 좋은 것이 내게서 비롯되지 않았다 하고 생색의 기회도 박탈되는 사안에 대해서는 관심도 없고 필요성에 대한 느낌도 차단하는 경향이 있다. 심하면 로마서 초두에 등장하여 로마서 저작의 동기가 되었던 인물들, 자신의 불의가 하나님의 의를 드러내고 자신의 거짓말로 하나님의 참되심이 드러내면 심판이 아니라 영광의 보좌에 동석할 것이라며 선보다 악을 행하자는 인물들의 삐딱한 논리에 더 끌리게 된다.

각 시대마다 출몰하는 유행성 화두들이 다양하나 그 모든 문제의 온상이라 할 인간의 본성을 건드리는 '마음 속의 지혜와 총명은 누가 주었느냐?' 문제는 결코 가볍게 다루어질 수 없는 화두 중의 화두이다. 사태의 본질을 파고 들어가면 결국 직면해야 할 근원적인 문제이기 때문이다. 나는 이 문제를 반복하는 이들을 시대에 뒤떨어진 신학의 구닥다리 퇴물이라 비웃는 그런 냉소자를 오히려 냉소하고 싶어진다.

사람의 실 한자락의 자랑조차 물고 늘어지는 목회자가 비록 귀찮고 불편할 수는 있겠으나 그를 욥의 출중한 의로움도 상대적인 것으로 만든 화두의 삽바를 붙들고 씨름하는 고귀한 자로 여김이 마땅하다. 그 사안에 교회조차 무신경한 현실이 더 문제인 거다. 교회에서 너무도 황당하고 굵직한 문제가 하도 많이 터지니까 '인간의 본성' 운운하는 신학이 관념의 사치처럼 비췬다는 거 모르는 바 아니다.

그러나 욥처럼 원숙한 하나님의 사람들이 지극히 현실적인 생존의 벼랑 끝에서도 문제의 실마리를 주체에 대한 물음으로 풀었다는 사실은 두고두고 반추해 볼 일이라고 생각한다.

19
계시 의존적인 사색

스스로 알 수도 없고 (욥42:3)

참으로 놀라운 통찰이다. 스스로 알 수 없다는 자력적인 인식의 한계는 지성사의 축을 뒤흔드는 개념이기 때문이다. 인류의 무수한 지성들이 스스로 안다고 생각하여 내뱉은 모든 언사의 질이 이 개념으로 가늠된다. 인간이 스스로 깨달았다고 알려진 모든 지식들이 실상 진정한 사실에 이르지도 않았고 올바른 진리를 담아낸 것도 아니라는 진단도 가능하다.

욥은 스스로 알 수 없는 것의 구체적인 대상을 지목하지 않았다. 즉 만물과 만사가 대상일 수 있다는 이야기다. 스스로 알 수 없는데도 지금까지 인류가 배설한 언어와 지식의 분량은 수많은 산더미를 이룬다. 이러한 분량이 사물의 이치를 가리고 올바른 진리의 숨통을 틀어막는 무지한 말이라고 한다면 그 심각성은 가히 상상할 수도 없는 정도겠다.

욥은 동방의 으뜸가는 의인이다. 하나님을 아는 지식에 있어서도 그의 출중함을 능가하는 이가 없었다. 그런데도 자신이 가진 모든 말과 지식이 스스로 알 수도 없고 헤아리기 어려운 일들의 이치를 가리는 무지한 언사란다. 그리고 이치를 드러내고 전달하는 말과 지식의 출처는 인간이 아니라 하나님 자신이기 때문에 그분께 묻겠단다.

욥의 경건이 혹독한 연단의 과정을 지나 이르른 지점은 바로 계시 의존적인 사색이다. 하나님 자신이 건네신 물음들 앞에서 욥은 천에 하나라도 답하지 못하였다. 주께서 던지신 물음의 난해함도 답변의 입술을 함부로 벌리지 못하게 하였지만 답변의 질에 있어서도 하나님이 아시는 답변의 수준에 이르지를 못했다. 욥의 묵묵부답 반응은 어쩌면 당연한 일이었다.

    계시 의존적인 사색에서 진정한 하나님 신뢰가 가능하다. 스스로 알 수 있다고 판단하는 순간 인간의 하나님 의존성은 어떠한 종류이든 하나님을 만홀히 여기고 스스로를 속이는 가식으로 변질되고 만다. 욥의 역동적인 삶의 이야기가 우리에게 전하는 교훈은 인생의 호흡도 하나님께 달렸지만 진리를 추구하는 삶도 전적으로 그분에게 의존하고 있다는 것이다.

    욥의 결론에서 하나님을 대적하여 스스로 높아지고 이치를 가리우는 인간의 자력적인 지식의 한계와 무례함을 다시금 깨닫는다. 나 자신이 이러한 무례의 원흉일 수 있다는 가능성은 나를 더더욱 오싹하게 만든다. 인류의, 아니 나 자신의 오만을 꾸짖고 교만의 목을 꺾어야 한다. 그러므로 매주 선포되는 주일설교 말씀의 중요성은 아무리 강조하고 최상의 의미를 부여해도 지나침이 없다.

20
원수들에 대한 기도

죄악되고 사악한 자들의 팔을 꺾으소서 (시10:15)

이 기도문은 악인들이 교만하고 가련한 자들을 심히 압박하며 은밀한 곳에서 무죄한 자들을 처형하고 있다고 말한다. 악인의 입에는 저주와 거짓과 포악이 충만하고, 그의 혀 밑에는 잔해와 죄악이 도사리고 있다. 급기야 그들이 하나님은 없고 당연히 하나님의 감찰과 심판도 없기에 '나는 흔들리지 아니하며 대대로 환난을 당하지 않는다'고 확신하는 상황 속에서 시인의 가슴에 고여 있던 의협심은 탄식으로 분출된다. 참으로 건강한 정신의 소유자가 쏟아내는 기도이다. 나도 그렇게 기도했고 지금도 그렇게 기도한다. 이러한 동의 속에서도 복음의 관점에서 과연 최적의 기도일까? 질문하게 된다.

이런 기도는 대부분의 사람들이 동일한 상황에서 얼마든지 터뜨릴 수 있는 사회적인 공분이요, 개인적인 경건의 표출이다. 그러나 우리 자신을 돌아볼 때 이것이 가볍게 발설하기 어려운 내용임을 확인한다. 이는 '죄악되고 사악한' 성정에서 자유로운 사람이 아무도 없어서다. 자신도 자유롭지 않아서 심판과 형벌의 대상으로 지목될 수밖에 없음에도 불구하고 그러한 자들의 팔을 꺾어 주시라고 기도하는 것은 자칫 '너 죽고 나 죽자'는 공멸을 주문하는 것과 유사할 수 있음을 주의해야 한다. 어떤 면에서 이 시구는 인간의 연약한 성정을 그대로 노출하고 있다.

물론 하나님의 공의와 정직을 추구하는 자는 비록 자신이 형벌의 리스트에 올라 있더라도 신적인 공의와 정직의 구현을 갈망할 수 있어야 하고 갈망해야 한다. 그러나 원수에 대한 우리의 기도는 단순히 원수들이 밉고 싫어서 그들의 패망을 주문하는 감정표출 수준의 속풀이가 되어서는 안되겠다. 원수와 우리가 모두 불의하다. 본인도 똑같이 의롭지 않으면서 원수들의 불의를 고발하는 것으로 자신은 그렇지 않은 척 반사이익을 챙기려는 성향을 다스려야 한다. 그렇게 하지 않으면 기도는 원수들로 인해 축적된 분노와 감정을 쏟아내는 분풀이의 수단으로 전락하고 만다.

물론 시인의 기도문에 긍정적인 의미가 없지는 아니하다. 첫째로 죄악되고 사악한 자들을 죄와 사탄과 그 졸개들을 가리키는 것으로 설정하면 이 기도는 너무도 정당하다. 특정한 사람에 대한 보복의 일환으로 신적인 권능의 집행을 요청하는 것이 아니기 때문이다. 죄와 사탄에 대해서는 피흘림을 불사하고 끝까지 싸우는 게 마땅하다. 둘째로 자신이 원수의 팔을 직접 꺾겠다고 나서지 않고 하나님께 원수 갚는 것을 의탁하고 있다. 자신이 스스로 원수를 갚는다면 그건 하나님의 고유한 권한을 묵살하는 월권이요, 세상적인 보복이며, 또 다른 보복의 씨앗이다.

그러나 이러한 긍정적인 의미를 부여할 수 있음에도 불구하고 우리의 기도는 무언가 달라야 한다는 사실은 달라지지 않는다. 우리 자신이 원수들의 죄악되고 사악한 상태에서 자유롭지 않기에 우리 자신도 그들 중에 포함되어 있다는 심정으로 늘 기도에 착수해야 한다. 그러면 원수들에 대해서도 속이 후련해질 판결과 형벌과 파멸에 대한 요청이 아니라 긍휼히 여겨 달라는 기도, 돌이켜 달라는 기도, 그래도 복 주시라는 기도가 쏟아진다. 우리가 하나님께 본질상 진노의 자녀였고, 원수였고, 유다와 같은 배신자를 방불하는 자였음도 기억하게 된다.

사실 원수들은 우리의 본래적인 실상을 극명하게 보여주는 거울이다. 내 주변 원수들이 눈에 거슬리고 때때로 뾰족한 위협을 가하고 있는가?

우리의 부패한 죄성과 하나님의 값없는 은혜와 용서와 긍휼을 확인할 절호의 기회다. 그들로 인해 하나님의 멱살을 거머쥐며 그분의 존재를 부인하고 신성도 무시하던, 크신 능력을 조롱하고 뺨을 갈기고 창으로 찌르고 멸시의 침을 뱉던 우리의 원수 된 때를 떠올리게 된다. 그리고는 찬양과 감사가 입술에서 번진다. 급기야 인간 원수들에 대해서도 기도하고 축복하며 사랑하는 마음까지 솟구친다.

사회적인 정의는 원수들이 멸망하는 방식보다 그들이 돌이키는 방식으로 구현됨이 더 좋다.

21
하나님을 향유하다

주는 나의 주시오니 주 밖에는 나의 복이 없나이다 (시16:2)

어거스틴 사상의 광대한 스케일은 하나님 자신만을 유일한 향유의 대상으로 삼았다는 사실에서 가늠된다. 나머지는 다 하나님 향유의 수단이자 과정이다. 좌절과 절망도 상대적인 것이고 지나가는 것이고 수단이란 이야기다. 땅에서의 기쁨과 흥분과 감격과 아름다움 역시 지나가는 것들이다. 거기가 종착지인 것처럼 소망과 절망을 걸지 않는 게 상책이다.

자식이 속을 썩여도 그것이 전부인 것처럼 분노하고 좌절하지 말아야 한다. 가까운 사람과의 이격과 갈등도 아프지만 여전히 상대적인 아픔이다. 변할 줄 모르는 고질적인 난항도 시간의 올가미에 걸려 속히 지나간다. 지혜자의 정확한 지적처럼 생명의 근원은 마음에서 나온다고 했다. 반응의 초점을 하나님 이외의 다른 것에 빼앗기지 않아야 숨통이 열린다. 하나님을 기쁘시게 하면 비록 원수라도 화목에 엎드릴 수밖에 없다.

말씀을 끝까지 믿고 나를 맡기면 말씀의 운동력이 눈에 보일 것이다. 말씀을 기억하고 신뢰하면 천지가 흔들려도 여유와 쉼이 있다. 폭풍 속에서도 마음이 말씀에 정박해 있으면 요동하지 않는다. 하늘의 법이 우리에게 미소를 짓는다. 그런 미소를 접할 때마다 눈물이 뺨을 타고 흐른다. 그런데 '그리하지 않더라도' 신앙은 모든 장소와 상황과 사물에서 신적인 법의 미소를 감지한다. 이는 그런 미소가 자연적인 눈의 관찰에서 걸러지지 않고 유독 믿음의 눈으로만 보여서다.

하나님을 알아가면 갈수록 그분만이 향유의 대상임을 절감한다. 이를 악물고 결단하는 향유가 아니라 그리 아니할 수 없도록 마구 밀려오는 향유이다.

22
해와 궁창의 비유

하나님이 해를 위하여 하늘에 장막을 베푸셨다 (시19:4)

해가 중요하다. 장막은 해의 드러남을 위한 배경이요 수단이다. 시인은 해를 신방에서 나오는 신랑과 같다고 묘사한다. 해가 하늘 이 끝에서 나와 저 끝까지 운행하여 그 열기에서 벗어날 자가 없다는 언사를 이어간다. 계시의 충만을 이런 식으로 표현한다. 만물은 저마다 우리에게 유익을 끼친다. 역사도 갈피마다 풍요로운 교훈을 전달한다. 그러나 만물과 역사는 주님의 계시가 드러나는 장막이다. 문제는 만물과 역사가 너무도 크게 느껴져 그 자체의 가치에도 이르기 어렵고 이르면 안주하고 만다는 거다.

장막을 수단으로 삼고 위하고자 하시는 궁극적인 태양은 바라보질 않는다. 창조는 성경의 첫 페이지에 등장한다. 이건 장막이다. 성경은 창조 이후에 창조를 배경으로 삼아 주님께서 우리에게 주고자 하시는 궁극적인 가치로 가득 채워져 있다. 주님께서 우리를 어떠한 가치의 세계로 초청하고 계신지를 주목해야 한다. 주변적인 것에 욕구의 발목이 잡혀 초청장 자체를 물어뜯거나 거기에 매달리고 도취되는 일들이 우리의 일상을 차지하고 있지는 않은지 성경의 가치 기준으로 가늠해야 한다.

시인은 해와 장막을 기술하다 느닷없이 여호와의 율법과 교훈과 여호와 경외하는 도 이야기로 넘어간다. 태양의 열기에서 아무도 피하지 못하듯이, 순금보다 더 사모해야 하고 송이꿀 이상으로 달콤하여 추구하지 않을 수 없는 주님의 계시가 없는 곳은 하나도 없다. 예레미야 선지자의 붓이 기록하고 있듯이, 주님은 이렇게 말하신다: "나는 천지에 충만하지 아니하냐." 우리는 이 땅에서 주께서 원하시는 열매를 맺으며 열매 자체에 안주하지 않고 하나님의 속성을 향유하며 그런 속성까지 발휘되길 원하시는 부르심을 받았다.

생의 목적이 장막 자체에 사로잡혀 태양을 바라보지 못하는 이들의 눈과 귀를 열어주는 것이 세상의 빛과 소금이 되는 진정한 선교사의 사명이다. 알아내고 살아내고 전달해야 할 사명은 결국 궁창이 마련된 이유로서 해, 즉 하나님의 속성과 관계되어 있다.

23
일반의 마음을 지으시다

저는 일반의 마음을 지으시며 저희 모든 행사를 감찰하는 분이로다 (시33:15)

벌거벗은 느낌이다. 하나님이 인간의 모든 행사를 아신단다. 의식을 마비시킨 대목은 하나님이 일반의 마음을 지으신 창조자의 자리에서 아신다는, 앎의 천상적인 질이었다. 도대체 지으신 창조자가 지어진 창조물을 아신다는 것은 어떤 차원일까? 상상력의 근육이 뻣뻣해질 수밖에 없는 물음이다. 피조물이 자신을 아는 것보다 더 정확하고 완벽한 지식이 하나님께 있다는 뜻일텐데, 그 분량과 정도가 도무지 가늠되지 않아서다. 서로의 지식이 적당히 가리워진 사람들 사이에는 소통이 필요하고 그로 인해 비로소 관계가 맺어진다. 음이든 양이든 지식이 자랄수록 관계도 깊어진다. 만물이 벌거벗은 것처럼 드러나는 하나님의 무한한 지식을 고려할 때 우리와 주님과의 관계는 쉽게 그려지질 않는다.

누군가가 나를 알고 있다면 두려움이 앞설 것이다. 모든 인간이 떳떳한 것보다 켕기는 게 많아서다. 나에 대한 타인의 지식이 깊을수록 두려움도 가중된다. 그래서 사람들은 대체로 강점은 은근히 노출하고 약점은 가리거나 미화한다. 관계를 맺더라도 솔직한 민낯으로 만나지 않고 사회적 가면으로 얼굴을 가린다. 더불어 살아가는 사회에서 이는 이미 상식이고 암묵적인 합의이다. 물론 가리는 문화는 아담과 하와의 태초로 소급된다. 죄가 세상에 들어온 이후로 지칠 줄 모르고 그 종류와 분량이 급성장한 문화가 바로 은폐의 문화였다. 그 배후에는 죄 자체를 제거할 수는 없어서 들키지만 않는다면 좋겠다는 일반의 심사가 작용했을 터다. 자기 양심의 조밀한 그물망도 투과할 수 있다면 더할 나위가 없겠다.

그러나 하나님은 사람이 아니시다. 벗겨먹을 심산으로 약점의 은밀한 꼬투리를 물고 늘어지실 분이 아니라는 얘기다. 오히려 독생자를 아끼지 않고 내어주실 정도로 우리를 사랑하는 분이시다. 사랑하는 사이에서 지식의 분량과 사랑의 질이 비례적 관계를 가졌다면 하나님이 우리를 많이 아시면 아실수록 우리에게 좋은 일이겠다. 남편과 아빠로서 아내와 자식들을 아는 나의 지식은 유한하다. 아무리 사랑한다 해도 사랑이 그 지식의 한계선 밖으로는 확장되지 못한다. 그런데 우리에 대한 하나님의 지식은 제한이 없으시다. 우리가 스스로에 대해 아는 지식과는 비교할 수 없도록 높고 깊고 길고 넓으시다. 당연히 자애보다 하나님의 사랑을 택하는 게 현명한 일이다.

하나님은 스스로를 부인할 수 없으시다. 아시면서 모른 척 외면하는 분이 아니라는 말이다. 지식이 무한하신 하나님의 사랑은 우리의 지각이 미칠 수 없는 영역까지 다 덮으실 것이다. 주먹 한 덩어리의 뉴런을 펼쳐서 덮을 수 있는 지각의 영역이 지구의 표피만도 못하다면, 우주와 그 안에 있는 만물을 지으시고 지으신 자로서 아시는 하나님의 지식은 가히 상상을 불허하는 분량일 것이다. 그런 무한한 차원의 지식이 무한한 사랑으로 채워져 있다면, 우리가 겨우 알고 느끼고 경험하고 확인한 하나님의 사랑은 어쩌면 빙산의 일각의, 일각의, 일각일지 모르겠다. 하나님이 일반의 마음을 지으시고 저희 모든 행사를 감찰하는 분이라는 사실을 생각할 때마다 심장이 갑절로 급하게 박동하는 것은 전혀 이상하지 않다.

동시에 모든 것을 아시는 하나님 앞에서 우리가 얼마나 그분을 만홀히 여기며 살고 있는지를 생각하면 섬뜩하고 오싹한 마음을 가누지 못하겠다. 스스로도 속이고 하나님도 속이려는 그런 무례함이 가슴 한 구석에서 음흉한 미소를 퍼뜨린다. 죄가 청하는 가증한 결탁의 악수를 뿌리치지 못하고 슬그머니 거머쥐는 경우도 종종 발생한다. 죄를 범하여도 탈이 없으니까 하나님을 나와 동류로 여기려는 사악함이 무시로 감각을 자극하고 때때로 의식을 장악한다. 이러한 방자함의 극치에 이르러도 하나님의 이렇다 할 반응이 감지되지 않으면 급기야 무신론의 땅 출입도 불사한다. 인간이 이렇다. 자신의 무지로 하나님의 전지를 덮으려는 것과 일반이다. 하나님의 침묵과 인내를 그렇게 해석하고 처신한다.

주님께서 제대로 반응하면 끝장인 줄 모른다. 하나님의 자비와 긍휼이 무궁하기 때문에 진멸되지 않고 있다는 선지자의 통찰을 애써 외면한다. 하나님을 제대로 두려워할 만큼 두려워할 자가 없다는 시인의 지적은 너무도 정확하다. 하나님은 일반의 심사를 지으셨고 모든 행사를 아시는 분이시다. 하나님의 침묵과 인내는 몰라서 초래되는 무지의 무반응이 아니었다. 아시면서 우리가 돌이킬 회복의 시간적인 여백을 마련하신 거다. 아시면서 그러셨다. 이 세상에서 벌어지는 입에 담을 수도 없는 온갖 일들을 그 원인과 출처와 정도와 성격과 본질과 목적까지 아시면서 여전히 아침마다 죄인과 선인에게, 의로운 자와 불의한 자 모두에게 빛을 비추시고 적당히 비도 내리시는 거다. 이게 무엇을 뜻하는지 아는가? 우리는 참으로 무지하다.

주님의 사랑은 생각하면 할수록 가슴이 터질 듯하다. 그 깊이와 높이와 넓이와 길이가 도무지 측량되지 않아서다. 아예 가슴이 터지도록 그분을 찬양하고 감사하고 기념해야 할 일이겠다. 동시에 그런 사랑이 우리의 무지와 무신경에 눌려 침묵으로 지나가고 있다는 사실도 가슴을 터지게 만든다. 밤마다 눈물로 침상을 적셔야 할 일이겠다. 이러한 극과 극이 씨줄과 날줄처럼 얽혀 있는 게 우리의 현실이다. 그런 현실을 하루하루 관찰한다. 이중창을 투과한 뒷뜰 풍경은 환한 햇살로 가득하다. 출처 모를 바람이 준동한 나뭇가지 부딪히는 가벼운 소리가 그 풍경과 어울린다. 주님의 긍휼과 자비가 오늘도 연장되나 보다. 일반의 마음이 그렇게 느끼도록 의도하신 듯하다.

24
슬픈 동물원

존귀하나 깨닫지 못하는 사람은 멸망하는 짐승 같도다 (시49:20)

시인은 여기서 지혜와 명철을 말하고자 하는데 이것을 깨닫지 못하는 사람은 비록 최상급 존엄성을 지닌 존재라 할지라도 멸망하는 짐승과 다르지가 않단다. 존귀와 멸망의 분기점을 제공하는 시인의 지혜와 명철은 어떤 것일까 궁금하다.

자기의 재물을 의지하고 부유함을 자랑하는 자를 언급한다. 그는 타인도 구속하지 못하고 자신을 위해서도 속전을 제공하지 못한다. 생명을 속량하는 비용의 막대함 때문이다. 영원히 살되 죽음을 보지 않을 정도의 비용은 얼마일까?

다달이 월세 지불하는 것도 버거운 마당에 영원히 사는 삶, 그것도 죽음의 그림자가 얼씬도 못하는 삶의 보증금은 얼마나 막대할까? 인간의 산술로는 아무도 가늠하지 못할 액수겠다. 구속이나 속량은 결코 사람에게 맡겨진 것이 아니다.

사람은 죽는다. 게다가 재물은 남에게 남긴다. 사람이 임의로 변경하지 못하는 사실이다. 그런데도 속으로는 집도 영원하고 자신의 거처도 대대에 이른다고 여긴다. 이런 자들에겐 사망이 그들의 목자이고 스올이 그들의 거처란다. 시인의 목소리가 단호하다.

그들이 죽으면 가져가는 것이 없고 그들의 영광도 그들을 따라가지 못한다. 이러한 것을 깨닫지 못하는 사람은 멸망하는 짐승과 같다는 게 시인의 논지이다. 죽음을 중심으로 생각하지 않으면 허탄한 기준을 가지고 썩어 없어지는 목표에 집착하게 된다.

우리가 중요하게 여기는 모든 것들은 죽음에 의한 상대화 과정을 거치지 않으면 안된다. 죽음의 저울로 달아본 이후의 가치가 여전 고귀하면 붙들어야 한다. 그러나 죽음으로 종결되는 한시적인 가치에는 그에 부합한 제한적인 의미만 부여해도 족하겠다.

세상의 열광하는 소리에 부추김을 당하지 않는 사람은 드물다. 대부분 호감의 안테나를 그쪽으로 기울이다. 그러다가 어떤 기운이 감지되면 모닥불에 불나방 달려들듯 죽음을 불사하고 그쪽으로 질주한다. 사망이 목자라는 말은 과장이 아니었다.

사람의 인간다운 존엄성은 부정할 수 없는 사실을 인정하는 곳에서 시작된다. 죽는다는 것과 아무것도 가져가지 못한다는 사실 말이다. 이 사실에 냉소의 콧방귀를 날리는 자는 영원히 살 것처럼 그리고 모든 것을 영원히 소유할 것처럼 바득바득 긁어 모으려고 한다.

짐승을 보려고 동물원을 출입하지 않아도 주변에서 충분히 해결되는 현실이 너무도 안타깝다. 최소한 교회는 동물원이 되지 말았으면 좋겠다.

25
하나님을 동류로 여기는가?

네가 이러한 것들을 행하여도 내가 침묵을 지켰더니 내가 너와 동일한 줄 아는구나 (시50:21)

우리는 상대방이 취하는 반응에서 그를 해석한다. 이를 뒤집으면, 내가 어떻게 반응을 하느냐가 나를 상대에게 대단히 많이 노출하는 셈이 된다는 거다. 우리는 반응을 서로 주고 받으면서 서로를 알아간다. 상대방의 반응에 근거하여 다음 반응을 결정한다. 이러한 반응의 반복으로 관계의 날줄과 씨줄이 형성되고 앞으로의 상대방에 대한 반응의 결이 굳어진다.

하나님을 대할 때에도 유사한 패턴이 적용된다. 하나님의 존전을 한 순간도 벗어날 자가 없기에 시간의 모든 찰나가 하나님에 대한 반응이다. 이렇게 보면 삶이란 단절되지 않는 반응의 연속이다. 무수히 이어지는 관계의 연습으로 하나님에 대한 의식의 틀이 형성된다. 의식하든 의식하지 않든 우리는 반응하고 있고 무수히 반복하고 있다.

문제는 하나님이 인생 일반과는 같지가 않다는 것이다. 일례로 모든 사람들은 인내에 한계가 있다. 그러나 하나님의 길이 참으심은 예레미야 선지자의 고백처럼 대상의 수와 시간의 길이에 있어서 무궁하다. 우리를 대하시는 하나님의 반응에 기초하여 다음 반응을 결정하면 곤란에 봉착한다. 곤란의 이유는 하나님이 참아주신 것인데 승인으로 읽기 쉬워서다.

우리가 하나님의 진노를 경험하면 긴장의 끈을 바짝 조이게 되고 하나님을 대하는 태도도 현저히 달라진다. 그러나 하나님의 전능하신 주먹이 두려워서 만들어진 반응을 하나님이 기뻐하실 리가 없다. 그래서 주먹으로 공포를 조성하는 방식으로 우리를 다스리지 않으시고 길이 참으시는 방편을 택하셨다. 강요된 반응보다 자발적 반응을 기다리고 계신다.

  만약 하나님의 무궁한 인내를 읽어내지 못하면, 우리는 자신을 하나님께 투영시켜 하나님의 침묵을 승인으로 해석하게 된다. 하나님은 어떤 분이신가? 나를 기준으로 해석된 하나님을 참 하나님과 동일한 분으로 간주하게 된다. 하나님을 나와 동류로 여긴다. 무례하다. 하나님의 사랑과 인내와 용서에 대한 우리의 반응은 이처럼 자신과 하나님을 비기려고 한다.

  하나님을 기준으로 나를 해석해야 하는데 순위가 뒤바꼈다. 나를 기준으로 하나님을 해석하고 하나님께 반응한다. 우리가 하나님께 어떻게 반응을 하느냐가 하나님에 대한 우리의 해석이다. 삶 전체가 하나님에 대한 반응이며 하나님에 대한 해석이다. 하나님을 동류로 해석하고 있지는 않은지 돌아보게 된다. 주님은 자발적 두려움과 경외를 기다리고 계신다.

26
오직 주께만 범죄하여

내가 주께만 범죄하여 (시51:4)

말씀을 먹다가 늘 목에 가시처럼 걸리는 구절이다. 한 가정을 파괴하고 한 여인을 유린하고 한 충신을 모살한 다윗의 인륜에도 반하는 범죄가 오직 하나님에 대해서만 저질러진 일로 간주되고 마치 피해자에 대한 책임과 도의는 저버리는 듯한 구절이기 때문이다. 이 '불편하고 성가신' 구절은 분명 하나님의 말씀이고 우리에게 꼭 필요한 진리의 조각을 담아내고 있다. 이것을 이해하기 위해서는 하나님이 죄의 궁극적인 대상이란 사실을 주목해야 한다. 인간 및 모든 피조물이 하나님의 것이니 결국 하나님과 관계되지 않을 수 없다.

모든 죄는 하나님 앞에서 저질러진 하나님을 향한 죄다. 다윗은 잉태와 출산에서 시작하여 존재와 생각과 말과 행실에 하나님을 향한 "죄가 항상 내 앞에 있나이다"는 인식론을 가진 사람이다. 이것을 타인들에 대한 죄책이나 도의를 무시한 것으로 이해하면 안되겠다. "내가 주께만 범죄하여" 이 구절은 결코 자신과 타인과 사회와 피조물 전체에 대한 죄의식에 면죄부를 제공하지 않는다. 죄의 본질적인 성격을 강조한 것이기도 하고 나아가 타인을 향한 우리의 태도 배후에 어떤 전제들을 의식하며 살아야 하는지를 교훈하는 구절이다.

즉 타인에 대해 저지르는 죄는 그 사람이 크든 작든 부하든 가난하든 천하든 존귀하든 차별없이 하나님 앞에서 하나님을 향한 죄라는 인식이 중요하다. 부하, 직원, 아내, 자식, 하청업체, 후진국, 문맹국, 피난민, 이민자들 등에 대해서도 동일한 인식을 가져야만 한다. 죄를 저지르고 불의를 행하고 악독을 발산하고 폭력을 휘두르고 욕설을 쏟아내도 돌아오는 보복의 강도가 약하면 아무런 죄의식도 없이 강행하는 습성이 DNA 아랫목을 차지한다. 재력과 정치력과 조직력을 갖춘 사람들에 대해서는 납작 엎드리는 멍멍이의 태도를 취하면서 말이다.

지극히 연약한 자에게 행한 것은 곧 그리스도 예수께 행한 것이라고 주님은 친히 말씀하고 계신다. 지극히 작아서 존재감이 없는 사람들을 멸시하는 자는 그 지으신 창조주를 멸시함과 같다는 지혜자의 말도 의미의 결이 동일하다. 모든 죄는 "주께만 범죄"한 것이다. 삶의 전 영역에서 이런 의식이 살아 있기를 진심으로 소망한다. 죄에 대한 다윗의 인식론을 한 순간도 잊어서는 안되겠다. 교회가 이런 의식으로 단단히 무장하면 좋겠다.

27
짐 지시는 하나님

날마다 우리 짐을 지시는 주 곧 우리의 구원이신 하나님을 찬송할 것이로다 (시 68:19)

시인은 "날마다 우리의 짐을 지시는 주 곧 우리의 구원이신 하나님"을 찬송한다. 경건의 촉이 신적인 섭리의 심오한 지점까지 접지되어 있다는 증거로 나는 이해한다. 하나님은 우리의 순종과 불순종의 행위에 반응하는 피동적인 주님이 아니시다. 우리가 무언가를 알고 말하고 행하기도 이전에 이미 우리의 무의식이라는 광야에 측량할 수 없는 식탁을 풍성하게 마련하시는 참으로 적극적인 분이다. 생각지도 못한 가장 긴요한 지점에 우리의 필요를 이미 예비해 두시고 잔치를 배설하는 분이시다. 그래서 성도의 삶은 날마다 축제를 방불한다. 이것을 인지하는 것은 각자의 몫이다.

하나님은 우리가 의식하든 의식하지 않든 우리의 모든 짐을 날마다 지시는 분이시다. 우리가 의식하는 부분은 대체로 빙산의 일각 수준이다. 우리가 하나님의 도우심과 길이 참으심과 자비와 긍휼과 선하심을 경험하고 찬양하는 모든 계기들은 다 측량할 수 없는 항구적인 은혜의 조그마한 조각과 관계한다. 불치의 병이 치료되고 해결의 가능성이 제로였던 문제가 해결되면 그 은혜를 아주 조금 깨닫는다. 이는 하나님이 우리에게 주시는 은혜의 전부를 낱낱이 다 알도록 일하지는 않으시기 때문이다. 당신을 적당히 가리신다.

그러나 때때로 희미한 이정표 수준의 흔적을 남기시는 이유는 우리로 하여금 믿음의 상상력을 동원하여 하나님이 얼마나 은혜로운 분인지를 스스로 깨닫게 하시려는 의도 때문이다. 그 흔적은 바로 광활한 바다와 같은 은혜의 세계로 들어가는 협착한 진입로로 작용한다. 그래서 비인격적 강요가 아니라 자율성을 존중하는 초청이다. 주입식 교육이 아니라 스스로 찾아가는 자가발견 학습이다. 자신이 탐구의 주체가 되어 취득한 깨달음은 그의 인격과 삶에 보다 강력한 영향력을 발휘하기 때문이다. 이러한 주님의 배려 때문에 우리는 이따금씩 우리의 짐을 지시는 주님의 등을 목격한다.

그런 목격의 경험이 허락될 때 우리는 울어야 한다. 아니 울음이 저절로 터진다. 이는 자신을 드러내지 않으시고 묵묵히 우리의 짐을 지신 주님께서 감사치도 않고 영화롭게 하지도 않는 우리의 무지와 무례를 끊임없이 참고 또 참으시다가 도저히 안되서서 신기적을 하신 사건이기 때문이다. 물론 주님의 놀라운 은총을 경험하면 감격하고 찬양함이 마땅하다. 좋은 일이 생기면 누구나 그렇게 좋아하고 기뻐한다. 주님의 은총에 대한 우리의 반응도 대체로 동일한 맥락에서 발생한다. 그러나 시인은 하나님을 "날마다 우리 짐을 지시는 주님"으로 노래하며 하나님의 은혜를 대하는 우리에게 발상의 전환을 촉구한다. 수면에 떠오른 은혜만이 아니라 수면 아래의 본격적인 은혜를 주목하게 한다.

하나님은 우리의 짐을 날마다 지시는 분이시다. 우리가 멀쩡하게 살아가는 삶의 배후에 하나님의 짐 지시는 은혜가 있다는 이야기다. 주님은 우리가 감당하지 못할 시험 당하는 것을 허락하지 않으신다. 무슨 말인가? 우리가 견디고 극복할 수 있는 시험만 주신다는 것이 일차적인 뜻이지만 행간에는 우리가 견디고 극복할 수 있도록 우리의 짐을 지시는 누군가가 계신다는 의미가 강조되고 있다. 하나님의 짐 지시는 은혜가 없다면 어떠한 시험에도 우리는 필히 좌초하고 만다. 사실 우리는 아무리 작고 가벼운 시험이라도 너끈히 통과할 수 있는 실력자가 아니다.

"수고하고 무거운 짐진 자들아 다 내게로 오라, 내 짐은 가볍고 멍에는 쉬우니라." 이는 주님께 문제를 가지고 가면 가볍게 해 주신다는 뜻이 아니다. 우리가 의식하든 하지 않든 늘 도우시고 계시며 짐을 지시는 분이라는 이야기다. 구원은 무의식 중에라도 은혜로 주어지고 있다. 시구에서 날마다 우리 짐을 지시는 주과 우리의 구원이신 하나님은 동격이다. 우리의 구원은 지금도 진행 중이며 폐하여질 수도 실패할 수도 없다. 왜냐하면 하나님이 지금도 날마다 우리의 짐을 지시기 때문이다. 그래서 하나님은 그 자신이 우리의 구원이다. 구원의 완주는 우리에게 맡겨지지 않았다. 하나님의 자비로운 손아귀에 있다. 나는 성도의 견인도 여기에서 확인한다. 구원이 비록 시간 속에서 지속되는 싸움처럼 보이지만 하나님이 우리의 구원이 되시기에 마지막 날까지 구원은 소멸하지 않고 취소되지 않는다.

오늘 하루도 멀쩡하다. 앞으로도 멀쩡한 하루가 지속될 것이다. 이는 주님께서 오늘도 나의 짐을 지셨으며 앞으로도 그러하실 것이기 때문이다. 날마다 우리의 짐을 지심으로 우리의 구원이 되시는 하나님, 나도 그 하나님을 종일토록 찬양한다.

28
생각을 사랑하라

우준한 자들아 너희는 생각하라 (시94:8)

타인의 생각을 번역하고 편집하는 것은 쉽기도 하고 어렵기도 하다. 배움의 방편이란 차원에서 그런 과정을 생략할 수는 없겠으나 우리의 생각이 머물러야 할 종착지는 아니다. 물론 세상을 다 털어도 전대미문의 새로운 사상은 발견되지 않는다. 그럼에도 불구하고 자신의 사상을 생산하여 언어의 옷을 입히는 창조적인 일은 전인격적 수고의 땀을 흠뻑 쏟아야 가능하다.

생각의 세계는 신비롭다. 깊이가 무저갱에 가깝다. 지금까지 그 바닥을 밟은 사람이 없을 정도로……. 하지만 사람의 마음에 있는 도모는 깊은 물과 같으나 명철한 사람은 그것을 길러낸다고 했다. 자신을 숨이 막히도록 경이롭게 만드셨기 때문에 시인은 하나님을 찬양하지 않을 수 없었다고 한다. 하나님이 행하시는 경이로운 일을 자신의 영혼이 잘 알도록 만드셨기 때문이란 이유를 추가한다. 생각은 하나님의 경이로운 일에 호응할 수 있도록 지어졌다.

사랑을 사랑해야 한다는 어거스틴 표현을 살짝 수정하여 생각을 생각하고 생각을 사랑해야 한다고 말하고 싶다. 생각은 언어와 학력과 신분과 재력과 출신에 좌우되지 않는다. 생각이 한 발짝만 더 깊으면 타인을 섬기는 자가 된다. 생각을 하루에 한 가지만 생산하는 훈련에 돌입하여 지속하면 1년이 못되어 생각에 근육이 오르고 사유의 달인으로 등극한다. 타인의 생각을 익히고 자기 방식으로 수정하는 작업도 필수지만 거기에 머물지 않고 사유의 자율성이 구현되는 단순한 재생산 너머의 자리까지 이르러야 한다.

그러나 성경은 우리의 사유가 따라야 할 절대적인 원리이며 땅의 한계를 뚫고 이르러야 할 궁극적인 종점이요 우리의 생각이 머물러야 할 최종적인 안식처다. 성경과 더불어, 성경 안에서, 성경을 따라서 생각하는 성도라야 교회에 난관이 극복되고 소망이 주입된다.

29
시편의 어법

누가 능히 여호와의 권능을 다 말하며 주께서 받으실 찬양을 다 선포하랴 (시106:2)

이런 시구를 접할 때마다 뇌리에 수만 볼트의 전율이 관통하고 의식의 마비가 이어진다. 이 말씀이 하나님의 광대한 권능에 대해 무뇌아에 가까운 나의 무지와 주께서 받으시기 합당한 찬양의 분량에 턱없이 모자라는 경배 불감증을 고소하는 듯해서다.

시인은 참 대단하다. 늘 이런 걸 지각하고 있나 보다. 하나님에 대한 사랑과 갈망을 이런 어법으로 쏟아낸다. 시에 수사학의 호출은 당연한 것이지만 단순히 언어의 미학을 겨냥한 것만은 아닌 듯하다. 유한한 언어로 무한하신 하나님을 표상하고 싶어하는 끝없는 갈증의 산물이다.

이처럼 시편은 무한하고 광대하신 하나님을 노래하기 원하는 지극히 초라하고 유한한 나의 입술에 최상의 어법을 물려준다. 물론 언어의 빈곤이 극복되지 않으면 그냥 눈물을 머금는다. 촉촉한 무언의 노래가 때로는 더 감미롭기 때문이다. 날마다 다섯 편의 시를 읽으면서 찬양을 조금씩 배워간다. 사랑이든 권능이든 지혜든 주님은 정복되지 않으시니 찬양이 마를 수 없어서 좋다.

30
복이란?

여호와를 경외하며 그 계명을 크게 즐거워하는 자는 복이 있도다 (시112:1)

다른 방식으로 얻어지는 행복은 없다. 복이라는 것은 인간의 본성과 궁극적인 목적을 의미한다. '여호와를 경외하고 그의 계명을 즐거워하는 것'보다 더 정확히 설명된 인간의 본성은 지상에서 달리 진술된 적이 없었다. 그것보다 우선적인 생의 목적이 시간의 역사 속에서 인간에게 주어진 적도 없었다. 하나님을 경외하지 않고 그의 계명이 즐겁지 아니한 것보다 더 불행하고 인간의 본분에서 더 멀리 벗어나는 경우는 없다.

인간의 창조는 '신묘막측' 어구로도 다 표현할 수 없는 신비로 충만하다. 가장 큰 신비는 여호와를 경외하고 그의 계명을 준행하는 것이 인간의 성정과 정확히 포개지는 창조의 원리라는 것이다. 이는 인간이 가장 온전하고 가장 거룩하고 가장 정직하고 가장 공의롭고 가장 자비롭고 가장 진실하고 가장 자유로운 상태가 여호와를 경외하고 계명을 준수하는 것에 있다는 것을 의미한다. 인간은 원래가 그렇게 지어졌다. 그래서 여호와 경외와 계명의 즐거움이 복이다. 창조적인 복이고 본성적인 복이고 궁극적인 복이다. 지갑의 근수나 썩어 없어지는 것의 분량이 믿는 우리에게 복의 시금석일 수는 없다.

세상에서 진정 불행한 사람은 여호와를 경외함이 없고 그 계명이 즐겁지 않은 사람이다. 예레미야 선지자는 '네 하나님 여호와를 버림과 네 속에 나를 경외함이 없는 것이 악이요 고통인 줄 알라'고 기록한다. 불행한 사람은 악과 고통으로 점철된 인생이다. 여호와의 부재에서 비롯된 결과다. 만복의 근원이며 최고의 궁극적인 복이신 하나님 자신과의 분리와 단절보다 더 큰 불행의 원인은 없다.

반대로 여호와를 경외하고 그 계명을 즐거워하기를 지속하는 사람은 당연히 항구적인 복의 소유자다. 사람들이 참으로 행복하게 사는 세상이 되기를 기도한다.

31
창조의 메시지

여호와는 모든 나라보다 높으시며 그의 영광은 하늘보다 높도다 (시113:4)

비행기를 타고 고공으로 올라갈 때마다 놀이기구 타는 즐거움이 아니라 높은 곳은 사람이 머물 곳이 아니라는 낯선 느낌과 마주친다. 하나님은 우리 몸의 일부로서 발을 지으셨다. 발의 창조는 인간이 땅을 밟고 살아가는 존재라는 암시이다. 이는 인간이 높을수록 불안하고 아찔하며, 낮은 자리일수록 안전하고 편안한 느낌을 얻는 것과도 절묘한 하모니를 이룬다. 이것이 발의 목소리다.

창조는 하나님의 첫번째 계시이다. 시인이 신묘막측 범주로 분류한 인간의 지으심은 그 자체가 이미 메시지다. 시인과 유사한 맥락에서 바울도 지어진 모든 만물이 지으신 창조자 하나님의 신성과 능력을 전하는 메시지의 보고라고 지적한다. 나아가 만물 안에서 하나님의 속성을 읽어내지 못하고 감사와 영광을 돌리지 않는 인간의 미련함과 우매함도 꼬집는다.

모든 만물과 역사가 전하는 메시지는 어떤 식으로 읽어야 하는가? 이에 대하여 '여호와가 모든 나라보다 높으시며 그의 영광은 하늘보다 높도다'는 싯구는 우리에게 '비교급 인식론'을 제안한다. 즉 역사와 문명이 아무리 화려하고 지고해도 그 모든 것을 가능하게 하신 하나님은 그것보다 더 높으시며, 하늘이 제 아무리 끝없이 높더라도 그것을 지으신 분은 그것보다 더 높으시다.

그래서 하나님과 같이 높은 곳에 앉으신 이가 없다고 시인은 선언한다.

그러나 만물과 역사가 들려주는 메시지는 그것들과 하나님 사이에 비교할 수 없는 무한한 격차에서 종결되지 않는다. 메시지의 방점은 그러한 격차에도 불구하고 하나님은 "스스로 낮추사 천지를 살피시고 가난한 자를 먼지 더미에서 세우시고 궁핍한 자를 거름 더미에서 세우시는" 분이라는 사실에 있다.

역사와 만물은 땅의 어떠한 것으로도 표상할 수 없도록 지고한 하나님의 실체(essentia)에 대한 지식과 그럼에도 불구하고 모든 곳에서 언제나 만물과 역사를 붙드시며 신실한 개입으로 주도하사 지고한 가치를 산출하는 계기와 수단으로 삼으시는 하나님의 역사(opera)에 대한 지식도 증거한다. 자연과 성경이 계시하는 내용이 다르지가 않다던 바빙크의 지적은 감미롭다.

일평생 보아도 보지 못하고, 무시로 들어도 듣지 못하고, 항상 마음으로 생각해도 깨닫지를 못하는 이들에게 시인의 노래는 엄중한 책망과 애틋한 도전이다. 지고한 분이시나 천지에 충만하사 늘 거기 가까이 계시는 하나님을 얼마나 알고 감사하며 영화롭게 하는지를 돌아보는 이 아침에, 살아계신 하나님의 존재와 사역에 대한 만물과 역사의 부지런한 외침에 귀를 기울인다.

32
여호와께 영광을

여호와여 영광을 우리에게 돌리지 마옵소서 (시115:1)

사태의 꼬인 매듭을 푸는 시인의 접근법이 특이하다. 급박한 필요를 전면에 내세우고 절박한 호소를 황급히 쏟아내는 격문이 아니라 영광을 우리에게 돌리지 말아 달라는 겸양의 말로 시작하고 있다. 오직 여호와의 이름에만 영광을 돌림이 합당한데 이는 그의 인자와 진실이 유일한 이유라고 시인은 설명한다. 여기에서 칼빈은 하나님의 신속한 조치를 촉구하는 독촉장 발부의 떳떳한 자격이나 권한이나 공로가 우리에게 전혀 없다는 사실을 지적한다.

기도는 처음부터 끝까지 하나님의 영광으로 시작해서 하나님의 영광으로 종결된다. 터진 문제의 신속한 처리와 말끔한 수습을 위해 몸종을 호출하는 행위가 아니라는 이야기다. 그러나 우리의 주변은 기도의 왜곡된 개념을 부추기는 충동으로 충만하다. 시인도 '너희 하나님이 어디에 있느냐'는 우상 숭배자의 비아냥과 조소에 시달리고 있었다. 그들은 환난의 늪에 빠져도 돕지 않으시고 핍박의 칼이 날아와도 막지 않으시는 너희 하나님은 어디에 있느냐고 한다.

이쯤 되면 침묵의 반창고로 오만한 자의 입을 꼼꼼하게 봉쇄하고 겨와 같이 가벼운 존재를 대풍으로 일소하는 행동파적 면모를 화끈하게 보여 주시라는 주문이 목젖까지 치밀어 오른다. 그러나 시인은 하나님이 어떤 분이신지 정확하게 인지하고 있었다. 하나님은 인생의 변덕에 섭리의 장단을 맞추시는 분이 아니라, '나의 이름을 위하여' '나의 영광을 위하여' 스스로 행하시는 분이시다.

우리에게 선한 일들을 행하시고 형통의 때를 주시는 것은 우리에게 그만한 가치가 있어서가 아니다. 하나님의 인자와 진실에 근거를 둔 은혜이며 감사와 영광은 하나님의 이름에 돌림이 너무나도 마땅하다. 우리의 기도는 하나님의 영광과 분리될 수 없다. 하나님의 영광과 무관한 기도는 기도가 아니다. 우리의 기도는 '주의 이름의 영광을 위하여 우리를 도우시며 주의 이름을 위하여 우리를 건지시며 우리 죄를 사하소서' 같은 식이어야 한다.

주님께서 자신의 이름을 위하여 우리의 환난을 돕고 우리의 죄를 사하시고 우리를 의의 길로 인도하는 것을 자기 중심적인 이기주의 행보로 간주하고 비난하는 것은 올바르지 않다. 기회만 되면 하나님과 비기려는 고약한 버릇의 반사신경 수준의 돌출이 오히려 문제겠다. 하나님은 인생이 아니시다. 인생의 지극한 복은 하나님 자신이며 하나님의 영광이 최고의 형통이며 모든 피조물의 신음은 이러한 영광의 회복과 완성을 고대하는 갈망의 표현이다.

삶 속에서 무시로 번갈아 등장하는 슬픔과 환난과 역경과 시련과 아픔으로 인한 우리의 신음도 하나님의 영광과 이어지지 않으면 안되겠다. 진로의 코 앞이 석자라도 하나님의 영광에 더욱 결박되는 기도의 사람이고 싶다. 인생은 급히 사라지는 안개와 같다. 인생을 주목하면 할수록 허망함만 더해진다. 짧은 토막에 얽매이는 유혹에 빠지지 않도록 영원하신 하나님의 영광을 주목하는 것이 보다 현명하다. 매 순간마다 그런 현명함이 발휘되면 좋겠다.

33
고난이 유익이다

고난 당한 것이 내게 유익이라 (시119:71)

범사에 감사하는 건 은밀한 이유가 있어서도 그렇지만 혹독한 자기부인의 연습이기 때문에 놓치지 말아야 할 기회이다. 시간이 지나면 파고가 출렁이던 상황도 진정되고 격했던 감정도 거짓말같이 사그라든다. 우리의 현실을 건드리는 수많은 것들의 겉표정에 놀랄 것 없다. 어떠한 것도 곧 지나갈 것이기 때문이다. 만약 지나가지 않고 남아 있는 것이 있다면 그건 지나가는 그것들이 우리에게 남긴 흔적이다.

감사냐 불평이냐, 화평이냐 분노냐의 기로에 떠밀릴 때마다 우리는 사태의 본질보다 우리의 현실을 건드리는 쉬 사라질 그놈의 겉표정에 너무나도 충실히 반응한다. 문제는 사태가 수습되고 정신을 가다듬을 즈음이면 붙들어야 할 본질의 버스는 이미 떠나고 없다는 거다. 폭풍우 중에라도 감사하고 평안해야 할 그 기회는 쉽게 돌아오지 않는다는 사실을 기억하며 그런 순간이 제발로 걸어서 오는 상황을 쌍수로 맞이하는 게 지혜겠다. 죽기보다 어려운 줄 안다. 그래도 견뎌야 한다.

부활의 맛은 죽음 같은 자기부인 속에서 경험된다. 삶의 원리가 송두리째 역전되는 이러한 기회의 겉표정은 죽을 맛이라는 것, 동서고금 막론하고 진리이다. 힘들지 않은 사람이 없다. 그러나 유익의 영역을 고난과 죽음까지 확장하는 자는 거인이다.

시인은 고난 당하는 것 자체를 유익이라 하지 않았다. 시인이 고난을 유익이라고 말한 이유는 고난으로 인해 주님의 율법을 깨닫게 되었기 때문이다. 그에게는 말씀의 깨달음이 고난보다 낫다는 가치관이 있었다. 이런 맥락에서 주의 입술에서 나오는 법은 천천의 금은보다 좋다고도 하였다. 오늘날 교회가 들으면 심히 거북하고 까무라칠 가치의 틀이겠다.

고난 당하기 전에는 시인도 어리석게 살았으나 고난 이후에는 계명의 뜻과 힘을 깨달아 순종하게 되었다. 고난이 삶의 불편과 시간의 낭비와 마음의 내상만 남긴다면 그것보다 더 억울한 일은 없으리라. 당연히 맹목적 고행은 우리의 지향할 바가 아니다. 다만 고난 중에는 하나님의 말씀을 펼치는 게 고난조차 유익으로 만드는 상책이다.

고난은 내가 원하는 소원에 역행하는 상황이 전개되고 내가 좋아하는 기호에 거슬리는 일이 벌어지는 것을 의미한다. 나의 기호와 소원이 외면되는 현실을 달가워할 사람은 없다. 그러나 인간의 사고와 언어와 행실에 방향을 부여하는 그 기호와 소원이 거절될 때 비로소 보이는 의미와 방향이 있다. 그것을 제공하는 샘이 바로 하나님의 율례이다.

화나고 억울하고 슬프고 힘든 것은 대체로 기호와 소원의 거절에서 비롯된다. 여기에서 결코 거절되지 못할 기호와 소원을 붙들면 화나고 억울하고 슬프고 힘든 일도 없어질 것이라는 결론이 도출된다. 그렇다면 원하시는 모든 것을 이루시고, 기뻐하는 모든 일들을 성취하고 마시기에 거절될 일이 없는 하나님의 소원을 붙드는 건 최상의 지혜겠다.

시인의 경험을 보면 하나님의 기호와 소원은 주로 우리의 기호와 소원이 향방을 잃을 때에 포착되는 듯하다. 우리의 경험도 이를 지지한다. 사탄은 우리의 믿음을 끊으려고 온갖 출처 모를 고난을 동원하나 주님은 그마저도 우리의 깨달음의 계기로 바꾸시는 선을 이루신다. 고난 이전에는 주님의 선하심이 주어져도 깨닫지를 못하다가 고난으로 비로소 깨닫는다.

고난은 인기척도 없이 까닭도 모르게 슬그머니 찾아오는 경우도 있다.

이런 경우에는 대체로 갑절의 분노가 격발한다. 그러나 말씀을 깨닫는 계기는 그 원인의 일부분이 가려져 있다고 중요성이 삭감되는 것은 아니다. 시련을 만나거든 거절의 격한 손사레로 대응하지 않고 오히려 온전히 기쁘게 여기라는 야고보의 권면으로 반응하는 것이 타당하다.

이렇게 반응하는 것 자체가 이미 가장 놀라운 승리이다. 고난도 유익으로 이해하고 처신하는 하나님의 사람들을 넘어뜨릴 뾰족한 묘안은 어디에도 없다. 죽음도 유익이라 하는데 아무리 간교한 사탄인들 어찌 우리를 실족케 할 재간이 있겠는가! 하나님의 법을 천천의 금은보다 더 사모하고 고난조차 깨달음의 계기로 삼는 자의 향기가 교회에 진동하면 좋겠다.

34
집을 지키시는 여호와

여호와가 집을 세우지 않으시면 세우는 자의 수고가 헛되며 (시127:1)

하나님은 아담과 하와를 지으시고 가정으로 세우신 '집'의 창시자다. 집의 존재는 하나님의 뜻이 있었기에 가능했다. 집이 보존되는 것도 이유가 동일하다. 주님께서 터를 닦으시고 기둥을 세우시고 음부의 권세도 흔들지 못하도록 붙드시기 때문에 집은 무너지지 않는다.

주께서 지키지 않으시면 이른 기상과 늦은 취침도 헛수고다. 자식들은 여호와의 기업이요 태의 열매는 그의 상급이며 장사의 수중에 화살과 같다. 결실한 포도나무 같은 아내가 안방에 있고 어린 감람나무 같은 자식들이 식탁에 둘러앉은 것도 다 주께서 세우셨기 때문이다.

이어지는 시편들은 가정을 세우시는 하나님의 은혜가 하나님이 인자하신 분이라는 것과 여호와를 경외하는 것과 죄를 회개하고 돌이키는 것과 관계된 것임을 주목한다. 부를 축적하고 각 구성원이 가족의 복지를 최고의 우선으로 똘똘 뭉치는 방식과는 아주 상이한 방식이다.

집이 세워지는 여호와 의존적인 방식은 교회와 국가에도 동일하게 적용된다. 주께서 지키시지 않으시면 교회도 국가도 무너진다. 지키는 수고도 헛수고다. 그렇다고 '주님께서 지키시니 그럼 우리는 손 놓고 뒤로 빠지자'며 뒷짐지는 방관자적 태도는 합당하지 않다.

여호와의 집 지키시는 의지에 우리는 순종으로 반응해야 함이 마땅하다. 그 방식은 여호와를 경외하고 죄를 뉘우치며 주님께로 돌이키는 것이기에 우리는 집을 지키는 주님의 뜻에 열심으로 동참해야 한다. 교회도 그러하고 신학교에 대해서도 그러하다.

　열심의 봉쇄 차원에서 인간적인 수고의 헛됨을 말하지 않았으니 부지런히 가정과 교회와 신학교와 나라를 세워가야 하겠다. 타인을 비방하고 배척하고 짓밟은 결과로서 반사이익을 챙기는 방식의 열심은 지양하고 주님께서 명하신 성경적인 방식은 반드시 고수해야 하겠다.

35
형제의 아름다운 동거

보라 형제가 연합하여 동거함이 어찌 그리 선하고 아름다운고 (시133:1)

연합하여 동거하기 위해서는 형제가 머물러도 될 인격과 삶의 여백을 각자가 갖추어야 가능하다. 그렇지 않으면서 동거할 때에는 악하고 추한 참상이 벌어진다. 상대방을 제거해야 나의 존재와 삶이 확보되고 이를 위해서는 온갖 거짓과 술수를 동원해야 내가 제거되지 않는 적자생존 원리가 지배한다. 그러면 형제와의 연합과 동거는 죽는 것보다도 싫은 생지옥을 방불한다. 이는 역사가 증인석에 있고 경험도 내부 고발자다. 가장 선한 것이 극단적인 반대편의 악으로, 가장 아름다운 것이 정반대의 추함으로 얼마든지 반전된다.

형제의 동거는 "어찌 그리"라는 감탄사를 격발하게 하는 선과 미의 원천이다. "함께 거한다"는 동거는 결코 만만치가 않다. 상대방의 모든 것을 용납하고 존중하지 않으면 찢어질 수밖에 없는 게 동거이기 때문이다. 가장 사랑하는 아내와 가장 사랑하는 남편이 동거해도 관계의 잡음이 생기고 때로는 결별의 법적인 매듭도 불사하는 부부도 중다함이 이를 입증한다. 형제와의 동거는 상대방의 인격과 삶의 습성에서 내가 좋아하는 부위만 골라서 인정하는 맞춤형 동거가 아니다. 상대방의 전부를 있는 그대로 인정할 것을 요구한다.

그러므로 동거의 의미는 동일한 공간에서 물리적으로 공존하는 것을 의미하지 않는다. "연합"까지 이르러야 진정한 동거다. 이는 서로의 마음과 뜻과 생각이 같아서 동거해도 괜찮은 상태를 의미한다. 이러한 내면의 동거는 단순히 서로를 용납하고 존중하는 정적인 상태를 넘어 각자가 삶의 고결한 일치점에 이르려는 역동적인 협력을 요구한다. 나를 있는 그대로 받아들여 달라고 요구만 하는 자세로는 고작해야 동거의 무늬만 연출할 뿐이다. 진정한 동거는 내가 먼저 상대방을 있는 그대로 인정하는 본을 보이는 데서 구현된다.

삶의 고결한 일치점은 특정한 개인이 아니라 하나님이 그 출처시다. 이는 시인이 끝자락에 "거기에서 하나님이 영생을 복을 주신다"는 문구로 시를 끝내서다. 형제의 연합된 동거는 영생으로 이어진다. 화목하게 살아가는 형제의 동거는 하늘에서 누릴 영생의 맛보기다. 온전한 하나님의 나라는 형제의 화목한 동거에 의해 증거된다. 예수님은 "너희가 서로 사랑하면 모든 사람들이 너희가 내 제자인 줄 알게 되리라"고 하셨다. 형제의 동거는 서로 사랑하는 것이다. 이는 예수님을 보여주고 천국을 보여주는 방식이다.

시온에 떨어지는 헤르몬의 이슬, 시온을 시온답게 만드는 신비로운 매체로 비유되는 형제의 연합과 동거는 모든 시대가 회복해야 할 참된 교회상을 가리킨다. 교회를 볼 때마다 예수님의 자비로운 십자가와 천국의 삶을 목격해야 마땅하다. 인간이 더불어 살아가는 참된 이상의 예고편을 교회가 제공해야 한다. 천국의 향기가 아니라 지옥의 악취로 외부의 자발적 접근을 차단하는 교회의 고질적인 문제는 다툼과 분열이다. 연합과 동거는 그 해법이다. "어찌 그리 아름답고 선한가!" 시인의 시어에 투사된 하나님의 마음이다.

거룩한 공교회 의식의 필요성과 회복이 절실하다. 밴댕이 속을 고수하는 것이 마치 기독교적 순결의 일환으로 여기며, '좁고 협착한 길'을 명분으로 연약하고 가난하고 무지한 무리와 섞이는 것을 거부하고 무조건 회

피하는 종교적 결벽증은 해결책이 아니다. 가라지가 섞여 있어도 알곡의 파손을 기준으로 마지막 날까지 거룩보다 사랑을 선택하고 우선시한 교부의 판단이 지금의 우리에게 더욱 절실하다. 물론 여기서의 논점은 사랑의 띠를 붙들기 위해서는 거룩의 끈을 놓쳐도 괜찮다는 양자택일 문제가 아니다.

사랑과 거룩을 다 고수함이 마땅하나 이 땅에서는 완전한 거룩보다 완전한 사랑이 판단의 아랫목을 차지함이 합당하다.

36
바벨론 강변의 노래

시온을 기억하며 울었도다 (시137:1)

교회를 생각할 때마다 하나님의 사람의 눈시울은 늘 축축해진다. 기억의 촉수가 시온의 그림자만 건드려도 눈물이 와락 쏟아지는 시인은 교회를 아는 사람이다. 울음이 없이는 교회를 생각하는 것이 가능하지 않은 사람이다. 아름답고 향기로운 사람이다. 이방인의 땅 바벨론에 사로잡혀 조롱을 당하는 상황 속에서도 그의 향기는 진동하고 영혼의 미는 눈부시다. 마치 가시밭의 백합화가 찔리고 상하면서 평소보다 더 짙은 향기로 대응하는 것과 유사하다. 시인은 존재의 상실 속에서 오히려 존재의 진가를 발산하는 사람이다.

그는 바벨론 강변의 버드나무 위에 자신의 수금을 걸었단다. 자신들을 위해 시온의 노래를 부르라는 사로잡은 자의 요구 혹은 조롱에 대한 거절의 표시였다. 거절은 곧 죽음을 의미했지만 포악한 자의 유흥을 돋구는 수단으로 시온의 노래를 전락시키기보다는 목이 달아날지라도 당당한 거절을 선택했다. 이는 목숨을 담보로 거절의 자유를 행사한 참 자유인의 모습이다. "자기들을 위하여 시온의 노래"를 부르라고 한 이유는 무엇일까? 이방인의 손에서 시온도 지켜내지 못한 신에게 더는 시온의 노래가 어울리지 않는다는 것이다. 그 신의 보호망을 뚫고 예루살렘의 담벼락을 허문 바벨론의 승자에게 오히려 영광을 돌리라는 뜻이었다.

시인은 분하고 서러웠다. 하여 바벨론의 파괴자를 위해 노래하기를 거절한 정도가 아니라 오히려 여호와를 노래하는 역방향을 질주했다. 여호와를 위한 시온의 노래는 평범한 상황 속에서의 곡조와는 현저히 다른 농도로 극히 애절했다. 노래를 넘어 절규였다. 울음을 쏟으며 예루살렘, 너를 잊지 않겠다고 말한다. 내 오른손이 그 재주를 잊는 일은 혹 있더라도 예루살렘 망각은 있을 수 없는 일임을 오열로 표명했다. 예루살렘이 망각되거나 차선의 희열로 머문다면 우리의 혀가 입천장에 붙어 떨어지지 않아도 좋겠단다. 아예 노래와 무관한 인간이 되는 게 차라리 낫겠다는 뜻이다.

이어 여호와의 이름을 거명하고 그의 의로운 보응을 노래한다. 예루살렘 멸망의 주범들을 바위에 메어치는 것은 여호와의 몫이며 거기에 수단으로 동원되는 자가 복되다는 말로 노래를 끝맺는다. 축축한 바벨론 강변에서 부르튼 포로의 입술에서 나오는 서글픈 노래는 처절함을 딛고 비장함을 넘어 마침내 희망의 언덕에 이른다. 시인의 노래는 하나님의 백성이 나그네로 살아가는 삶의 축소판이다. 우리는 교회가 기억의 불씨만 살려도 사무친 오열을 쏟아내는 땅의 나그네다. 사망의 왕노릇 권세가 곳곳에서 휘두르는 횡포로 말미암아 썩은 악취가 진동하는 이 세상 마지막 순간까지 희망의 노래를 포기하지 않는 그런 나그네.

때때로 우리에게 하나님이 아닌 것을 위하여 시온의 노래를 부르라는 압박과 비아냥이 찾아온다. 하나님과 시온 따위는 잊고 바벨론의 강변을 거닐라고 속삭인다. 가공할 주먹으로 위협하거나 요염한 입술로 꼬드긴다. 이 땅의 나그네가 아니라 땅의 주권자요, 영구적인 거주자로 살도록 설득한다. 멀게 느껴지는 명목적인 천국 시민이 아니라 영광스런 바벨론의 자발적인 포로로 머물라고 말한다. 파괴된 예루살렘 노래는 빠진 거품일 뿐이라고 속삭인다. 예루살렘을 수호하던 신 여호와는 지질한 실패자일 뿐이니 시온의 노래는 바벨론을 위해 부르라는 말만 연일 반복한다.

그러나 하나님은 지금도 시온을 기억하며 오열하는 사람을 찾으신다.

독생자의 보혈로 값 주고 사신 교회를 떠올리며 시온의 노래를 눈물로 적시는 사람, 여호와의 이름을 삶으로 거명하며 그로 인해 극도의 희열에 빠지는 사람을 온 땅에 두루 다니시며 찾으신다. 포로의 옷을 입고 시온을 젖은 곡조에 담은 시인처럼 나는 찾으시는 하나님께 발견되고 싶다. 교회를 기억하면 눈물부터 쏟아지는 사람이고 싶다. 주권이 박탈되고, 타협이 아니면 살아갈 수 없는 절망적인 상황에서 보다 강렬한 목소리와 애절한 리듬으로 시온의 노래를 부르던 시인이고 싶다. 시온을 떠나 바벨론에 사로잡힌 교회가 바로 이 시인이길 소망하며…….

37
하나님의 의와 우리의 꼬라지

여호와께서는 그 모든 행위에 의로우시며 그 모든 일에 은혜로우시도다 (시145:17)

시인의 노래처럼 하나님은 모든 일에 은혜롭고 모든 행위에 의로우신 분이시다. 이는 심장을 크게 움직이는 참으로 놀라운 선언이다. 여기에 의롭지 않다거나 은혜롭지 않다는 판단의 토를 달 자가 없다. 이는 하나님이 당신의 감동으로 시인의 입술을 열어 친히 선언하신 내용이다.

하나님의 감동으로 움직여진 시인의 붓은 누구도 반박할 수 없는 하나님의 속성과 성정을 선명한 필체로 우리에게 알리고 있다. 그 어떠한 판단도 중지하기를 엄명하는 이 짧은 한 마디가 왜 그렇게도 큰 평강과 기쁨과 위로가 되는지 도무지 알 길이 없다.

세상에 일어나는 모든 일과 이루어진 모든 하나님의 행위는 우리에게 판단을 요구하지 않는다. 그저 하나님의 의와 은혜에 경탄하며 찬미할 것을 요청하고 있다. 피조물인 우리는 하나님에 대하여 늘 수납자의 자리에 머물러야 하고 어떠한 경우에도 판단자일 수는 없다.

"꼬라지"는 고 박윤선 목사님이 인간의 비참과 타락상을 가리키기 위해 사용하신 표현이다. 구수하고 정겹고 따끔한 표현이라 이를 사용하려 한다. 세상 돌아가는 안타까운 꼬라지에 몸과 마음과 머리의 꼭지가 틀어지는 상황이 펼쳐져도 절망할 수 없는 이유는 한번도 포기되지 않았던 하나님의 의롭고 은혜로운 섭리에 있다. 나아가 세상의 뒤틀린 형국이 엄두도 못낼 교회의 밑바닥 꼬라지에 대해서도 좌절하지 않을 수 있다. 더더욱 심한 괴수의 꼬라지가 내게서 보인다 할지라도 주저앉지 않을 것이다.

모든 상황 속에서 범사에 무시로 하나님의 의와 은총을 읽어내야 할 이유는 하나님이 그러신 분이라는 시인의 선포에 있다. 어설픈 판단으로 경박한 반론을 가하는 것은 어리석다. 선포된 말씀에 근거하여 현상을 해석하는 것이 언제나 최상의 지혜다.

38
하나님이 주시는 자유

여호와는 갇힌 자들에게 자유를 주신다 (시146:7)

"자유를 주신다"는 말씀의 의미는 주어의 속성에 의해 결정된다. 주어와 동사의 이러한 관계성을 존중하면 자유의 의미는 신적인 차원까지 소급되고 확대된다. 그러나 "갇힌 자들"을 주목하면 자유의 의미가 대체로 사람에게 맡겨진다. 인간의 "갇힌" 양태를 주목하고 인간적인 자유의 개념을 따라 이 시구를 이해하면 투옥된 자의 물리적인 족쇄가 발목에서 풀어지는 것을 의미하는 것으로 보인다. 혹은 노예가 하나님에 의해 신분적, 문화적, 경제적, 정치적 족쇄의 제도적인 해방을 맞는다는 식으로 해석하기도 한다.

물론 이러한 내용도 시구에 내포되어 있다고 생각한다. 문제는 그러한 내용을 자유의 주도적인 혹은 궁극적인 의미로 여긴다는 것이다. 성경을 해석할 때에 하나님의 적응계시 은총을 망각하면 하나님의 말씀도 인간적인 언표이며, 인문학적 도구로 풀어야 할 텍스트일 뿐이라고 여기는 문제가 발생한다. 당연히 해석은 인간문맥 안에서 설정된 사람들의 통념을 맴도는 수준에 안주하게 된다. "갇힌 자들"은 사회적, 정치적, 경제적, 신체적 약자들을 의미하고 "자유"는 약자의 굴레를 벗어나 강자의 대열로 진입하는 것이겠다.

하지만 주어이신 "여호와"를 존중하면 해석이 달라진다. "갇힌 자들"은 하나님이 보시기에 갇힌 사람들을 가리킨다. 죄에 의지와 지성과 감정이 중독된 자들, 일평생 죽음에의 종노릇을 끊어내지 못하는 자들, 하나님의 진리에 감격하지 못하고 마귀의 속임수에 흥분하고 헐떡이는 자들, 육신의 정욕과 안목의 정욕과 이생의 자랑에 결박된 자들이다. 그리하여 여전히 세상의 관능적인 풍조를 흠모하고, 불순종의 아들들 가운데서 역사하는 공중의 권세자를 추종하고, 욕심을 따라 마음과 육체의 원하는 것을 금하지 않는 진노의 자녀들이겠다.

하나님은 우리를 죄와 사망과 마귀의 권세에서 자유롭게 하시기를 원하시고 그렇게 하실 수 있는 분이시다. 사실 정치와 경제와 문화에서 자유롭게 되는 것은 하나님 없이도 얼마든지 가능하다. 그러나 시인은 "귀인들을 의지하지 말며 도울 힘이 없는 인생도 의지하지 말지니 그의 호흡이 끊어지면 흙으로 돌아가서 그 날에 그의 생각이 소멸"될 것이라고 말한 이후에 "야곱의 하나님을 자기의 도움으로 삼으며 여호와 자기 하나님에게 자기의 소망을 두는 자는 복이 있다"고 말하며 하나님이 어떤 분이심을 소개하고 있다.

아무리 유력한 인간이라 할지라도 해결할 수 없는 문제를 하나님은 해결해 주신다는 맥락에서 "여호와는 갇힌 자들에게 자유를 주신다"는 문구가 등장한다. 이는 인간문맥 안에서의 자유를 뜻하기도 하겠지만 보다 궁극적인 의미는 영적인 자유라고 보는 게 적합하다. 그러므로 우리는 시공간적 자유만이 아니라 보다 궁극적인 것으로서 하나님이 베푸시는 영적인 자유를 갈망함이 마땅하다. 믿음의 선배들은 육체의 갇힘 중에서도 이 영적인 자유를 갈구했고 누렸다. 그리하여 어떠한 것에도 매이지를 아니했다.

하나님은 갇힌 자들에게 자유를 주는 분이시다. 하나님 앞에서 그 어떠한 결박도 풀어진다. 영혼과 마음과 생각과 습성과 언어와 행동을 사로잡고 있는 어떠한 종류의 족쇄도 그분 앞에서는 결박의 효력을 상실한다. 참으로 하나님은 놀랍고 능하고 위대한 분이시다. 그래서 시인은 시편의 첫 소절을 "찬양"으로 채색했나 보다.

39
잠언의 유익

잠언과 비유와 지혜 있는 자의 말과 그 오묘한 말을 깨달으리라 (잠1:6)

잠언의 말씀은 오묘하고 유익하다. 어리석은 나로 슬기롭게 하며 경륜이 짧은 나에게 지식과 근심함을 주기 때문이다. 지혜롭고 명철한 자에게도 학식과 모략을 제공한다. 이렇게 잠언은 대상을 가리지 않고 구하는 모든 이들에게 지혜의 원천이다. 그러나 잠언에서 얻는 지혜를 인간 문맥에서 벌어지는 위기 모면용 처세술로 간주하면 그리스도 예수와 연결된 지혜의 인격성을 놓친다. 성경의 지혜는 그리스도 예수와의 연합과 그로 말미암은 하나님의 형상 회복과 거기에서 비롯된 삶의 향기와 열매를 포괄하는 개념이다.

잠언의 유익은 거기에 있다. 이는 고작 헬라인이 구하는 똑똑하고 근사한 지혜의 충족과는 구별된다. 잠언은 하나님의 자녀들이 누구이며 그들은 어떠한 태도로 어떻게 살아야 하며 그것이 삶의 현장에 구현되는 양상은 어떠한지 부부와 가정과 궁정과 군대와 이웃과 국가와 역사라는 광범위한 영역의 사례들을 풀어서 가르치고 있다.

잠언의 지혜를 돈벌이나 출세의 밑천으로 여기는 건 그것을 카네기 처세술과 동류로 격하하는 부당한 처사다. 이것은 무조건적인 긍정과 기복적 번영신학 풍조에 물든 일부 교회문화 속에서는 의아하게 보일 수 있겠다. 그러나 내 눈에는 그런 갸우뚱한 반응이 하나님의 지혜를 우리의 은밀한 욕망에 과도하게 적응시킨 것으로 보인다.

하루 1장씩 읽으면 1년에 12번 반복, 10년이면 120독이다. 이러한 산술과 횟수 언급에 불쾌할 것 없다. 지혜의 근육은 단시일에 길러지는 게 아니라 10년이나 20년 아니 일평생을 요구하는 장거리 경주임을 강조한 것뿐이기 때문이다. 다 먹고 살기 빠듯하고 바쁘다는 거 안다. 하지만 그러기에 지혜의 필요는 더욱 절박하다. 지혜에 대한 나의 평생공부 핵심은 이것이다. "여호와를 경외하는 것이 지혜의 처음과 나중이다."

지혜를 사랑하는 자는 잠언의 표현력에 매료된다. 통일된 철학적 체계나 정교하게 다듬어진 개념이나 그 개념들의 절묘한 조합으로 구축된 매끈한 사상을 제공하기 때문이 아니다. 잠언은 일상적인 용어에 지혜를 담되 우리에게 가장 긴요한 지혜의 차원을 담고 있다. 추상이 지나쳐 현실에서 멀어지는 일도 없고 구체가 과도해서 코앞의 현실만 관여하는 것도 아닌 적정의 지혜, 인간이 최고의 균형과 조화를 빚어내는 삶을 가능하게 하는 지혜이다.

그리고 잠언은 내가 비워지지 않으면 내게 담아질 수 없는 지혜를 제공한다. 나 자신이 나의 주인으로 남아 있고서도 깨달아질 그런 지혜를 잠언에서 찾는다면 헛수고다. 하여 최고로 경건한 자기 부인 연습은 잠언이 제공하는 지혜와의 씨름으로 실현된다. 또한 집중력과 추리력을 가동하지 않아도 그 자체로 시선과 의식을 사로잡는 드라마나 영화와는 달리 잠언은 우리의 전인격을 힘써 몰입하지 않으면 안되는 방식으로 기록되어 있다. 그래서 작금의 스크린 혹은 바보상자가 부추기는 무신경과 무사유의 달콤한 유혹에 철퇴를 가하는 능력의 사색가로 만든다.

아무런 수고 없이 주어지는 깨달음과 즐거움과 정보는 효율성 면에서는 흠모할만 하지만 우리의 정신상태 일반이 심하게 훼손되는 막대한 댓가를 지불하게 만든다. 때때로 편하고 효율적인 것이 속임수의 방편이 된다는 얘기다. 생각의 여백이 없는 게임이나 스크린은 자제해야 한다. 우리

내면에 가장 고상하고 아름다운 것이 은밀하게 자극되는 환경을 제공하는 건 부모의 몫이다. 메마른 환경으로 피폐된 자녀들의 내면에 왕짜증 공법을 구사하며 다스리려 하는 태도는 소 잃고 외양간 고치는 격이다. 아이들의 가슴에 상처와 저항감만 기른다. 이에 대해서는 자녀들로 말씀을 읽도록 이끄는 게 상책이다.

40
기호와 즐거움의 중생

너희 어리석은 자들은 우매함을 좋아하며 거만한 자들은 거만을 기뻐하며 (잠1:22)

자신의 과거를 추억하던 아우구스티누스는 자신이 저질렀던 도둑질의 실상을 이렇게 고백한다. "도둑질한 물건이 아니라 도둑질이 즐거워서 저지른 일입니다." 그는 기억을 더듬어 친구들과 더불어 있을 때 죄악도 즐거움이 되었다고 말했다. 악행이 즐거움의 중독적인 대상일 수 있을까? 있다. 어리석은 자들은 우매함을 좋아하고 거만한 자들은 거만을 향유의 대상으로 여긴다고 지혜자는 기록한다. 선뜻 동의하기 어려운 진술이다. 아무리 악한 자라도 자식에게 좋은 것을 준다고 하지 않았던가! 악한 것과 좋은 것을 어느 정도는 구분할 줄 안다는 말인데, 과연 악한 것을 "좋아하고 즐긴다"는 것이 사실일까?

    죄악과 우매함과 거만에도 즐김의 경지가 있다. 물론 인정하기 싫고 인지하지 못하는 경지일 가능성이 높다. 그러나 나는 사람의 느낌이나 상식보다 성경의 진술을 더 신뢰한다. 죄악과 우매와 거만을 즐긴 대표적인 사례를 나는 사울의 불순종 사건에서 목격한다. 그는 이스라엘 백성의 취약점만 골라서 괴롭히던 아말렉 족속의 모든 소유를 하나도 남기지 말고 진멸하되 남녀노소 및 가축들을 모조리 죽이라는 엄명을 받았었다. 그러나 그는 적장인 아말렉의 왕 아각을 죽이지 않고 생포했고 괜찮아 보이는 가축들도 죽이지 않았다. 이 사건의 진상은 사울의 변명이 아니라 하나님의 사람 사무엘의 평가에서 확인된다. 즉 사울은 하나님의 목소리를 청종하지 않고 "탈취"에 급급했고 그가 "악하게 여기시는 일"을 행하였다.

    그런데도 사울 자신은 죄를 죄로 여기지를 않았으며 오히려 즐김의 대상으로 여겼다. 그는 승전한 이후에 "갈멜로 내려가 자기를 위하여 기념비를 세우고" 기쁨과 자랑에 취했었다. 적장을 생포하여 백성들의 눈에 확인시켜 기념의 극대화를 도모했다. 괜찮은 양이나 소와 같은 전리품을 수거하여 백성들의 열렬한 호응도 이끌었다. 또한 하나님께 제사를 드린다는 종교적 명분으로 자기를 위하여 이루어진 이 모든 행실의 양심적인 거리낌도 지우려고 했다. 이에 사무엘은 이 모든 일련의 사태를 "탈취"라는 정확한 표현으로 진단했다. 하나님께 마땅히 돌려야 할 영광의 승전을 전용하여 자신의 치적을 치장하고 기념하는 계기로 삼았기에 그것은 명백한 "탈취"였다. 자신의 것이 아닌데 함부로 건드렸던 것이다.

    사울은 자신의 죄를 죄로 여기지를 않았고 그 죄를 기념과 즐김의 대상으로 여겼다. 왜 그랬을까? 지혜자의 진술에 의하면, 어리석고 거만한 죄인들은 자신의 기호와 즐거움을 선악의 기준으로 삼는다. 이는 사람들의 일반적인 경향이다. 만물보다 거짓되고 부패한 마음에 흡족하면 괜찮다고 생각한다. 자신의 기호와 즐거움 자체를 의심하면 불쾌함을 느낀다. 그러나 자신이 좋아하는 것과 기뻐하는 것을 점검의 대상으로 여기고 객관적인 판단과 교정을 시도하는 것이야말로 참된 어른의 모습이다. 그러나 적잖은 사람들이 나의 즐거움이 곧 선이라는 등식의 기만을 인정하는 어른이길 거부한다. 어린 아이의 유치함을 털어내는 것인데도 그것을 무슨 굉장한 희생으로 여긴다.

    나의 기호와 즐거움은 사실 온전한 순종의 필수적인 항목이다. 억지로 떠밀려서 행하는 타율적인 억지 순종보다 안쓰러운 게 또 있을까? 없다. 하지만 기호와 즐거움은 그 자체로 선하지는 않기에 품격의 질적 승화가 필요하다. 기호와 기쁨에도 격이라는 게 있다. 어리석은 자가 우매함을,

거만한 자가 거만을 좋아하고 즐긴다. 저급한 기호와 즐거움이 아니라, 하나님의 좋으심과 즐거움이 나의 기호와 기쁨이 되는 그런 고품격 상태에 이르러야 한다. 죄인이기 때문에 죄가 좋아 보이고 죄가 즐거운 게 우리의 성정이다. 그러나 우리 안에는 그리스도 예수께서 계시기에 기호와 즐거움에 있어서도 거듭남이 가능하다. 이생의 자랑과 육신의 정욕과 안목의 정욕이 우리의 성정을 농락하지 못하는 경지가 심히 목마른 아침이다.

41
영혼의 주림은 없다!

주는 의인의 영혼을 주리지 않게 하신다 (잠10:3)

이 구절에 대한 첫 번째 반응은 눈물이다. 대체로 언어의 형태로 끄집어낼 수 없는 사연을 배설하는 데 눈물만한 것이 없다. 오늘은 뭔가 깨닫기는 했는데 적합한 언표를 찾아내지 못하여 눈물이 광대뼈 위로 미끄러졌다. 암튼 비에 씻긴 하늘처럼 영혼은 개운하다.

위의 인용문은 배가 등가죽에 달라붙는 기근은 있어도 영혼의 배고픔은 결단코 없을 것이라는 지혜자의 단언이다. 그런데도 영혼이 주림으로 신음하고 있다면 이 말씀을 어떻게 이해해야 하나? 무엇보다 주께서 말씀만 하시고서 정작 영혼의 공복을 책임지지 않으신다는 해석은 금물이다. 주님은 어느 때에나 무흠한 분이시기 때문이다.

오히려 나의 인격과 삶이 의에 역주행하고 있지는 않은지를 돌아봄이 더 타당한 반응이다. 때때로 하나님의 말씀을 읽어도 깨달음이 없다. 뭔가 교훈을 산출하려 해도 머리와 마음에서 재료가 바닥이 나 영적 궁핍과 마주친다. 그때마다 나의 불의한 삶을 성찰하게 된다.

사실 위장의 기근은 즉각 감지된다. 그러나 영혼의 주림은 한참을 지나서도 감지되지 않아 영적 기갈이 무의식의 상태로 지속되는 경우가 허다하다. 감지한 것 자체가 은혜라는 이야기다. 영적 빈곤과 기갈의 인식은 영적 풍요와 윤택으로 우리를 초청하는 방식이다. 다행히 한국은 주님의 은혜가 여기저기 감지되고 있는 기회의 때를 살아가고 있다.

그런데 영혼의 주림을 알고서도 영혼의 양식에 묵상의 숟가락 들어 올리기를 못마땅해 하거나 게을리한다면 주님의 자비로운 초청도 묵살하는 무례가 아니겠나! 어떤 사람들은 몸에 비타민이 부족하면 각종 과일이나 야채가 당긴단다. 생리적인 반응이다. 그런데 영적 영양분의 부족에는 왜 이리도 무신경한 것일까!

주님은 분명 우리의 영혼을 주리지 않게 하시는 분이시다. 그래서 영적 영양분의 필요성을 깨닫도록 무수한 종류의 자극을 무시로 동원하신다. 나 자신의 기호를 보아도 그렇고, 친구들의 소식을 들어도 그렇고, 나라의 향방을 주목해도 그렇고, 교회의 상태를 보더라도 그 필요성이 수시로 감지된다.

특별히 교회의 무기력한 상태와 불의한 모습을 볼 때 영혼의 심각한 빈곤이 수많은 교회의 현실이라는 사실이 뼈져리게 느껴진다. 주께서는 의인의 영혼을 주리지 않게 하겠다고 약속하셨다. 그러나 교회가 이렇게 진리의 핍절로 허덕이고 있다면 교회의 불의를 돌아봄이 마땅하다.

나아가 사회와 국가와 세계가 돌아가는 꼬락서니에 집중해야 한다. 사회적, 국가적, 세계적으로 비참이 창궐함을 보면서도 세상의 빛과 소금인 교회가 각성하지 않는다면, 세상을 진동시킬 진리의 깊은 경지를 추구하고 수혈하지 않는다면 영적 주림에 대한 감각의 심각한 마비를 의심해야 된다. 부에 대한 교회의 맹목적인 집착과 하늘을 찌르는 오만도 심히 의심된다.

악인의 소욕은 좌절시킬 것이라는 이 뒷 부분의 구절이 돌이키지 않는 우리의 교회에 적용될 가능성이 고조되고 있는 듯하다. 이것이 아마도 눈물에 녹은 하나의 사연이라 생각된다. 주여, 건물과 재정은 무너져도 말씀하신 대로 교회의 영혼만은 주리지 않도록 붙들어 주옵소서.

42
겸손

겸손한 자에게는 지혜가 있느니라 (잠11:2)

칼빈은 겸손이 진정한 기독교 철학의 토대라는 것과 신앙의 덕은 첫째도 겸손, 둘째도 겸손, 셋째도 겸손이라 강조했다. 그는 천사를 마귀로 만드는 건 교만이나 사람을 천사로 만드는 건 겸손이라 한 교부들의 생각을 항상 열렬히 (semper vehementer) 곱씹으며, 기독교의 교훈을 묻는 이들에게 "항상" 이렇게 답하였다. "첫째도, 둘째도, 셋째도 겸손(humilitatem)이다."

우리는 본성의 가능성에 대해 (de naturae possibilitate) 무엇을 그렇게도 중요하게 여기는가? 그것은 상하였고 부서졌고 뒤틀렸고 망하였다. 그런데도 사람이 자기에게 어떤 덕이 있다고 의식한 채 자랑과 교만을 삼가는 것은 겸손이 아니다. 겸손 이외에는 자기에게 피난처가 없다고 진심으로 느낄 때에 거기에 비로소 겸손이 있다.

우리 자신은 악에 불과하기 때문에 (non nisi mali) 오직 하나님의 자비에 의해서만 설 수 있다. 하나님께 무언가를 돌린다고 해서 그만큼 우리의 복지가 손상되는 게 아니다. 오히려 우리의 낮음을 고백하는 것은 하나님의 자비를 힘입을 준비이다(in remedium paratam). 지금 나는 능력을 가진 자가 진정한 겸손에 엎드리기 위해 자신의 능력에 대한 생각을 접으라고 말하지 않는다. 나는 자애와 야심(φιλαυτίας καὶ φιλονεικίας)이란 질병을 버리라고 요구한다. 이 병 때문에 사람들은 시야가 흐려지고 스스로를 과대하게 평가한다.

하여 나는 성경이란 진실한 거울(veraci scripturae speculo) 속에서 스스로를 바르게 인식할 것을 요구한다. 칼빈에게 겸손은 결국 '성경 앞에서의 겸손'이다. 기독교 교훈의 총화를 겸손으로 보되, 성경 전체를 관통해서 보고자 한 칼빈의 계시 의존적인 태도가 참 좋다. 다양한 종류의 겸손들을 상대화할 기준이 성경이란 사실을 깨닫게 되는 아침이다.

43
인자와 잔인의 역설

인자한 자는 자기의 영혼을 이롭게 하고 잔인한 자는 자기의 몸을 해롭게 하느니라 (잠11:17)

인자함의 직접적인 수혜자는 바로 자신이다. 잔인함의 직접적인 피해자도 바로 자신이다. 인자함과 잔인함은 외부로 발산되기 이전에 이미 자신에게 먼저 작용한다. 인자한 자는 자기의 영혼을 유익하게 하고 잔인한 자는 자기의 몸을 해롭게 만든다. 타인의 유익과 행복이 싫어서 인자함을 접고 잔인함을 선택하는 우매자가 있다. 타인에게 위협이나 손실을 가하기 이전에 자신의 영혼이 먼저 잔인함의 희생물로 내몰린다. 참으로 자해적인 우매자다.

영혼은 보이지 않는 존재다. 그래서 영혼을 관리하고 윤택하게 하는 일이 막막하고 난해하다. 그러나 지혜자는 인자를 영혼의 관리자로 지명한다. 다른 사람에게 자비로운 마음을 가지고 긍휼히 여기는 자는 인자한 사람이다. 그런 마음의 소유자는 자신의 영혼을 유익하게 만든다. 반대로 타인을 겁박하고 위협하고 매몰차게 대하는 사람은 자신의 영혼을 학대하는 사람이며, 그의 몸도 해로움에 내던지는 자라고 꼬집는다. 통찰력이 깊고 예리하다.

이로움과 해로움이 구현되는 방식이 참으로 흥미롭다. 이는 자신을 유익과 해의 직접적인 대상으로 삼지 않는다. 타인을 유익하게 하고 윤택하게 해야 비로소 자신의 영혼을 이롭게 하며 타인을 해롭게 하고 위협하면 그 위협과 해로움이 자신에게 돌아오는 방식이다. 이것은 창조의 질서이다. 하나님이 인간을 지으시되 더불어 살도록 지으셨고, 더불어 살아가되 상대방의 유익이 나의 유익이 되게 하고 상대방의 해가 나에게도 해가 되게 하셨다.

지혜자의 이 금언은 산상에서 전하신 예수님의 복 개념과도 상통한다. 예수님은 "긍휼히 여기는 자 혹은 인자한 자에게는 복이 있다"고 하시면서 그 이유는 그가 긍휼히 여김을 받은 것이기 때문이라고 하셨다. 이는 타인에게 인자와 긍휼과 자비를 베풀면 그것이 자신에게 돌아오는 복이 된다는 이야기다. 나아가 타인의 복과 자신의 복이 동시적인 현상임을 의미한다. 타인을 대하는 것은 자신을 대하는 것과 동일하다. 자기 양심보다 타인의 양심을 먼저 생각하고, 자신이 받고 싶은 것으로 타인을 먼저 대접하는 것이 기독교 진리의 황금률인 이유도 같은 맥락이다.

자신에게 사랑과 공의와 위로와 평안이 임하기를 원한다면 해법은 간단하다. 동일한 것을 타인에게 대접하면 된다. 물질의 계량적인 손익을 기준으로 이 원리를 판단하지 마라. 우리에게 진정한 유익을 제공하는 것은 땅에 썩어 없어지는 것들보다 하나님의 속성 혹은 성품과 직결되어 있기 때문이다. 하나님의 성품이 내 안에 머물고 발산되는 유익은 이 세상의 물량적인 척도로는 가늠할 수 없다. 인자한 자가 받는 영혼의 이로움은 실로 크다. 진정한 이로움은 우리가 인자할 때 신적인 속성에 참여하게 된다는 사실에서 찾아지기 때문이다.

인자한 자들의 중다한 출현으로 하나님의 향기로운 성품이 진동하는 가정과 교회와 사회를 고대하게 되는 아침이다.

44
징계와의 화친

징계를 싫어하는 자는 짐승과 같으니라 (잠12:1)

여기서 징계는 강한 책망과 거절의 언사를 의미하고 때때로 수정을 위해 처벌도 수반하는 개념이다. 징계를 싫어하는 마음의 배후에는 대체로 교만이 똬리를 틀고 있다. 나는 고칠 것이 하나도 없다는 완전주의 교만이 바로 그것이다. 이는 짐승의 징표란다.

짐승은 자신의 본성을 수정하지 않는다. 불변의 본성을 따라 생각하고 움직이며 일평생 살아간다. 당연히 짐승에 대한 징계는 소 귀에 경 읽기다. 어떠한 변화나 수정도 기대할 수 없다. 짐승에 대해서는 오히려 그런 종류의 기대감을 갖는다는 게 어리석은 자세겠다.

그런데 징계의 거부는 금수의 세계에서 일어나는 일만은 아니다. 뾰족한 지적의 목소리가 고막을 살짝만 건드려도 우리 안에서 곧장 격렬한 불쾌와 보복의 이빨을 드러낸다. 조용히 웅크리고 있던 짐승의 본성이 흉물스런 모습을 드러낸다.

변하지 않는 사람과 종종 마주친다. 좋은 것들은 한결 같을수록 좋다. 그러나 죄인의 관념과 습성에 가공할 천착을 보이는 불변의 사람들은 혹시 어리석은 짐승에 가깝지는 않는지 스스로 돌아보아야 한다. 이런 성찰의 눈으로 나 자신을 수시로 돌아보게 된다.

한 사람이 바뀌는 건 기적이다. 한 가정의 변화도 기적이다. 교회의 변화, 사회의 변화, 국가의 변화, 세계의 변화도 기적이 없이는 불가능한 일이다. 대부분의 사람이 징계를 싫어하고 수정을 거부하기 때문이다. 칭찬과 고수가 본성적인 기호이다.

이와는 달리 수정과 변화의 가르침을 좋아하는 자는 지식을 사랑하는 자라고 지혜자는 규정한다. 나는 불완전한 자이고 끊임없이 배워야 하는 자이고 배운 바가 내게 변화를 일으키는 것이 복이라고 믿고 주를 향하여 나날이 자라가는 자가 지혜자다.

변화는 익숙하던 것들과 이별하고 생소한 것들에 적응할 것을 요구한다. 당연히 거북하고 불편하다. 그러나 그런 대가를 지불하지 않고도 변화가 일어날 것이라는 기대는 접으시라. 오늘은 나 자신에게 징계와의 화친을 권하였다. 짐승은 되지 말아야지…….

45
판단의 기준

미련한 자는 자기 행위를 바른 줄로 여기나 지혜로운 자는 권고를 듣느니라 (잠12:15)

미련한 자의 행위는 모두 미련하다. 존재가 원인이고 행위는 그 열매니까. 물론 존재를 부인하는 듯한 지혜로운 우발적 처신이 돌연변이 같이 연출되는 경우도 있다. 그러나 그건 존재의 산물이 아니기에 당사자의 미련함은 벗어진 것이 아니다. 미련한 자의 미련함은 그의 행위에 근거한 판단이 아니다. 자기 행위를 바른 것으로 '여긴다'는 내면의 자의식에 근거한다.

나 자신의 행위를 바르게 여긴다는 것은 행위의 시시비비 기준이 내게 있다는 무의식적 전제가 깔려 있지 않고서는 불가능한 마음의 태도다. 반면 권고를 듣는 자의 지혜는 자기 행위에 대한 판단의 기준을 자신에게 두지 않는다는 것에 근거한다. 이처럼 판단의 출처가 미련함과 지혜를 좌우한다. 이런 맥락에서 바울은 타인의 판단을 작은($ἐλάχιστόν$) 것으로 여기면서 자신도 자신을 판단하지 않는다고 말한다.

판단을 받는다고 하늘이 무너지지 않는다. 오히려 타인의 판단에 귀를 기울이는 겸손한 마음의 태도가 이미 지혜의 샘이다. 그런 분들은 하나님께 귀를 기울이며 하나님의 뜻을 기준으로 삼을 분들이기 때문이다. 지금 판단을 두둔하는 게 아니다. 아무도 판단하지 말아야 한다. 자신이 헤아린 그 헤아림을 따라 자신도 헤아림을 받는다고 바울은 충고한다.

요지는 우리 각자가 자신에 대해 어떠한 태도를 가져야 하느냐다. 타인을 판단해도 된다는 게 아니라 타인의 판단을 너끈히 수용하고 비록 뾰족한 경우에도 경청하는 마음의 여백을 넉넉히 마련해 두자는 이야기다. 타인의 판단을 듣고 품으면 나도 지혜롭고 타인도 치유된다. 참으로 요상하나, 엄연한 사실이다. 말씀은 언제나 쌍방의 원윈을 지향하나 보다. 오늘은 내가 나 자신의 판단자가 되지 않아야 한다는 잠언을 의식의 전광판에 선명하게 새겨 두련다.

46
속임과 희락의 출처

악을 꾀하는 자의 마음에는 속임이 있고 화평을 의논하는 자에게는 희락이 있느니라 (잠12:20)

속임은 악을 도모하는 자의 마음으로 소환된다. 악의 도모와 속임은 결코 분리될 수 없는 단짝이다. 속임의 극복은 정직의 고수에서 비롯되지 않는다. 오직 악을 도모하지 않는 마음을 품어야 가능하다. 악을 도모하면 가장하는 일들이 뒤따른다. 없는데 있는 척하고, 모르는데 아는 척하고, 사랑하지 않은데 사랑하는 척하고, 기쁘지도 않은데 기쁜 척하고, 진심이 없는데 진심인 척하는 일들이 뒤따른다.

악을 도모하는 자는 결코 빛으로 나아오지 아니한다. 그러면 자신의 불쾌한 정체가 드러날 수 있어서다. 온갖 종류의 속임수가 표정과 행동과 언어를 뒤덮는다. 그러나 고작해야 나뭇잎 치마에 불과한 속임수다. 악을 도모하는 것 자체가 속임수에 대한 초청이다. 그런 마음에서 속임이 스멀스멀 움튼다. 악을 미워하는 것은 거짓을 멀리하는 것이고 여호와를 경외하는 것이라는 지혜자의 잠언은 옳다. 악을 미워하는 것이 속임에 대한 우리의 대응이다.

마음의 희락은 화평을 의논하는 자에게 찾아온다. 희락의 확보는 마음의 결단으로 되지 않고 집착도 무용하다. 희락은 화평을 도모하는 자의 마음에만 머문다. 화평하는 사람의 표정과 언어와 행동에는 늘 희락이 깃들어 있다. 화목을 도모하지 아니하는 자의 마음에는 희락이 없다. 사람들은 때때로 왜 나에게는 슬픔이 있고 우울이 있고 걱정이 있고 눌림과 침체가 있는지를 묻는다. 이유를 몰라서다. 그러나 성경은 그 이유를 더불어 화목하지 아니하기 때문이라 한다.

속임과 희락은 마음의 도모에서 비롯되는 파생적인 현상이다. 선을 도모하는 자의 마음에는 속임이 출입할 수 없고 불화를 일으키는 사람의 마음에는 희락이 없다.

47
자기노출

미련한 자는 자기의 미련을 퍼뜨린다 (잠13:16)

한 사람의 행실은 그 사람의 됨됨이를 드러내는 법이다. 지혜자는 다른 곳에서 "비록 아이라도 자기의 동작으로 자기 품행이 청결한 여부와 정직한 여부를 보인다"(잠20:11)고 했다. 내게서 나간 모든 것들이 나를 고발한다. 무엇을 말하고 어떠한 것을 행하여도 일차적으로 말과 행위의 대상이 아니라 말과 행위의 당사자가 노출된다. 많은 것을 말하고 여러 사람에게 무엇을 행하여도 이를 통하여 알려지는 것은 결국 자기 자신이다. 그래서 삶은 말에서나 일에서나 자기 노출이다.

지혜로운 자는 지혜를 퍼뜨리고 미련한 자는 미련을 퍼뜨린다. 내게서 나오는 내용물은 조작의 대상이 아니다. 아무리 화려한 언어의 옷을 입히고 거짓된 선행으로 가려도 변경하지 않는다. 미련한 자에게서 미련 이외의 것이 나올 것이라는 야무진 기대는 인간에 대한 몰이해의 소산이다. 마음에 쌓인 것이 미련이면 그것을 입술로 출고하든 행위로 발산하든 어떠한 형식으로 배설하든 내용물은 미련이다. 그래서 늘 조심해야 한다. 입술을 과하게 열어 미련을 대량으로 살포하는 것은 심히 어리석다. 충분한 분량의 미련을 쏟아내지 않으면 직성이 견디지를 못하는 고집스런 습성, 그게 다 자신의 모습이다.

인간이 하나님 앞에 서면 어떠할까? 바울은 "하나님의 미련한 것이 사람보다 지혜 있다"(고전1:25)고 말한다. 최고의 지혜자라 할지라도 하나님 앞에서는 미련의 달인으로 발견된다. 그래서 전도자는 "하나님 앞에서 함부로 입을 열지 말며 급한 마음으로 말을 내지 말라"고 권고한다. "하나님은 하늘에 계시고 너는 땅에 있"기에 급이 다르단다. "말을 적게 하는 것"은 마땅하다. 게다가 "말이 많으면 우매한 자의 소리"가 나오고 허물도 많아진다. 그러니 그나마 침묵이 상책이다.

어디에나 말들이 많다. 미련한 아우성이 곳곳에서 목격된다. 타인에 대해서 말하는데 오히려 자신의 미련을 퍼뜨리는 형국이다. 타인의 잘못을 지적한다고 내가 옳아지는 게 아니고 타인의 무지를 고발하면 나의 박식함이 입증되는 게 아니다. 타인의 경박을 꼬집으면 나의 언행이 진중하게 여겨지는가? 타인의 헐렁한 기준을 꼬집으면 나의 엄밀한 수준이 드러나는 게 아니며 타인의 부패를 정죄하면 나의 의로움이 확보되는 게 아니다. 오히려 반대의 결과가 빚어진다. 타인의 무언가를 제보하는 듯하지만 실상은 자신의 어떠함만 노출한다. 그런데도 부끄러운 줄을 모른다.

고발하는 것보다 덮어주는 것이 지혜롭다. 무엇보다 자신의 미련함을 주 앞에서 수습하는 것이 다른 무엇보다 급선무다. 공이로 찧을지라도 벗겨지지 않는 자신의 미련함과 직면하면, 타인의 못난 모습을 꼬집고 까발리는 것보다 스스로를 돌아보는 편이 더 우월하고 유효함을 지각하게 된다. "우리의 죄를 따라 우리를 처벌하지 않으시며 우리의 죄악을 따라 우리에게 그대로 갚지는 않으신" 주님처럼 사랑과 용서가 언제나 우선이다. 정의라는 이름으로 판단의 칼을 잡을 때에는 사랑하는 만큼 휘두를 수 있다. 사랑이 없는 정의의 어떠한 구현도 의로움과 무관하다.

인간의 미련함은 천박하고 유치한 방식을 취하기도 하지만 고상한 이름으로 고상한 방식으로 표출되는 경우가 더 빈번하다. 그래서 미련을 미련으로 알지 못하고 표출을 중단하지 않는 부작용도 심각하다.

48
미련의 정체

미련한 자는 죄를 심상히 여겨도 (잠14:9)

자신의 미련함을 진단하는 척도는 죄를 심상히 여기느냐 아니냐에 있다. 죄는 죄의 대상인 하나님과 죄의 주체인 인간이 맞물린 용어다. 죄를 심상히 여긴다는 것은 죄의 대상이신 하나님을 범사에 인정하지 않는다는 의미를 내포하고 있다.

죄는 본질상 하나님 앞에서의 죄를 의미하며, 경중을 무론하고 언제든지 하나님을 겨냥한다. 사람이나 다른 피조물과 직접적인 연관을 맺더라도 궁극적인 면에서는 하나님과 관계한다. 죄를 심상히 여긴다는 것은 하나님이 안중에도 없다는 의미이다.

죄는 사실 형체도 없고 색깔이나 냄새도 없고 거처도 없고 흔적도 없다. 그런 대상을 심상히 여기지 않으려면 죄 자체와의 소극적인 씨름보다 하나님을 경외하는 방식이 보다 적극적인 상책이다. 지혜자는 하나님을 경외하는 것이 죄를 미워하는 것이라고 했다.

죄와의 반복적인 씨름보다 하나님 경외와 하루종일 뒹구는 씨름이 정신적인 건강에도 유익하다. 어떤 곳에서 여호와 경외는 "주의 인자를 바라는 것"이라고 언급되어 있다. 주의 인자를 자신의 생명보다 바라는 것이 여호와 경외이며 죄를 미워하는 것인 셈이다.

사람의 미련은 "곡물과 함께 절구에 넣고 공이로 찧어도" 벗겨지지 않는다고 지혜자는 판단한다. 이는 죄를 심상히 여기는 자의 습성이 좀처럼 제거되지 않는다는 의미로도 여겨진다. 이런 사실이 바로 하나님의 은혜가 요구되는 지점이다.

그 은혜를 힘입어, 하나님을 경외하고 그의 인자를 갈망하는 경건의 지속적인 연습이 필요하다. 그 연습이 단회적인 행위가 아니라 일상적인 삶으로 굳어지기까지…….

49
사생활과 공생활

마음의 고통은 자기가 알고 마음의 즐거움도 타인이 참여하지 못한다 (잠14:10)

우리의 마음을 우리보다 더 잘 아시는 주님과만 공유하는 감정의 영역이 있다. 타인이 출입할 수 없는 진정한 의미의 사생활 영역이다. 우리가 서로를 사랑하고 격려하고 더불어 기뻐해도 서로의 속을 다 알지는 못한다. 그러니 사람의 위로는 한계가 있고 타인의 형통을 내 일처럼 기뻐하는 것도 야무진 기대일 뿐이겠다. 당연히 주변에서 알아주지 않는다고 서운해할 필요 없다. 그렇다고 고립의 운명에 무거운 한숨을 뿜으라는 얘기는 아니다.

인간의 마음은 본래 고난의 때에 유일한 안식처가 주님이고 즐거움이 있어도 '그리스도 안에서만 자랑'할 수밖에 없도록 지어졌다. 이런 창조의 원리에서 고립과 고독의 문제가 풀어진다. 고통이든 기쁨이든 진정한 마음의 소통과 공감이 그리스도 안에서는 그래도 가능하기 때문이다. 이런 맥락에서 교회가 진정한 공동체다. 그리스도 안에서 서로의 마음을 주님께서 아시는 분량으로 공감하는 것보다 더 깊은 교류가 다른 곳에서는 없어서다.

"위로하라 내 백성을 위로하라." 이사야의 입술을 움직여 외친 주님의 목소리다. '함께 그리스도 안에 거하라'는 말의 다른 표현처럼 들린다. 그리스도 안에 거하면 타인의 고통과 즐거움이 마음으로 소통된다. 그런 고통과 즐거움이 서로의 마음에 흐르면 그게 위로와 사랑의 견고한 띠가 되는 거다. 그게 교회의 모습이다. 그리스도 안에 더불어 거하면서 희로애락의 전영역을 그런 방식으로 공감하고 소통하는 것 말이다.

고통과 즐거움의 은밀한 내용이 확보되면 교묘하게 타인을 정복하고 조종하려 드는 공동체 파괴자의 고약한 근성이 교회마다 불쾌한 존재감을 드러낸다. 현실이다. 이는 서로를 적당히 아는 것도 비록 고립과 고독의 모양을 취하기는 했으나 우리를 보호하는 하나님의 섭리로 봄이 타당한 이유다. 적당한 분량의 소통과 공감이 우리를 보호한다. 그래서 적당히 알고 적당히 모르는 게 감사하다. 너무 깊이 알려고 하는 사람의 지나친 접근을 경계함이 오히려 지혜롭다.

50
성경의 경제학

악인의 소득은 고통이 되느니라 (잠15:6)

"소득"이란 어떤 것의 소유권이 자신에게 이전되는 현상을 일컫는다. 나아가 이로 말미암은 능력과 자유의 확대로도 해석된다. 우리에게 어떤 것이 주어지면 혹은 취득되면 유쾌함이 정상인데 악인은 그렇지가 않다고 지혜자는 주장한다. 일반 사람의 생각에 소득과 고통은 어울리지 않는 개념의 조합이다. 하지만 악인에 대해서는 그렇지가 않다. 이는 선한 자들의 상황과는 심히 대비된다. 선한 자의 능력과 부와 지혜와 지식이 자랄수록 본인은 물론이고 주변 사람들도 더욱 크게 기뻐하고 환영한다. 그러나 악인은 능력과 부와 지혜와 지식이 확대되면 될수록 본인은 물론이고 주변 사람들을 위험에 빠뜨린다. 그리고 그들에게 가해지는 위협도 증대된다.

지혜자는 우리에게 소득 자체의 증감보다 취득자의 상태가 더 중요함을 교훈한다. 우리는 대체로 우리의 선악 상태보다 소득의 유무에 더 예민하다. 지혜자는 지금 그러한 우리의 일그러진 관점과 우선순위 상태를 교정하려 한다. 악할수록 부가 고통이고 선할수록 부의 유무에 좌우되지 않는다. 마음의 선악이 선행하고 삶의 빈부가 뒤따른다. 이것이 뒤바뀌면 가치가 왜곡되고 질서는 전도되고 도모와 삶과 행실의 방향은 역행한다. 어떤 이에게는 빈곤과 무지, 중지가 유익이다. 그러나 다른 이에게는 부가 유익이고, 지식이 유익이고, 활동이 유익이다. 동일한 사람의 경우에도 어떤 때에는 부가 유익하고 어떤 때에는 빈곤이 유익이다.

우리가 악인이 아니라는 착각에 본문이 우리와는 무관한 것이라고 생각하기 쉽다. 그러나 우리가 비록 중생자라 할지라도 때에 따라서 선하기도 하고 악하기도 하다. 그러므로 본문은 우리에게 주어진 지혜와 교훈의 말씀이다. 우리는 삶 속에서 과분한 소득과 부당한 손실을 골고루 경험한다. 소득이 기쁨인 것만도 아니고 손실이 고통인 것만도 아니다. 우리가 선할 때에는 소득이 우리와 다른 모두에게 유익이며, 악할 때에는 소득이 우리만이 아니라 다른 이에게도 고통이다. 악할 때에는 소득보다 손실이 고통의 제거이며, 스스로를 성찰하게 만들기에 유익이고 기쁨이다. 소득이 고통이지 않으려면 선한 됨됨이가 우선이다. 악한 자에게는 소득이 고통이기 때문이다.

이것이 성경의 경제학적 원리이다. 수요와 공급에 의해 결정되는 재화나 화폐의 흐름보다 인간의 됨됨이가 기준이다. 하나님의 경제학은 시장경제 개념과는 판이하다. 모든 사람들이 자유롭게 경제활동 주체로 시장에 참여하고 있지만 거기에 어떠한 강제성도 부과하지 않으면서 하나님은 하나님의 뜻을 온전히 이루시는 경제의 주체시다. 사람이 마음과 행위로 경제의 흐름을 결정한다 할지라도 하나님의 뜻을 이루고 인간 됨됨이를 고려한 경제의 본질은 하나님이 정하신다. 하나님이 보시는 화폐와 재화는 하나님의 뜻을 이루고 인간에게 궁극적인 유익을 제공하는 하나의 수단에 불과하다. 수단은 언제나 수단적인 기능 이후에는 본연의 모습으로 돌아가는 것이 최상이다.

악인의 소득은 고통이 최상의 기능이다. 우리가 악할 때에는 손실이 비록 겉으로 보기에는 경제적인 후퇴지만 속으로는 됨됨이의 진전이다. 하나님의 뜻은 이처럼 경제적 흥망이 좌우하지 못한다. 오히려 어떠한 경제적인 상황도 하나님의 뜻에 이바지할 수밖에 없다.

51
겸손은 존귀의 앞잡이다

여호와를 경외하는 것이 지혜의 훈계요 겸손은 존귀의 길잡이다 (잠15:33)

겸손을 걷어차는 것은 존귀의 길잡이를 해고하는 짓이다. 지혜자는 겸손의 핵심을 여호와 경외하는 지혜에서 찾는다. 하나님 앞에서의 태도가 겸손과 직결되어 있다는 얘기다. 사람들 앞에서 겸손해 보이는 사람들이 하나님 앞에서는 오만의 지름길을 남몰래 활보하는 경우가 허다하다. 타인을 속이는 경우도 있지만, 때때로 스스로도 속는다.

겸손은 사람이 아니라 하나님 앞에서의 태도이다. 너무도 착해서 법 없이도 살 사람이 의도된 계략이든 무의식적 돌발이든, 사람들의 막연한 기대치를 뚫고 짐승의 발톱을 드러내는 사례가 많다. 사람이 변하지는 않았는데, 사람들 앞에서만 다르게 나타난 것이다. 하나님을 경외함 없이도 겸손에 이르는 사람은 없다. 여호와를 경외하는 방식으로 겸손해진 사람의 향기는 존귀이다. 맡아본 바에 의하면 그건 봄의 향기보다 진하다.

살다가 존귀한 사람을 드물게 만난다. 하나님을 경외하는 자다. 그를 알아보게 한 건 입술의 파장이 아닌 겸손의 향기였다. 가공되는 순간 악취를 발하기에 모조품이 나올 수 없는 향기이다. 마음이 겸손하고 온유하신 그리스도 예수의 향기는 겸손한 사람들을 통해 이 땅에서도 뿌려진다. 이게 성경이 말하는 복음 증거의 방식이다.

꽃의 향기는 십 리를 가지만 인품의 향기는 만 리를 간단다. 꽃보다 향기로운 것이 사람다운 사람의 향기이다. 그러나 사람은 하나님을 경외하는 지혜와 겸손 이외에 다른 어떤 식으로도 그런 향기가 나오지 않도록 지어졌다. 같은 원리를 따라서 우리가 하나님을 기쁘시게 하면 원수라도 더불어 화목하게 되는 것이다. 그래서 하나님과 원수되었던 자 즉 우리도 그리스도 때문에 미워하는 자에게 복음을 증거하게 된다.

52
악인의 존재에도 목적은 있다

하나님이 모든 것을 자신의 목적을 위해 지으시되 심지어 악인도 악한 날에 그렇게 하시었다 (잠16:4)

모든 것은 하나님이 의도하신 목적을 위해 지어졌다. 악인도 예외가 아니라는 입장을 지혜자는 피력한다. 함의가 심오하다.

먼저, 존재하는 모든 사물과 사건과 사태는 하나님이 계획하신 목적과 무관하지 않다는 이야기다. 유쾌한 일이든 불쾌한 일이든 하나님의 목적을 떠나서는 어떠한 것도 올바르게 이해되지 못한다. 그러므로 하나님의 목적을 따라 모든 것을 숙고할 때 그것의 가장 정확한 가치와 의미에 도달한다. 이는 나의 가치관과 나의 기호와 나의 유익에 근거한 자기 중심적인 눈으로는 무엇을 보더라도 굴절된 의미와 왜곡된 가치가 양산될 수밖에 없다는 말이겠다.

그러나 사람들은 대체로 모든 것들이 나를 위해서 존재해야 한다고 생각한다. 그래서 나의 가치관에 충돌되는 것은 무언가 잘못된 것이라고 판단한다. 나의 기호에 거슬리는 것은 거침없이 거절하거나 증오로 응수한다. 나에게 유익이 되지 않는다면 나쁜 것으로 간주된다. 이러한 이유로 사물과 사태와 사건에는 무질서가 초래되고 왜곡이 조장되고 갈등이 형성되고 다툼이 유발된다. 하지만 어떠한 경우에도 문제의 원흉은 결코 자신이 아니라고 확신한다.

이렇게 해서는 문제의 매듭이 풀어지지 않는다. 먼저 모든 것이 하나님의 목적을 위해 존재하고 운영되고 있음을 인정해야 한다. 존재의 가치를 신적인 목적에 기여하는 것에서 찾고, 사태나 사건의 의미를 그런 관점으로 읽어야 한다. 그러고 나서 자신을 돌아보면 문제의 핵심이 파악된다. 문제의 근원은 우리의 가치관과 유익과 기호가 죄로 심각하게 왜곡되어 있다는 사실에서 찾아진다. 하나님의 목적과 가치관과 기호를 나의 것으로 삼는 게 최상의 해법이다.

이러한 지혜를 가지고 시련과 풍랑과 아픔과 고통을 직면해야 한다. 어디를 가도 나를 너무나도 아프게 하는 사람들이 있다. 가정이든 직장이든 교회든 학교든 때와 장소를 불문하고 그런 부류의 사람들이 존재한다. 그들을 어떤 식으로든 제거하는 것은 기독인의 해법이 아니다. 상황을 모면하기 위해 세상은 대체로 이혼이나 호적을 파내거나 파면, 퇴직, 퇴학, 투옥이나 이사 등의 일시적인 처방을 동원한다. 그러나 기독인의 접근법은 다르다.

하나님의 사람들은 무엇보다 하나님의 섭리를 먼저 생각한다. 문제의 가까운 원인들을 제거하는 것보다 하나님의 뜻과 목적을 먼저 더듬는다. 이런 맥락에서 보면, 즐거운 상황도 함정일 수 있고 괴로운 상황도 선물일 가능성을 수용하게 된다. 심지어 악한 사람들의 사악한 행동들이 사방을 우겨싼다 할지라도 악한 날에 하나님의 계획이 수행되는 수단들일 수 있음을 인정하게 된다. 범사에 하나님을 인정하는 것은 쉽지가 않다. 그러나 이유를 불문하고 이것이 최상의 해법이다. 아무리 불우한 가정에서 태어나고 자랐어도, 아무리 조화되기 어려운 배우자를 만났어도, 아무리 고약한 상사가 괴롭혀도, 아무리 순종하지 않는 자식들이 말썽을 부려도, 아무리 난폭한 급우가 옆자리에 있더라도 하나님의 섭리를 벗어나는 경우는 없다. 이렇듯 하나님의 뜻과 목적이 알려지는 계기가 아닌 경우는 존재하지 않는다. 그래서 우리는 어떠한 상황 속에서도 절망하지 않는다. 하나님의 뜻과 목적을 맞이할 기대와 설레임이 절망과 좌절을 대신한다.

53
재앙에 대한 반응

사람의 재앙을 기뻐하는 자는 형벌을 면하지 못할 자니라 (잠17:5)

여기서 "사람"은 특정인이 아니라 하나님의 형상대로 지음을 받은 모든 사람들을 가리킨다. 재앙이 기쁨을 유발하는 경우는 대체로 그것이 악인에게 혹은 원수에게 닥쳤을 때이다. 평소의 행실이 음란하고 가증하고 사악한 사람에게 재앙이 임하면 마치 하나님의 공평이 구현되는 듯하여 겉으로는 표현하지 않아도 속으로는 은밀히 쾌재를 부른다.

하나님은 행한대로 갚으시는 분이라는 하나님에 대한 지식이 쾌재의 든든한 보증이 된다. 그런데 오늘 지혜자는 사람의 재앙은 일체 기뻐하지 말란다. 그런 자는 형벌을 면할 수 없기 때문이다. 그러므로 악인이나 원수의 재앙과 패망을 목격할 때 우리는 어떻게 반응하는 것이 올바른 것인지에 대해 신중해질 수밖에 없다.

사람의 재앙, 특별히 악인이나 원수의 재앙을 기뻐하는 것의 배후에는 일반적인 권선징악 개념이 똬리를 틀고 있다. 물론 악한 일을 경계하고 선한 일을 권하는 것은 결코 나쁘지 않고 오히려 올바르다. 그러나 선악의 판별과 그것에 대한 심판에 있어서 사람의 사사로운 기준이 작용하는 경향이 있어 보인다.

재앙은 나의 초라한 힘이 아니라 하나님의 전능한 주먹이 사용된 것이다. 내 자신의 사사로운 견해나 관여 없이도 나의 기준이 화끈하게 구현되고 옳다고 확인된 사건이다. 이로써 밖으로 들키지 않고도 나의 기준과 판단이 은밀하게 미소지을 수 있는 계기를 마련해 준 셈이다.

'기뻐하는 것'은 간단하지 않다. 기뻐하는 것은 인간 존재의 대단히 복잡한 심리적 작용이 밀어낸 결과적 현상이다. 당연히 결과로서 기쁨은 인간의 본질과 상태가 고스란히 드러나는 출구다. 우리로 기쁘게 하는 대상이 어떤 것인지를 살펴보면 그것에 호응하는 우리의 내면이 보인다. 지혜자는 단순히 재앙에 대한 기쁨의 표면적인 반응을 문제삼은 것이 아니다. 기쁨이란 현상으로 표출된 내면의 상태와 문제의 심각성을 꼬집는다.

이 땅의 사람들이 당하는 모든 재앙의 주체는 얼마든지 나 자신일 수 있다. 재앙을 볼 때마다 두려워하고 떨어야 할 것이며, 재앙을 당하는 자들을 불쌍히 여기고 함께 아파하는 게 마땅한 반응이다. 하나님은 누구시고, 우리는 어떤 자인지를 돌아보고 하나님의 긍휼과 자비를 구하는 자리에 엎드리는 게 올바른 태도이다.

우리는 늘 무수한 재앙으로 둘러싸여 있다. 무시로 반응해야 하는 상황에 처해 있다. 아주 일상적인 현실에 대한 우리의 반응이 어떠해야 함을 지혜자의 권고에서 배운다. 어떠한 재앙이든 기뻐하지 말아야 한다는 것, 하나님을 두려워 해야 한다는 것, 우는 자로 함께 울어야 한다는 것을 명심하려 한다.

54
뇌물의 유혹

뇌물은 그 임자가 보기에 보석 같은즉 그가 어디로 향하든지 형통하게 하느니라 (잠17:8)

뇌물의 유혹은 그걸 활용하면 형통하게 된다는 것에 있다. 그러니 보석으로 보이는 게 당연하다. 세상에서 벌어지는 실상도 이를 두둔한다. 뇌물의 달인들이 권력과 재력을 장악하는 현실 말이다. 그래서 유혹이다. 돌덩이로 보인다면 뇌물에 어리석은 욕심의 지문을 찍지는 않을 것이기 때문이다. 유혹은 달콤하고 탐스럽고 유익하게 보여야 유혹이다. 세상은 그런 유혹으로 충만하다.

아담과 하와는 눈이 밝아져 하나님과 같아질 것이라는 마귀의 유혹에 타협의 손을 내밀었다. 죄와 무관했던 첫 조상도 무너졌다. 놀랍게도 마귀의 유혹은 거짓이 아닌 듯하였기 때문이다. 실제로 그들은 눈도 밝아지고 하나님도 그들이 '우리와 같이' 되었다고 하셨다. 눈앞에 펼쳐지는 객관적인 사실이 수단으로 동원되는 유혹은 그만큼 은밀함도 깊고 달콤함도 짙은 법이다. 유혹은 대체로 그런 속성을 가졌다.

세상에는 잘못을 저질러도 뒤탈이 수반되지 않는 경우가 허다하다. 이처럼 즐비한 임상적 증험들이 거룩한 법에서의 탈선을 부추긴다. 게다가 주님의 길이 참으심 때문에 즉각적인 징계가 없어 보이므로 하나님도 행악에 동조하는 것처럼, 그들과 별반 다르지 않은 분인 것처럼 느껴질 정도다. 이 정도면 양심도 적당히 설득되어 고발의 기능도 쉬 마비된다. 법과 제도도 이를 두둔하는 방향으로 정비되는 건 자연스런 수순이다.

이런 게 세상이다. 세상의 두터운 혼탁에 답답해 할 필요 없다. 해아래 세상의 정상적인 모습이기 때문이다. 다만 소금과 빛의 필요성이 교회를 응시하고 있다는 역방향 관찰은 놓치지 말아야 한다. 그렇지만 작금의 교회가 그런 혼탁의 원흉이나 되지는 말라는 질타만 면해도 좋겠다는 하한선 희망에도 부응하지 못할까봐 안타까운 마음이 앞선다. 무엇보다 '뇌물'로 인한 형통이 그림자도 얼씬거릴 수 없도록 교회가 먼저 정화의 발걸음을 내디뎌야 하겠다.

55
기쁨이 실력이다

미련한 자는 명철을 기뻐하지 아니하고 자기의 의사 퍼뜨리는 것을 기뻐한다 (잠18:2)

가정예배 시간에 이 말씀으로 아이들과 3가지의 교훈을 나누었다. 첫째, 자신의 의사 퍼뜨리는 것을 자제해야 한다는 것과 둘째, 무엇을 기뻐하고 있느냐가 나를 진단하는 것이라는 사실과 셋째, 기쁨의 체질은 인간이 스스로 변경하지 못하므로 명철을 기뻐하는 체질을 하나님께 간구해야 한다는 것이었다. 그 간구는 하나님의 기쁨이 나의 기쁨이 될 때까지다.

내가 기뻐한다 할지라도 행하지 말아야 하는 것들은 자제해야 한다. 행함으로 인해 자신과 타인에게 피해가 주어지기 때문이다. 우선 내가 기뻐하는 것이 좋은 것이라는 보증이 없다. 만약 하나님의 기쁨이 나의 기쁨이면 안심해도 되겠다. 그렇지 않은 것들은 다 자제의 대상이다. 내가 무엇을 기뻐하고 있는지를 살펴보면 내가 누구이며 어떤 성향의 사람인지 확인된다. 나의 지식, 나의 생각, 나의 판단, 나의 소유, 나의 유익, 나의 논리만 사방으로 발산하는 사람들이 있다. 그것을 무진장 기뻐한다. 그의 생은 '나의' 기쁨을 추구한다. 그런데 어리석은 사람이다.

내가 무엇을 기뻐하고 있느냐가 실력이다. 신령한 것을 기뻐하는 자에게는 하나님 앞에서의 경건이 기쁨이다. 일평생 기쁨으로 하나님을 지향한다. 명철을 기뻐하는 자는 지식과 지혜가 즐거움 중에 축적된다. 그렇지 않으면 지식과 지혜의 습득이 고역이다. 글쓰기를 기뻐하는 자는 책과 논문을 생산하는 일이 고단하지 않다. 소통이 기쁨인 사람은 사람들과 대화하는 것이 에너지의 고갈이나 정신적 탈진으로 이어지지 아니한다. 사람들을 만날수록 기쁨이 증폭된다. 물론 분기점은 있다. 꿀도 족하리만치 먹어야 하듯이.

부모는 자녀들의 그릇된 행실을 교정해야 한다. 그러나 무엇보다 자녀들이 기뻐하는 것에 대해 깊은 관심을 가져야 한다. 기호가 교정되지 않은 상황에서 자녀들과 싸우는 것은 감정만 상하게 하고 갈등의 골만 깊어지게 한다. 기쁨이 관건이다. 무엇보다 나 자신은 무엇을 기뻐하고 있는지에 대한 깊은 성찰로 하루를 시작하자.

56
허물을 덮으라

허물을 용서하는 것이 자기에게 영광이다 (잠19:11)

설명이 필요하지 않은 너무나도 단호하고 명료한 말씀이다. 대단히 실천적인 말씀이기 때문에 분석보다 순종이 해석이다. 허물을 용서하는 것은 두 가지 씨름을 요구한다. 첫째는 허물을 분별하는 나의 기준을 부인하는 것이다. 옳고 그름의 차원에서 부인하는 것이 아니다. 그런 차원을 떠나서 허물이 있는 자들의 존재를 인정하는 것을 의미한다. 그들도 하나님의 형상대로 지음을 받았으며, 여전히 천하보다 귀하다. 지금 내 가치의 그물망에 걸린 허물 하나로 그 사람의 전인격과 신앙을, 나아가 그가 하나님 앞에서 가진 가치까지 평가하고 단정하는 것을 중단해야 한다는 말이다.

두번째는 허물이 사람과의 관계성에 영향을 주지 않도록 기억에서 지워질 정도로 망각해야 한다는 것이다. 우리는 상대방의 과거에 대한 지식이 그 사람을 더 잘 이해하게 만든다고 생각한다. 그러나 경험으로 드러난 것, 그것도 겨우 몇 번의 관찰된 모습이 보여주는 그 사람의 모습은 때때로 그 짧은 경험에 갇혀 오히려 그 사람의 본모습을 보지 못하게 하는 장애물로 작용하는 경우가 많다. 성경이 인간에 대하여 보여주는 모습보다 더 정확하고 온전한 설명은 없다.

다시 말하면 하나님이 그를 보는 시각까지 이르러야 비로소 그 사람의 참모습을 알고 용납할 수 있게 된다. 한 사람의 허물을 덮어주는 것의 적극적인 면은 망각이 아니라 그를 사랑하는 것이다. 사랑과 용서는 병행한다. 사랑은 있는데 용서가 없고, 용서는 있는데 사랑이 없을 수는 없다는 말이다. 사랑해 보라, 용서해 보라, 허물을 덮어보라. 순식간에 내면을 채우는 영광을 경험하게 된다. 허물을 덮어주는 것의 영광은 그래서 행동이요, 순종이다. 그러면 깨닫는다.

성경의 상당한 구절에서 행하고자 하면 그 말씀이 뉘에게서 왔는지, 그 뜻은 무엇인지 깨닫게 된다는 예수님의 말씀은 성경 해석학에 신선하고 결정적인 원리이다

57
경외: 생명에 이르는 길

여호와를 경외하는 것은 사람으로 생명에 이르게 하는 것이니라 (잠19:23).

여기서의 생명은 호흡의 지속보다 하나님의 형상대로 지음을 받은 인간의 인간다운 삶을 의미한다. 즉 여호와를 경외하지 않는 삶은 살아도 죽은 것이라는 의미를 함축하고 있다. 삶이 가치를 담는 그릇이라 한다면 생명의 근원이요 생명 자체이신 하나님을 담았을 때에 비로소 생명의 삶을 사는 것이다. 생명의 하나님이 내 안에 거하시지 않는 인생은 살았어도 산 것이 아니다.

하나님이 내 안에 거한다는 것은 우리의 몸이라는 공간 속으로의 물리적인 좌정을 의미하지 않는다. 내 영혼이 여호와를 경외하는 영적인 내주를 의미한다. 이런 맥락에서 우리 자신은 하나님의 전이고 경배의 처소라고 할 수 있다. 그리고 경외하는 자는 족하게 지내고 재앙을 당하지 않는다고 지혜자는 말을 잇는다. 여기서의 재앙도 물리적인 재앙만을 의미하지 않는다. 만족과 복이라는 것은 복의 근원이신 하나님이 우리 안에 계시기에 어떠한 재앙도 재앙일 수 없다는 역설의 뉘앙스가 강하게 풍기는 말이다.

여호와를 경외하는 것은 사람에게 생명에 이르게 하는 것이라고 생각한다. 불행과 불만과 원망과 격분과 좌절은 대체로 여호와 경외의 부재와 연동되어 있는 듯하다. 죄는 생명을 그 삯으로 요구하고 경외는 생명의 길을 제시하고 있다. 마음에 죽을 것 같은 답답함이 있다면 여호와 경외하는 마음을 기경해 보라. 답답함의 원흉들이 모두 여호와 경외로 상대화될 것이다. 우리 생명은 외부의 환경에 좌우되지 않고 오직 여호와께 속한 것이다. 물리적인 것이든 영적인 것이든.

인생은 하나님이 생명의 근원이고 여호와 경외가 생명의 길이라는 사실을 확인하는 계기들로 충만한 것 같다.

58
이행득의 vs. 이신칭의

온전하게 행하는 자가 의인이라 그의 후손에게 복이 있느니라 (잠20:7)

NIV 역본에는 The righteous leads blameless life로 되어 있다. 그래서 우리의 무흠한 행위가 의로움의 원인이 된다는 오해는 불식된다. 아마도 KJV의 The just man walketh in his integrity에 의존한 번역인 듯하다. 로마 카톨릭의 잘못된 이행칭의 교리를 지적하고 거절하는데서 오는 유익이 있다. 히브리어 원문에는 '온전하게 행하는 자가 의롭다'고 되어 있다.

이 구절은 인간의 행위로 말미암아 의롭게 된다는 이행칭의 교리를 두둔하지 않는다. 그저 온전하게 행하는 자가 의롭다는 사실을 명시하고 있을 뿐이다. 신구약 전체가 의인은 단 한 사람도 없다고 선언한다. 이는 온전하게 행하는 자가 아무도 없다는 뜻을 함축하고 있다. 종합하면 행위가 온전하면 의로운 자가 분명히 맞지만 그렇게 의로운 인간은 아무도 없다는 것이다.

유일하게 온전히 행한 인간이 있었다. 그리스도 예수시다. 그분만이 이 땅에서 온전하게 행한 의인이다. 그분은 믿는 자에게 의로움이 되시기에 그분 때문에 우리도 의인이라 일컬음을 받는다. 우리는 온전하게 행하지 않았기에 직접적인 의의 원천이 될 수 없다. 대신에 의의 원천이신 그리스도 예수의 의를 물려받은 자들이다. 믿음으로 말미암아 온전하게 행하는 의인의 후손이 되었기에 복이 있으리라.

우리에게 주어진 복은 온전하게 행하여서 의롭게 된 자의 복이 아니다.

전적인 은혜를 믿음으로 말미암아 의인의 후손이 된 결과로 주어졌다. 그래서 잠언의 말씀은 이행득의 교리가 아니라 이신칭의 교리와 상응한다. 의인이 무흠한 삶에 이른다고 하거나 의인은 진실하게 행한다고 함으로써 이행득의 교리의 혐의를 애써 벗겨주지 않아도 충분히 해석되는 구절이다.

59
가르치라

마땅히 행할 길을 아이에게 가르치라 (잠22:6)

"가르치라"(חָנַךְ)의 히브리어 원어는 '행실의 영역을 좁혀 하나님께 드려지게 하라'는 뜻이다. 인간의 본성에 달라붙어 있는 온갖 거짓과 불의와 음행과 다툼의 넓은 행동들을 걸러내고 하나님께 드려지기 합당한 주의 자녀로서 마땅히 행할 것들만을 가르치고 키우라는 말이다. 세 명의 자녀를 키우면서 가장 큰 바램은 우리에게 맡겨진 그들을 하나님 앞에 주의 자녀로 온전히 세우는 것이다.

그러나 하나님과 사람에 대한 올바른 지식 없이는 첫걸음도 떼지 못할 길이다. 칼빈이 약관의 중턱에서 이미 간파한 것처럼 하나님의 얼굴을 먼저 응시하지 않고서는 아무도 자신을 이해할 수 없고, 하나님의 빛으로 비추어진 자신의 밑바닥 본성과 비참을 지각하지 않고서는 아무도 하나님을 만유의 주로 고백하고 전심으로 의뢰하지 않을 것이다. 나아가 경건이 없는 곳에 하나님에 관한 지식이 있다고 말할 수 없다. 이처럼 지식과 경건이 입 맞추는 곳에 교육이 있다.

하나님과 사람을 아는 지식만큼 자녀들을 가르칠 수 있다. 게다가 삶의 전반을 움직이는 하나님 앞에서의 경건으로 이루어진 교육이 아니면 자녀들은 아무것도 배우지를 못한다. 집에 앉았을 때나 길에 행할 때, 누웠을 때나 일어날 때에 언제든지 주의 교양과 훈계로 가르치라 하신 것이 유대인의 교육법이 아니라 하나님이 당신의 백성에게 가르치신 교육의 문법이라 한다면, 삶 전체가 교육의 장이라는 이야기다. 교육은 학원의 좁은 교실에 맡겨진 것이 아니다. 좁은 길을 걸으며 주님께 드려지는 삶을 살아가는 부모에게 위탁된 것이다.

이렇게 보니 마땅히 행할 길을 아이에게 가르치란 말은, 마치 우리 부모에게 하나님 앞에서의 마땅한 도리를 교훈하는 듯하다. 배움과 가르침이 서로 등짝을 맞대고 연결되어 있기에 그런 것이다. 목회자의 도리도 깊이 생각하게 되는 말씀이다.

60
약하다는 이유로

약한 자를 그가 약하다고 탈취하지 말며 (잠22:22)

사회적 본성의 정곡을 찌르는 말씀이다. 약한 자가 탈취를 당하는 이유는 간단하다. 그가 약해서다. 이게 세상이다. 부당하고 비겁하다. 그런 부당과 비겁의 향연이 부끄러운 줄도 모르고 편만하다. 알아도 괘념치를 않는다. 사실 강한 자들도 발등에 떨어진 생존의 불 끄기에 급급하다. 재물이 쌓이고 권력이 커지면 안전할 줄 알았는데 그게 아니다. 강해도 여전히 강한 무리들 사이의 거친 정글법칙 때문에 숨이 막히니까 탐욕의 촉수는 보다 만만한 먹잇감을 더듬는다. 당연히 약자가 밥이 된다.

물론 레위기 19장 15절이 지적하고 있듯이 재판할 때에 가난을 이유로 가난한 자의 편을 들지는 말아야 하겠다. 부와 가난은 재판의 유효적 변수가 아니기 때문이다. 재판정은 공의를 세우는 곳이지 자비의 근거지는 아니다. 공의로운 법의 기틀을 세우고 부당하지 않게 집행하는 책무를 추궁할 수는 있겠다. 누구든지 범죄하면 그것에 상응하는 대가를 지불해야 한다는 사회적 합의가 충실히 이행되지 않으면 안되니 말이다.

그러나 가난한 자를 가난하기 때문에, 약한 자를 약하기 때문에 멸시하고 짓밟고 탈취하고 판결까지 굽히는 것은 결코 용납되지 않는다. 그들을 위해 주님께서 친히 신원의 입술을 여시고 그들을 노략하는 무리들의 생명을 제거하실 거라고 말씀하신다. 가난한 자들을 조롱하고 학대하는 자는 그들을 지으신 창조자 하나님을 멸시하는 자이기 때문이다. 가난한 자들은 항상 우리의 곁에 있을 것이라고 예수님은 말씀한다. 맞다. 역사 속에서 어느 사회에든 가난한 자가 없었던 적이 없었다.

그런데 약자는 늘 천대와 멸시를 받았다. 하나님을 멸시하는 인간의 항구적인 본성은 지칠 줄도 모른다는 반증이다. 고의성은 없었을지 몰라도 약자를 약하다고 멸시했던 적이 나에게도 있었다. 물론 나는 자신을 약자라고 늘 생각했다. 지금도 그러하다. 그런데 가난한 자를 학대하는 가난한 자는 곡식을 남기지 아니하는 폭우 같다는 말씀의 감시를 늘 받아왔다. 가난하고 약하다고 해서 가난한 자를 멸시하여 그를 지으신 창조주를 멸시하는 죄에서 면제되는 것은 아니겠다.

오늘은 종일토록 약자를 약하다는 이유로 약탈하는 일은 없어야 한다는 본성 경계령을 발부한다.

61
사유법

대저 그 마음의 생각이 어떠하면 그 위인도 그러하다 (잠23:7)

우리의 삶은 생각이 그린 궤적이다. 생각은 영혼의 활동이다. 생각으로 대표되는 정신활동 주체는 우리의 영혼이다. 큰 영혼의 소유자가 큰 사유의 사람이고 큰 사유의 사람이 큰 사람이다. 영혼이 큰 사람은 어떤 사람인가? 영혼의 크기는 하나님의 형상과 관계한다. 하나님의 온전한 형상을 가질수록 영혼은 커진다. 그럴려면 하나님의 영광의 광채요 그 본체의 형상이신 그리스도 예수로 충만해야 한다. 이는 "말씀"이신 그분을 가리키는 성경을 주야로 즐거이 묵상해야 가능하다. 이렇게 영혼의 크기가 어느 정도 마련되면 본격적인 생각의 방법으로 들어간다. 생각에는 높이와 깊이와 넓이와 길이가 있다. 생각 자체는 인간을 창조하실 때에 모두에게 주신 선물이다. 모든 사람이 생각한다. 그러나 정도에 있어서는 모든 사람들이 다르다.

생각의 높이: 모든 생각은 하나님께 이어져 있어야 한다. 어떠한 것에 대해서든 하나님의 속성과 하나님의 섭리가 고려되지 않은 생각은 높이를 상실하게 된다. 고결하지 못하다. 언제나 범사에 주님의 존재와 속성과 사역을 인정해야 생각이 높아진다.

생각의 깊이: 큰 사유의 사람은 범사에 마지막 근원으로 소급하는 습성을 가진다. 주변에서 어떤 일이 생기면 사람의 근원적인 본성까지 깊숙이 들어간다. 하나의 사건에 다양한 구조적 환경적 도구적 원인들이 있지만

결국 문제의 핵심은 사람이기 때문이다.

생각의 넓이: 우리의 생각은 지구촌 전체를 더듬어야 하고, 나아가 우주를 포함한 전 피조물을 사려해야 한다. 지엽적인 문제를 꼼꼼하게 살피되 온 세상이 의식된 생각과 판단에 이르러야 제대로 사유하는 것이다. 이렇게 생각이 넓으면 지구촌 전체가 늘 궁금하다.

생각의 길이: 생각은 어떤 특정한 순간이나 기간만을 대상으로 삼지 않는다. 시간의 시작도 사려해야 하지만 시간의 시작 이전과 시간의 종말 이후의 영원도 사려해야 한다. 현재에 일어나는 모든 일들은 과거 및 미래와 결부되어 있고 시간 이전과 이후와도 연결되어 있다.

생각에는 경계선이 없다. 모든 시공간을 무시로 출입할 수 있다. 하나님의 성품에도 이를 수 있고, 인간의 가장 깊은 본성에도 이를 수 있고, 온 세상의 땅끝까지 출입할 수 있다. 시간과 영원이 모두 생각의 대상으로 언제나 허락되어 있다. 생각은 창조자의 큰 선물이다. 생각에는 지식과 논리와 상식과 습관과 감정과 상상이 장애물로 기능하는 경우가 빈번하다. 이것들은 생각의 기준이 아니라 방편이다. 하나님과 성경이 생각의 기준이고 원리이고 범례라는 전제가 필요하다. 이는 신학의 원리와도 유사하다. 신학 자체가 생각의 방법이다.

생각은 땅에서의 전제에 지배되지 않아야 한다. 모든 땅에서의 전제를 제거하는 유일한 방법은 믿음이다. 믿음으로 생각의 전제를 제거하는 것이 생각의 차원에서 이루어진 진정한 "자기 부인"이다. 물건을 포기하고 기호를 포기하고 권리를 포기하는 것 이상이다. 마땅히 생각할 그 이상의 생각을 품지 말고 오직 주님께서 각 사람에게 나누어 주신 믿음의 분량대로 지혜롭게 생각해야 한다. 그렇게 이루어진 생각의 높이와 깊이와 넓이와 길이가 클수록 그 위인도 그러하다. 생각의 경계선이 도무지 확인되지 않는 위인을 경험하고 싶다.

62
고아들의 지계석

옛 지계석을 옮기지 말며 고아들의 밭을 침범하지 말지어다 (잠23:10)

"지계석"은 소유의 경계를 표시하는 돌덩이를 가리킨다. "옛"이라는 수식어는 사람의 경제적인 활동으로 발생된 소유지의 변화 이전 상태를 암시한다. 그러므로 "옛 지계석"은 하나님이 믿음의 조상에게 약속한 젖과 꿀이 흐르는 땅을 각 지파나 가족이나 개인에게 최초로 할당한 소유지의 경계를 가리킨다. 성경은 언제나 땅이 하나님의 것이라고 명시한다. 이스라엘 백성이 거주하는 땅은 언제나 하나님의 약속과 소유라는 개념을 수반한다. 땅에 거하는 모든 사람들은 하나님의 소유를 맡은 청지기다.

구약의 율법을 따라 지혜자는 옛 지계석을 옮기지 말라고 경고한다. 고아들의 밭을 침범하는 것은 지계석 이동의 구체적인 사례라는 사실을 곁들인다. 고아들은 연약하고 가난하고 무기력한 존재로 하나님 이외에는 의지할 대상이 없는 사람들을 일컫는다. 그들의 밭을 침범하는 것은 그들의 가난과 무기력을 농락하는 일이고 그들이 유일하게 의지하는 하나님께 맹랑한 도전장을 내미는 것과 일반이다. 하나님이 할당하신 고아들의 밭에 탐욕의 군침을 흘리는 것은 하나님의 통치권을 멸시하고 부정하는 행위이다.

이러한 이유로 지혜자는 고아들의 밭을 건드리면 그들의 강한 구속자가 그들의 원한을 풀어 주신다는 사실을 덧붙인다. 주께서 할당하신 고아들의 몫을 건드리는 자를 갚는 보응의 칼은 하나님의 손에 있다. 그런데도 강한 자들은 약한 자들을 약하다는 이유로 탈취하고 압제한다. 어리석은 오판이다. 약한 자들의 배후에 누가 있는지를 고려하지 못한 판단이기 때문이다. 약자들에게 하나님의 통치가 가장 예민하게 작용한다. 그런데 세상의 강자들은 바로 그 부위를 건드린다. 우매하다. 눈에 보이는 대로 판단하고 행동한다.

우리의 주변에도 가난하고 무기력한 고아들이 많다. 경제적인 고아들, 사회적인 고아들, 지적인 고아들, 심리적인 고아들, 영적인 고아들이 힘겹게 살아간다. 그런 사람들을 비웃거나 홀대하고 외면하는 경우도 종종 발생한다. 그러나 하나님은 그들에게 아무도 탈취하지 말아야 할 밭의 경계를 표시하는 지계석을 두셨다. 그들이 하나님의 형상대로 지음을 받았다는 사실은 지계석의 마지막 보루다. 하나님의 형상대로 지음을 받은 그들의 인격적인 존엄성이 존중되지 않는 것은 옛 지계석을 움직이는 악행이다.

교회 안에서든 사회 속에서든 인간을 인간답게 대우하는 것이 하나님이 태초부터 설정하신 지계석의 위치를 고수하는 선행이다. 지계석 고수는 교회의 울타리 내에서의 종교적 윤리가 아니라 온 세상이 주목하고 주의해야 할 범 인륜적 도덕의 규범이다. 사실 하나님이 명하신 모든 계명들은 지계석의 성격을 가지며 세상에 대해서는 최상의 도덕으로 주어졌다. 그러나 세상이 스스로 깨달아 지계석 개념을 높은 도덕의 차원까지 이해하고 존중하는 것은 기대하기 힘들다. 세상에 지계석의 빛을 비추는 역할은 교회에게 맡겨졌다.

그런데 혹시나 고아들의 지계석 이동에 교회가 앞장서고 있다면 세상에 드리울 도덕의 캄캄함은 예측을 불허할 정도겠다.

63
영혼을 지키시는 분

네 영혼을 지키시는 이가 어찌 알지 못하실까 (잠24:12)

주님의 관심사는 영혼이다. 영혼을 지키시는 자로서 모든 것을 아신다고 하신다. 이는 심오한 지식의 독보적 소유를 자랑함이 아니다. 주께서 주목하고 계신 것이 무엇임을 우리에게 알림이다. 거기에 초점을 맞추어야 우리도 옳은 앎과 삶에 들어간다. 영혼을 지키시는 분의 '지각'은 안구에 걸리는 물상들의 현란한 인과로 장악되지 아니한다. 물살이 만드는 파동에 몰입하지 않으시고 그 저변의 도도한 흐름을 친히 주장하고 아시는 분이시다. 영혼을 대하는 우리의 태도가 그런 분에게 노출되어 있다.

사망으로 끌려가는 자를 건져주지 않고 살륙을 당하게 된 자를 구원하지 않고서도 나는 그것을 알지 못했다는 변명을 내뱉는 자들에게 주님은 마음의 무게를 다시고 영혼의 움직임을 손바닥 보듯이 아시는 분이라고 스스로를 밝히신다. 그리고는 행한대로 우리를 갚으시는 분이라고 천명한다. 허나 사람들의 행함은 영혼의 차원까지 이르지를 아니한다. 대표적인 사례로 이스라엘 백성이 그러했다. 순종을 말씀에서 육신적 행위로의 이동으로 생각했다. 이는 주님 보시기에 마음이 개입되지 않은 헛된 행위였다.

지금도 영혼이 존중되는 행위는 찾아보기 힘들다. 보는 눈을 속이고 듣는 귀에 미끼를 던지는 가식과 연출 차원의 행위들로 충만하다. 군중은 그런 행위에 무의식적 장단을 맞추며 얼추 놀아난다. 이런 짭짤한 보상이 뒤따르니 기회만 되면 동원된다. 그러나 하나님에 대해서든 자신과 타인에 대해서든 모든 일에 하나님은 우리의 마음을 읽으시고 무게를 다신다. 영혼을 지키시는 분이기에 주안점이 다르시다. 우리의 모든 언행심사 일체는 거기에 맞추어야 한다. 마음과 영혼의 차원이 늘 고려된 삶이어야 한다.

시각과 청각의 손을 뻗어서 정보를 취득하고 때때로 추론으로 걸러서 인식에 이르는 인간과는 달리 하나님은 창조하신 분으로서 모든 것을 직관하고 계신다. 마음의 무게도 그분의 지각을 벗어날 수 없으며 영혼의 표정도 그분의 눈 앞에서는 가려지지 않는다. 지으신 것이 하나라도 그 앞에 나타나지 않음이 없고 만물이 우리를 상관하는 분의 눈앞에 벌거벗은 것처럼 드러나 있다는 말씀의 의미를 인간적인 지각의 틀에 대입하면 오해가 빚어진다. 사람의 방식과는 다르게 아시기 때문이다.

주요한 대목은 그분의 신적인 전지가 우리를 고소할 목적으로 발휘되는 것이 아니라 우리의 영혼을 지키시는 방향으로 우리를 상관하고 계시다는 거다. 마음이 천금에 눌려 질식할 정도로 타인에 의해서는 지각될 수 없는 무게를 가졌어도 주님만은 그것을 아신다는 거다. 이 땅에서 빚어지는 억울함과 분통의 무게를 가늠할 정도로 정밀한 저울은 세상에 없다. 타인의 지각이 출입할 수 없는 우리 각자의 마음을 통찰하되 나 자신보다 더 정밀한 차원까지 아시는 유일한 증인은 하나님 뿐이시다. 그분이 그런 인지력에 전능까지 동원해서 우리의 영혼을 지키고 계시다.

무수한 갈래의 생각을 지키려는 시도는 무모하다. 하물며 우리의 영혼을 파수하는 문제가 어찌 우리의 몫일까. 주께서 지키지 않으시면 파수꾼의 경성함도 허사라는 시인의 노래는 사람이 멀쩡하게 살아가는 삶의 배후에는 하나님의 자비롭고 지속적인 일하심이 있다는 감사의 심경을 토로한 것은 아닐까 생각한다. 오늘은 사람에게 형체도 냄새도 색깔도 무게도 부피도 전혀 알려지지 않은 마음을 통찰하고, 그 출입을 알 수 없는 영혼의 상태와 행보도 지키시는 하나님의 은혜를 세미하게 느껴보고 싶다!

64
영혼을 제어하라

자기의 영혼을 제어하지 아니하는 자는 무너져 성벽이 없는 성과 같으니라 (잠25:28)

제어하지 않아도 될 정도로 괜찮은 영혼의 소유자는 없다. 인간은 타락하여 죄악된 본성을 가졌기에 제어될 필요가 있다. 제어해야 한다. 이것을 설명하기 위해 지혜자는 성과 사람을 비교하고 영혼의 제어가 없는 것과 성벽이 없는 것을 비교하고 있다.

성벽이 없는 성은 성의 기능을 못한다. 영혼의 제어가 없는 사람은 사람의 구실을 못한다. 인간은 선하지 않고 악하기 때문에 제어가 없으면 죄악만 저지를 것이다. 성벽이 없으면 원수들의 공격에 벌거벗은 것처럼 노출되듯, 영혼의 제어가 없으면 우리의 원수인 죄의 공격에 무방비로 노출되고 만다.

성벽이 없으면 성의 모든 것들이 위험에 빠지듯, 모든 정신적인 활동의 원천인 영혼도 제어되지 않으면 인간을 위험에 빠뜨리고 만다. 감정도 제어되지 않고, 판단도 제어되지 않고, 생각도 제어되지 않고, 언어도 제어되지 않고, 몸도 제어되지 않고, 행실도 제어되지 않는다.

자신에게 있는 것을 발산하여 달성한 성의 탈환보다 자신에게 있는 것을 제어해서 이루어진 마음의 다스림이 낫다는 지혜자의 말에 절로 고개가 끄덕여진다. 영혼의 제어는 사실 자기를 부인하되 피흘리는 수준 그 이상의 싸움을 치루는 일이다. 이것보다 더 중요한 싸움은 없다.

문제는 영혼을 제어하는 것이 거의 불가능하게 느껴진다는 것이다. 눈에 보이는 혀를 다스리는 것도 심히 어려운데, 보이지 않는 영혼을 다스리는 것은 얼마나 더 어려운 일일까? 어렵다고 포기할 수는 없다. 비법은 은혜밖에 없다. 야고보의 기록처럼 마음은 은혜로써 굳게 함이 아름답다.

영혼을 제어함이 우리에게 있지 않다. 은혜에 속한 일이다. 물론 마음을 다스리고 이성을 다스리고 혀를 다스리고 몸을 다스리는 훈련에 매진해야 한다. 그러나 이것은 은혜가 가득해야 되어지는 일이다. 그래서 우리는 영혼의 제어를 주님께 맡긴다. 내 안에 까칠한 성질이 움직일 조짐이 보이면 곧장 주님을 찾는다.

자기의 영혼을 제어해야 한다는 말을 타인에게 적용하고 자신에게는 적용하지 않는 못된 습성을 경계해야 한다. 영혼이든 마음이든 주께서 지키시지 않으면 파수꾼의 경성함이 허사이다.

65
미련함을 생각한다

미련한 자에게는 영예가 적당하지 아니하다 (잠26:1)

성경은 미련함에 적잖은 관심을 보인다. 무엇보다 미련한 자는 죄를 심상히 여긴다. 죄를 대수롭지 않게 여기는 자보다 미련한 자는 이 세상에서 찾아보기 힘들다. 죄는 하나님과 우리 사이의 관계성을 표상하는 가장 중요한 키워드 중의 하나다. 참으로 중차대한 문제를 고작 껌 수준으로 여기는 정신의 소유자를 미련한 자라고 성경은 규정한다.

성경은 미련한 자를 손에 값을 가지고 지혜를 사려는 자라고 묘사한다. 황금만능 사상 혹은 화폐가치 기준의 거래를 삶의 원리로 간주하고 그 원리를 따라 살아가는 사람은 미련하다. 지혜는 땅에서 어떤 대체물이 있어서 거래될 수 있는 성질의 것이 아니다. 미련한 자는 그런 걸 가리지 않는다. 성경은 이것을 무지라고 표현한다. 그래서 미련한 자는 무지하다.

미련한 자의 분노 표출은 즉각적이고 민첩하다. 눈빛과 표정과 언어를 분노의 출구로 마구 동원한다. 이는 억울한 수욕도 참아내는 지혜로운 자와 사뭇 대조된다. 분노를 다스리지 못하고 이리저리 휩쓸리는 분노의 노예는 미련하다. 자신의 분노가 정당한 것임을 보이려고 공평과 자유 개념을 급히 소환하는 사람은 더더욱 미련하다.

미련한 자는 자기의 길이 늘 바르다고 생각한다. 그래서 자기의 길과 다르면 모두 그르다는 판단력에 늘상 포박되기 때문에 미련하다. 자기의 생각과 다른 것들은 틀리다고 생각하기 때문에 배우려고 하지를 아니한다. 지성과 인격의 지평이 확대되는 기회를 스스로 박탈하는 유아독존 가치관의 노예이기 때문에 미련하다.

미련한 자는 행악으로 낙을 삼는다고 한다. 낙이기에 행악에서 떠나기를 싫어한다. 지혜를 낙으로 삼는 명철한 자와는 다르다. 나에게 즐거운 것을 했을 뿐인데 그게 늘 행악이다. 행악인데 그것이 즐거운 체질의 소유자는 미련하다. 내가 좋아하는 것이 무엇인지 면밀히 관찰하면 행악으로 분류되는 것들이 적지 아니하다. 그것도 모르고 낙의 방편으로 행악과 동거하는 자, 심히 미련하다. 이렇게 미련한 자의 아비는 살아갈 낙이 박탈된다.

슬기로운 자는 지식을 적당히 감추지만 미련한 자는 미련한 것을 떠벌린다. 타인에게 보여지는 것 자체를 삶의 낙으로 여기는 자들이 있다. 가릴 건 가리고 공유할 건 공유해야 하는데, 그 경계선에 질서와 안전감이 없다. 가려야 할 것을 마구 노출한다. 그게 미련함인 줄도 모르고.

미련한 자의 입은 미련한 것에 군침을 흘린단다. 지혜자는 현명한 자의 마음이 지식에 갈증을 느끼고 추구하는 것과 미련한 자의 미련한 입맛을 대조한다. 미련한 것이 당기면 자신에게 미련함이 있다는 표증인데도 그것이 무엇이든 가리지 않고 취하기에 급급하다. 내가 무엇에 갈증을 느끼고 있느냐가 나의 상태를 고발한다.

미련한 자는 명철이 아니라 자기의 의사 표출하는 것을 기쁨으로 여긴단다. 미련한 자는 신중하게 듣고 깊이 생각하여 올바른 판단에 도달하는 것보다 자의 표출에 요란한 조급증을 보인다. 상대방의 입장에는 관심도 없고 무례한 말 자르기도 불사한다.

미련한 자는 눈을 땅끝에 둔다고 한다. 슬기로운 사람은 가까운 곳에서 지혜를 찾지만 미련한 자는 지혜가 멀리 있다고 생각하며 시선을 먼 곳에 던진다. 지혜가 길거리에서, 시장에 여러 출입하는 문에서 존재의 목청을 높이고 있는데도 거기에서 찾지를 아니하고 아득히 먼 곳에서 지혜를 추구한다. 사실 지혜는 어떤 특정한 장소에 있다기보다 명철한 자 앞에서는 언제 어디서나 발견되는 것이다. 미련한 자의 눈은 어디에 머문다 할지라도 지혜를 포착하지 못한다.

미련함은 대단히 완고하다. 성경은 미련한 자를 곡물과 함께 절구에 넣고 공이로 빻아도 그의 미련은 벗겨지지 않는다는 절망적인 진단을 내린다. 미련한 자의 소유는 미련한 것뿐이고 미련한 것만 말한다. 그는 개가 토한 곳으로 다시 돌아가듯 미련한 행위를 지칠 줄 모르고 반복한다. 그래서 미련한 자와 마주치기보다 새끼 빼앗긴 암곰을 만나는 것이 차라리 낫다.

미련한 자에게는 영예가 합당하지 아니하다. 이는 미련한 자를 차별대우하라는 게 아니다. 미련한 자 자신이 영예에서 멀리 동떨어져 있어서다. 영예를 기뻐하지 않고 즐기지도 않고 구하지도 아니하고 심지어 영예가 뭔지도 모르기 때문에 정당하지 않다는 의미이다.

미련함은 땅에서는 도무지 해답이 없을 정도로 심각하다. 비록 "스스로 지혜롭게 여기는 사람"보다 미련한 사람에게 더 큰 희망이 있다는 말이 있지만 이에 상대화될 성질의 문제가 아니다. 미련의 해결은 미련한 자가 소멸되는 것에서 찾아진다. 당연히 해결책은 그리스도 뿐이라고 생각한다. 미련함과 무관한 사람이 한 사람도 없다. 모두에게 해법의 필요성은 절박하다. 물론 멸망할 자에게는 그리스도 예수의 십자가도 미련하게 보인다는 절망이 여전히 미해결로 남지만 말이다.

66
어리석은 자와의 대화

어리석은 자와 같아지지 않도록 그의 우매함을 따라 그에게 대답하지 말고,
어리석은 자가 자기의 눈에 지혜롭게 되지 않도록 그의 우매함을 따라 그에게 대답하라 (잠26:4-5).

이해하기 어려운 말씀이다. 이는 우매한 자에게 대답을 하라는 것인지 말라는 것인지가 뚜렷하지 않아서다. 내가 보기에는 이 말씀이 대답을 하라는 것과 말라는 것 사이의 양자택일 문제를 거론하고 있지는 않아 보인다. 오히려 두 가지 모두를 권고한다.

어리석은 자와 대화할 때에는 그가 설정한 논지와 논리의 우매한 프레임이 있다. 지혜자는 우리에게 그런 우해함을 따라 대답을 "하라"고 권고한다. 그러나 우매자와 같아지는 것은 철저히 경계해야 한다는 단서가 있다. 물론 대단히 어려운 일이다.

그리고 지혜자는 대답을 "하라"는 말에 뒤이어 대답하지 "말라"고도 권한다. 그러나 우매자가 자신의 기준과 판단으로 스스로를 지혜로운 자로 여기도록 방치하는 것은 올바르지 않다고 말한다. 우매자와 그의 우매한 프레임이 싫다고 입을 다물지는 말란다.

우매자가 소통할 수 없는 고매한 기준을 따라 대답하는 것은 아마도 그에게 대답으로 여겨지지 않을 것이다. 알아들을 수 있도록 우매자의 논법을 따라 답하되 그 논법에 동화되는 것은 피하면서 우매자가 스스로 지혜로운 자라고 여기지는 않도록 대답해야 한다.

우매자의 기준을 따라 대답하지 않는 것은 그와 같아지지 않을 수 있는 쉬운 방법이다. 그러나 그런 무반응이 우매자가 스스로를 지혜로운 자로

여기는 결과를 초래하는 것은 지혜자의 의도가 아니다. 그렇지 않은 상황에서 대답하지 않는 것은 지혜다.

　선한 행위 자체가 지혜를 보증하는 것은 아니다. 우매한 자와 소통할 때에 그의 우매함을 따라 대답을 하고 안 하고가 지혜인 것은 방향성에 의존하고 있다. 자신이 우매하게 되는 방향과 우매자가 스스로를 지혜자로 여기는 방향을 피하는 반응이 지혜다.

　대답을 하고 안 하고의 목적과 방향은 어리석은 자와 같아지지 않으면서 어리석은 자가 스스로를 지혜로운 자로 여기는 도취에 빠지지는 않도록 하는 것이다. 우매함을 멀리하는 것만을 추구하는 것이나 우매자의 자아도취 방지만을 추구하는 반응은 다 온전하지 않다.

　이것도 추구하고 저것도 버리지 말아야 한다는 예수님의 어법을 존중함이 이 사안에 대해서도 최고의 지혜이다. 생뚱맞은 비약으로 보이지만 전체를 조망하면 잠언의 키워드인 여호와 경외가 두 마리의 토끼를 동시에 포획하는 비법이다.

67
투기의 기염

분은 잔인하고 노는 창수 같거니와 투기 앞에야 누가 서리요 (잠27:4)

분노는 스스로 마음을 다스릴 수 없는 상태를 일컫는다. 부모가 자녀를 분노하게 해서는 안된다는 바울의 권면은 부모를 공경하고 자녀를 책망하고 훈계한다 할지라도 마음을 스스로 추스리지 못할 단계까지 자녀들을 내몰지는 말아야 한다는 의미가 내포되어 있다. 인류 최초의 살인도 원인은 분노였다. 아벨을 찍은 돌은 가인의 분노가 움직인 것이었다. 물론 죄가 세상에 들어오고 그 죄가 가인을 원하였고 가인은 동생의 죽음을 가져왔다. 그러나 사망이 세상에 출입하는 도상에 분노는 호객꾼처럼 실질적인 충동의 원흉으로 등장한다.

그런데 오늘 지혜자는 그런 분노를 투기의 잔인성과 통제불능 속성의 들러리 정도로 가볍게 언급하고 지나간다. 투기의 실체가 궁금할 수밖에 없어졌다. 이사야 14장 13절의 기록이 힌트를 제공한다. "내가 하늘에 올라 하나님의 뭇별 위에 내 자리를 높이리라." 하나님과 어깨를 나란히 겨누려는 무례와 교만이 문제의 본질이다. 사단은 그런 본성을 숨기지 못하고 태초의 사람에게 하나님과 어깨를 겨누라고 유혹했고 그러기 위해서는 명령에 굴종의 고개를 숙이는 것부터 단호히 거부할 것을 촉구했다.

인간은 하나님과 같아지고 싶을 정도로 하나님을 시기하게 되었다. 하나님의 속성은 물론이고 그분의 존재마저 지우고자 한다. 생명도 임의로 주관하고 미래도 단순한 예측을 넘어 조작의 손아귀에 넣으려고 한다. 하나님껜 있는데 나에게는 없는 것을 견디지를 못한다. 이러한 투기의 촉수는 하나님만 겨냥하지 않고 타인들을 향해 사방으로 내뻗는다. 상대방은 있는데 나에게는 없는 현실을 견디지를 못한다. 공부도 더 잘해야 하고 돈도, 명예도, 외모도, 직위도 남들보다 더 높고 많아야 직성이 풀어진다.

투기는 결코 지치지 않고, 이를 막아설 사람도 없다. 주변이 완전히 정복될 때까지 시기와 질투가 토하는 기염은 사그라들 수가 없다. 투기가 강한 사람의 주변에 그보다 더 유능하고 수려하고 똑똑하고 부지런한 사람이 포착되면 곧장 표적으로 낙점된다. 뭐든지 그와 비교한다. 주변에 괜찮은 모든 사람들을 꺾고 자신의 우월성이 만천하에 입증된다 할지라도 인간의 투기는 사라지지 않는다. "은을 사랑하는 자는 은으로 만족하지 못하고 풍요를 사랑하는 자는 소득으로 만족하지 아니하는" 것이 인간이다. 정곡을 찌르는 전도자의 통찰이다.

주님이 나의 만족이고 주님이 나의 기쁨이고 주님의 나의 소망이고 주님이 나의 전부이지 않으면 투기에 놀아나지 않을 사람이 아무도 없다. 때때로 투기의 기운이 감지되고 그 투기에 휩쓸린다. 그때마다 주님만이 우리에게 최고의 상급이란 사실이 안팎으로 확인된다. 분노보다 잔인하고 억수 같은 독성을 지닌 투기에도 해독제가 있어서 안심이다. 이는 여호와 경외를 지혜로 규정한 지혜자의 투기 진술에 창세기 15장 1절이 투영되고 있어서다. 이렇게 단순한 진리가 만능열쇠 같다는 생각이 오늘 강하게 밀려온다.

68
축복과 저주의 혼돈

이른 아침에 큰 소리로 자기 이웃을 축복하면 도리어 저주같이 여기게 되리라 (잠27:14)

축복과 저주가 동전의 양면처럼 개념의 등짝을 맞대고 있는 구절이다. 동시에 내용과 방법의 긴밀한 연관성도 드러내는 지혜자의 금언이다. 축복은 귀하고 좋은 내용이다. 그러나 축복을 전달하는 방법이 축복의 고귀함에 상응하지 않는다면 축복 자체가 변경되는 것은 아니지만 저주처럼 여김을 받는 부작용이 발생한다.

세포는 자기와 비자기를 구분한 이후에 비자기 세포를 파괴하는 기이한 면역성을 가지고 있다. 그러나 때때로 잘못 구분하여 자기를 비자기로 여기거나 비자기를 자기로 간주하는 일들이 발생한다. 전문가의 견해에 따르면, 자기를 비자기로 착각하여 파괴하는 경우가 비자기를 자기로 착각하여 용인하는 것보다 더 위험한 상태라고 한다.

지혜자는 본문에서 저주를 축복으로 여기는 것이 아니라 축복을 저주로 여겨 배척하는 상황을 언급하고 있다. 즉 보다 위험한 상태를 경고하고 있다. 같은 맥락에서 진리를 전하면서 마치 거짓인 것처럼 전달하는 것은 거짓을 전하면서 마치 진리인 것처럼 전달하는 것보다 더 위험하다. 이는 거짓을 소유한 자들이 아니라 진리를 소유한 자들을 겨냥한 말씀이다.

하나님의 사람들은 하나님의 진리와 최고의 복을 소유한 자들이다. 하나님의 진리를 증거하고 복을 나누면서 마치 거짓을 증거하고 저주를 퍼뜨리는 원흉으로 오해를 받는다면 세상에 그것보다 위험하고 안타까운 일이 어디 있을까? 그런데 우리 스스로를 돌아보면 그런 일들이 곳곳에서 편만하게 나타나고 있음을 확인하게 된다.

가장 지고한 진리를 알고 최고의 선이신 하나님 자신이 선물로 주어진 바 된 우리가 세상에 가장 심각하고 끔찍한 위험의 원흉으로 전락할 수 있다는 사실을 생각하면 순식간에 소름이 온 몸을 뒤덮는다. 증인으로 부름을 받은 우리의 인격과 삶은 그 자체가 축복을 전하는 방식이다. 이러한 이유로 사도는 우리에게 복음에 합당한 인격과 삶을 요구한다.

우리는 축복이 타인에게 저주로 둔갑하는 일들의 원흉으로 발견되지 않도록 값없이 받은 복음을 값없이 전달하는 삶을 경주해야 한다. 축복을 축복으로 여기는 일에 우리가 방해물이 되어서는 안 되겠다. '이른 아침의 경박한 큰 소리 방식'은 복음에 합당하지 않다. 그리스도 예수께서 보이신 십자가의 길을 뒤따르지 않으면 무엇이든 합당하지 않다.

복을 복으로 전달하는 유일한 방식은 주께서 짊어지신 십자가다. 지금 세상은 기독교를 마치 더러운 버러지인 양 불쾌한 눈길로 쳐다본다. 복이 저주로 여겨지고 있다. '이른 아침에 큰 소리로' 복을 저주의 옷으로 버려지게 만든 우리의 실상을 인정하고 정확한 타이밍과 최고급 어조로 복을 전하는 인격과 삶의 준비가 시급하다. 주의 은혜를 부르짖게 된다.

69
철이 철을

철이 철을 날카롭게 한다 (잠27:17)

사람이 친구의 얼굴을 빛나게 한다는 교훈의 비유로 지혜자가 언급한 말이다. 플라스틱 혹은 나무가 철을 날카롭게 하지는 못한다. 철은 철에 의해서 날카롭게 된다. 철보다 더 단단한 것이 철을 날카롭게 만든다는 언급은 없다. 특이하다. 그래서 친구가 중요하다.

유유상종, 끼리끼리 모인다는 사자성어도 있다. 성격이나 관심사나 직종이나 배경이 유사하면 서로 통하는 것이 많으니 사귐이 신속한 것은 이상할 것이 없다. 그러나 늘 당연한 것으로 여겨지는 것에 과학과 학문의 최첨단이 감추어져 있음을 기억하자.

유사성이 소통을 가능하게 만든다. 유사성이 많을수록 소통도 원활하고 깊어진다. 지혜자는 '물에 비치면 얼굴이 서로 같은 것같이 사람의 마음도 서로 비친다'고 말한다. 친구는 서로의 마음을 가장 투명하고 정확하게 비추는 관계이다. 그래서 친구가 중요하다.

지혜자는 몇 구절 앞에서 '면책은 숨은 사랑보다 낫다'고 말하였다. 충직한 친구의 아픈 책망이 기름과 향처럼 사람의 마음을 기쁘게 한다고도 했다. 친구는 유사하기 때문에 서로의 이면을 알고 심층적인 지적과 평가가 가능한 사이이다.

철이 철을 날카롭게 만드는 것은 충돌과 마찰이 있어야 가능하다. 서로 이득의 죽이 맞아서 자화자찬 모드로 좋게좋게 나가면 충돌도 없고 날카롭게 되는 일도 없어진다. 서로 간섭하는 일도 없고 귀찮게도 하지 않아서 편하기는 하다. 그러나 무뎌진다.

주변에 같은 신학적 전통에 속하였고 같은 분야와 인물들을 공부하는 친구들이 있다. 짓밟고 눌러야 할 경쟁의 대상이 아니다. 서로가 서로를 날카롭게 할 유일한 조력자일 수 있다는 생각으로 서로를 아끼고 보호해야 한다. 충직한 권고를 주거니 받거니 하면서 말이다.

말씀이신 예수님은 우리를 가장 날카롭게 만드시는 분이시다. 친구를 위해 생명까지 버리는 최고의 사랑을 구현하신 분이시다. 그런 분이 자신을 우리의 친구라고 밝히셨다. 그래서 성경을 가까이하는 자들이 영적으로 가장 날카로운 지식과 지혜를 소유한다.

말씀은 성령의 검이고 좌우에 날선 어떠한 검보다 더 예리하여 우리를 다른 무엇보다 더 날카롭게 만드는 수단이다. 말씀을 가까이 하는 교제권에 속한 사람들은 복이 있다. 말씀이 말씀을 날카롭게 하는 가장 엄밀한 성화의 나날들이 이어질 것이기 때문이다.

70
마음이 비추이는 것

물에 비취이면 얼굴이 서로 같은 것같이 사람의 마음도 서로 비춰느니라 (잠27:19)

하나님은 인간을 그렇게 지으셨다. 서로의 마음이 비취도록. 타인과의 만남을 통해 나와 타인의 마음 그 사각지대를 보도록 하셨다는 말이다. 레비나스 철학이 잠언의 지혜로운 문구에 기초한 것으로 보이지는 않지만 그의 통찰력은 인간 문맥 일반에서 발견되기 어려운 차원까지 인간의 존엄성과 도덕성을 끌어올린 측면이 있음을 부인하지 못하겠다. 타인이 없으면 나도 없다는 논리가 지지를 받는 시대는 인간이 구현할 수 있는 최고의 도덕과 미덕이 발휘되는 시대이다. 마치 예수님이 이웃을 친구로 간주하고 친구를 위해 목숨 버리는 것을 최고의 사랑으로 규정하신 것과 의미의 맥락이 얼추 포개진다.

사람들과 더불어 있으면 서로가 서로를 제어하는 묘한 관계의 자기장이 형성된다. 단순히 눈치에서 발생한 자기관리 차원만은 아닌 것이 감지된다. 서로의 좋은 모습만 보이고 부끄럽고 추한 것은 가려 자신의 몸값을 관리하는 측면이 왜 없겠는가! 그러나 너무도 분명한 이유가 보다 은밀하고 본질적인 촉발의 이유를 보지 못하게 가리는 경향이 있다. 아무리 인과의 짝이 선명해도 만물을 만드시고 다스리고 그 본질과 목적을 주관하고 계신 하나님 인식까지 나아가지 않은 분석과 해석은 실체의 어정쩡한 그림자만 더듬었을 뿐이다.

하나님은 사람의 영혼을 지으셨다. 인간의 가장 근원적인 것을 가장 잘 아시는 분이라는 의미가 되겠다. 나아가 사람들 사이에 서로의 마음이 비치도록 지으셨다. 서로가 서로를 어느 정도는 알 수 있도록 소통의 근본적인 장치를 마련해 두셨다는 말이다. 말하지 않아도, 몸으로 보여주지 않아도, 소통의 오가는 외적 수단들이 없어도, 마음이 통하다는 건 창조의 원리에서 비롯된 것이며 하나님이 태초부터 그렇게 의도하신 현상이다.

난 마음의 비추임을 '사람의 향기'라고 부른다. 아무리 코를 막고 눈을 가리고 귀를 덮어도 각 사람의 영혼은 서로의 향기를 감지하는 마음의 코가 있어서 서로를 안다는 점에서. 게다가 주님은 인간이 서로를 사랑하면 할수록 서로를 더 잘 알도록 지으셨다. 오늘도 안면이 마주치는 사람들의 마음은 내 마음의 거울이 비추어질 것이다. 감지된 정보를 악한 의도로 활용하는 사람들도 있을 것이다. 이러한 사람들의 심사를 관찰하는 이유는 그들을 예리하게 정죄할 장비를 준비하는 것이 아니다. 모든 배후의 움직임을 다 읽더라도 그들을 용서하고 품고 사랑으로 진실하게 대우하는 마음의 준비를 위해서다.

잘 모르지만 겉으로 괜찮아 보이니 사랑한 것이 아니라 상대의 악하고 부패한 본성을 알면서도 사랑하는 것이 성도에게 요구되는 사랑이기 때문이다. 아무리 날카로운 분석과 야박한 비판을 한다 할지라도 그 방향은 그를 파괴하기 위함이 아니라 사랑을 위한 준비로서 사람들을 깊이 탐구해야 한다. 이것이 창조적 차원에서 서로의 마음까지 비춰게 한 이유이다.

71
정의를 깨닫는다

악인은 정의를 깨닫지 못하나 여호와를 찾는 자는 모든 것을 깨닫는다 (잠28:5)

정의를 깨닫기 위해서는 먼저 자신이 누구냐가 중요하다. 사람이 악하면 정의를 깨닫지도 못한다고 지혜자를 교훈한다. 깨달음은 그 사람의 됨됨이와 무관하지 않다는 이야기다. 정의만이 아니다. 다른 모든 진리에 대해서도 됨됨이의 선행이 요구된다. 우리가 깨끗하지 않으면 하나님의 깨끗함을 깨닫지 못하며, 우리가 거룩하지 않으면 하나님의 거룩을 깨닫지 못하며, 우리가 의롭지 아니하면 하나님의 의로움에 무지할 수밖에 없다는 시인의 진술도 같은 맥락에서 나왔다.

"정의"라는 말은 법정을 가리키는 말이기도 하고 공의로운 판결을 뜻하기도 하고 그 판결의 집행을 뜻하기도 한다. 성경이 말하는 정의는 하나님의 정의이고 하나님 앞에서의 정의이다. 하나님이 서 계신 곳이 정의이고 의로우신 하나님의 모든 판단이 정의다. 그리고 그런 판단을 따라 세상을 다스리는 것이 정의의 구현이다. 이러한 정의의 개념에서 우리는 하나님을 찾지 않고서는 누구도 정의를 깨닫지 못한다는 결론에 도달한다.

악인은 하나님을 인정하지 않는 사람을 일컫는다. 그렇다면 우리는 어떠한가? 우리는 악인인가 선인인가? 우리는 모두 악인이다. 그래서 늘 자기 중심으로 생각하고 자기 중심으로 세상이 돌아가고 자기 중심으로 판단이 내려진다. 거기에 이따금씩 "정의" 혹은 "공의"라는 낯뜨거운 면피용 수식어를 붙이기도 한다. 내 민망함을 무마하기 위해 명백한 불의를 공의

나 정의로 보이도록 사람들의 시각을 임의로 교정하는 은밀한 조작도 불사한다. 나아가 인간적 문맥 안에서 합의된 정의의 개념을 하나님 앞에서의 정의에 투사시켜 하나님의 의를 판단하려 하는 인간의 부패한 심성은 기회만 되면 발동한다. 자신은 아니라고 생각하기 쉽지만 정도의 차이일 뿐, DNA 단위로 내려가면 실상은 동일하다.

우리는 악하기 때문에 정의의 변별은 우리의 몫이 아니라고 생각하는 것이 온당하다. 그래서 우리가 정의를 깨닫는 일은 그리스도 예수께서 우리에게 의로움이 되셔야만 가능하다. 우리 자신의 의로움을 가지고는 결코 하나님 앞에서의 정의를 식별하지 못한다. 주님께서 우리에게 의로움이 되셨기에 우리는 정의를 깨닫는다. 여호와를 찾는 자는 그리스도 예수로 말미암아 찾아진 바 된 사람을 가리킨다. 주께서 우리를 먼저 찾으셨기 때문에 우리는 주님을 찾고 비로소 정의를 깨닫는다. 세상에서 하나님의 정의를 보고 있다면 그것은 은혜이다.

72
물음이 있는 삶

그의 이름이 무엇인지, 그의 아들의 이름이 무엇인지 너는 아느냐? (잠30:4)

먹고 자고 읽고 쓰고를 반복한다. 반복에서 비롯되는 나른한 최면에 들어가면 일상의 쳇바퀴에 갇히는 게 수순인데, 오히려 일탈의 자극이 고조되는 오늘은 별일이다. 인간이 존재하는 방식에 대한 물음이 전두엽의 등짝을 긁어서다.

인간은 하나님의 말씀을 먹으며 살도록 지어졌다. 한번도 포기된 적이 없는 삶의 원리이며 방식이다. 믿음으로 산다는 다소 추상적인 원리도 말씀으로 산다는 보다 구체적인 방식의 다른 표현이다. 만물의 존재와 질서를 권능의 말씀이 지탱하고 있다면 이는 말씀을 내신 하나님 안에서 모든 것이 통일되어 있다는 의미이다.

동일한 하나님이 우리에게 말씀을 보내셨고 말씀을 주셨고 그 말씀으로 살게 하셨다. 말씀대로 사는 것과 세상에서 사는 것이 서로 다르지 않다. 동일한 원리와 이유를 가지고 동일한 목적을 향해 살아가는 것이다. 우리는 하나님의 말씀을 먹고 살아가며, 세상은 우리의 일상에서 구현되는 소금과 빛으로 행복을 먹는다.

말씀을 먹으며 존재하는 방식의 독특성은 마치 내가 주체가 되어 어떤 가치를 스스로 생산하는 형태를 취한다는 것에 있다. 이는 주시는 자가 스스로를 감추시고 받는 자가 주어지는 것을 가지고 가장 높은 누림의 기쁨을 얻도록 신적으로 고안된 방식이다. 인간의 가장 근원적인 내면에서 가장 존중된 자율성을 따라 주신 자에게 반응하게 하는 형식이 말씀을 먹고 사는 삶이다.

생명과 만물과 호흡을 주시는 분으로서 존재의 인기척도 하시고 시혜자의 생색도 좀 내시고 신적 강제력을 동원해 마땅한 감사와 찬양과 경배를 촉구하실 법도 한데, 우리 주님은 외부의 어떤 수단을 통해서도 우리의 반응을 강요하지 않으시고 구걸하신 적도 없다. 그저 무한한 용서의 품을 늘 예비해 두시면서 우리를 기다리고 계신다. 나는 어떻게 살아야 하는가? 스스로는 아무것도 못하는 인간에게 이렇게 행위의 주어로 일인칭을 사용해도 될 주님의 깊은 사려와 은혜를 생각하며 그냥 계속해서 주님을 향한 '물음이 있는 삶'을 살려고 한다.

73
성경이 낯설다?

하나님의 말씀은 다 순전하며 (잠30:5)

성경에서 때때로 낯선 언급들을 만난다. 상식의 선에서도 선뜻 납득하기 어려운 것들이다. 그럴 때마다 내면에는 지적 갈등이 일어난다. 세 가지 반응이 멱살을 잡고 격한 씨름을 벌인다. 첫째, 말씀이 언제나 옳으니까 무조건 동의해라. 둘째, 시대가 다르니까 오늘의 잣대로 걸러서 이해해라. 셋째, 기록 당시에만 적용되던 낡은 시대성은 무시해라.

얼굴을 붉히는 대립의 기운이 누그러들 즈음이면 성경과 문화적인 갭과 제한적 시대성 문제는 흐려지고 문제의 근원이 나 자신에게 있음을 직시하게 되는 다소 냉정하고 정직한 순간이 겸허하게 찾아온다. 성경의 진리에서 많이 멀어져 있는 '나' 문제 말이다. 말씀은 한 구절의 예외도 없이 다 순전하다.

해석이 안된다면 원인은 내가 순전하지 않아서다. 창조자요 주인이요 아버지인 하나님의 말씀인데 동의와 이해, 적용이 안되는 건 성경 편에서의 문제가 아니라 말씀에서 내가 얼마나 멀어져 있는지를 고발하는 거북한 반증이다. 이에 대해서는 성경이 아니라 자신을 부인함이 옳다. 성경은 독자로 하여금 올바른 해석을 위해 성경의 속성까지 이를 것을 요구한다.

이런 면에서 성경이 제시하는 기준과 가치와 방식과 방향은 나의 죄악된 실상을 보여주는 율법적인 기능과 그럼에도 불구하고 내 안에 그러한 것들이 구현될 수 있도록 은혜 베푸시는 복음적인 기능이 동전의 양면처럼 등을 맞대고 있다는 생각이 든다. 성경의 순수성은 독자에게 순수성을 요구하고 초청하고 선서한다. 이토록 순전한 성경의 모든 진리가 산소처럼 아무런 저항감 없이 호흡처럼 편하게 섭취될 정도로 친밀해질 날이 올까?

74
거짓의 원흉과 극복

그가 너를 책망하지 않고 거짓말하는 자가 되지 않도록 너는 이 말씀을 가감하지 말라 (잠30:6)

짐승은 태어나서 시간이 흘러도 본능과 거리를 만드는 이성적 활동이 없다. 대신 직관이 강하다. 이런 이유로 자연적 재앙의 직관적인 감지는 대체로 짐승들의 몫이다. 이와는 달리 인간은 나이가 들고 키가 자라면서 외부의 대상이나 자신의 본능에 대해 거리를 만든다. 적당한 거리를 두고 자신을 내감할 수 있는 능력은 짐승에게 주어지지 않았다. 짐승은 '나는 누구일까?' 이런 고민을 하지 않는다. 생존의 필요가 곧 욕구이고 행동이다.

문제는 본성과 대상에 대해 거리를 두면 둘수록 그 실체를 지각하는 정확도도 떨어지고 직관의 현저한 희생도 따른다는 점이다. 당연히 직관적인 인식의 촉수도 둔감해져 변화에 민첩하지 못하고 때때로 오식과 악수에 시달린다. 잘못된 인식에 따른 어리석은 처방과 처신으로 만들어진 불행의 역사는 이미 산더미를 이루었다. 이를 성숙의 대가로 보기도 하지만, 어쩌면 대상과 본성에서 멀어지는 것 자체가 성숙만은 아니었을 것이라는 합리적인 의심도 가능한 부분이다.

이런 의심에 근거하여 나는 거짓의 본질이 우리의 본성을 포함한 모든 대상들과 거리를 만드는 것일 수도 있다고 생각한다. 거리 두기의 대표적인 수단은 언어다. 언어와 생각의 우선순위 문제는 명쾌한 판별이 어렵지만 서로 분리되기 어렵다는 것만은 분명하다. 사물과 사태를 언어나 생각으로 번역하는 순간 우리는 그 실체에서 멀어진다.

대상이 다른 것으로 대체되는 만큼, 그 대상의 실체에서 멀어지는 건 당연하다. 생각과 언어가 대체물인 경우도 그러하다.

언어의 귀재 바트겐슈타인은 전통적인 철학의 문제가 대체로 언어의 오해와 환상에서 비롯된 것이라고 진단했다. 그리하여 일상언어 사용의 중요성과 분석에 투신했는데 이것은 괴짜의 엉뚱한 발상이 아니었다. 천재의 직관이 발휘된 판단이다. 그러나 하나님의 사람들은 더 나아가 거짓의 출처를 언어사용 유무 이전으로 소급한다. 즉 하나님과 거리를 만드는 것이 거짓의 본질이며 다른 모든 것들은 상대적인 거짓이며 파생적인 오류일 뿐이다. '거짓'의 탁월한 전공자는 히포의 주교다. 두 권의 단행본을 생산한 인물이다: 『거짓에 관하여』(De mendacio)와 『거짓을 반박하며』(Contra mendacio).

어거스틴은 거짓을 타락한 인간의 본성에 박힌 것으로 간주한다. 왜냐하면 거짓은 실체에서 멀어진 거리이고, 최고의 진리시며 진리의 본체시며 진리의 근원이신 그 하나님을 떠나 거리를 만드는 게 거짓의 본질적인 출처이기 때문이다. 그러나 하나님의 본체시며 말씀이신 예수님은 하나님과 어떠한 차이나 분리나 거리도 없으시기 때문에 진리시며 거짓이 전혀 없으신 유일한 분이시다.

삼위일체 하나님의 통일성 밖으로 발가락 하나만 삐져 나와도 거짓이다. 삼위일체 하나님과 거짓 문제는 그렇게 연결되어 있다. 당연히 거짓의 극복은 하나님의 본체이신 예수님 안에 거하고 예수님이 내 안에 거하는 방법밖에 없다. 하나님의 말씀을 가감하는 것이 책망의 이유이고 거짓의 핵심인 이유는 여기에 있다.

히포의 주교는 실천적인 면에서 유용한 거짓의 8가지 분류법을 제공한다. 1) 종교적 가르침 속에서의 거짓, 2) 타인에게 해를 끼치고 도움도 안 되는 거짓, 3) 타인에게 해를 끼치지만 어떤 이에게는 도움을 주는 거짓,

4) 거짓의 즐거움을 목적으로 구사되는 거짓, 5) 감미로운 대화 속에서 타인을 즐겁게 할 목적으로 언급되는 거짓, 6) 타인에게 해를 끼치지 않으면서 어떤 이에게는 일반적인 도움을 주는 거짓, 7) 타인에게 해를 끼치지 않으면서 어떤 이에게는 영적인 도움을 주는 거짓, 8) 타인에게 해를 끼치지 않으면서 어떤 사람을 육신적인 불결함에 빠지지 않게 하는 거짓 등이다. 환원주의의 날이 훨씬 예리해진 오늘날은 더 다양한 종류의 거짓을 열거하는 것도 가능할 것이다.

대상으로부터 거리를 두는 행위와 거짓과 성숙은 그 경계선이 대단히 애매하다. 한 가지 분명한 것은 하나님을 떠나는 게 거짓의 원흉이란 사실이다. 다른 모든 것들은 파생적인 것이고 개념의 옷을 입혔을 뿐이다. 물론 파생적인 것도 중요하다. 그래도 이해의 질서는 필요하다. 이에 따라서 거짓의 극복은 하나님을 가까이 하는 것이고, 하나님의 말씀을 가감하지 않는 것이고, 의식의 영역에 있는 모든 것들에 있어서는 고의적인 거짓과 오류를 가능한 한 피하는 순차적인 처방이 필요한 것이다.

하나님의 말씀을 가감하지 않기 위해, 주의 말씀을 즐거워하여 주야로 읽고 묵상하는 것은 상식이요 필수다. 성경의 물리적인 텍스트 가감, 해석학적 가감, 실천적인 가감을 늘 경계해야 하겠지만 말이다.

75
지도자의 덕목

공의로 재판하여 곤고한 자와 궁핍한 자를 신원할지니라 (잠31:9)

왕은 인생 중에서 삶의 의미가 무엇임을 드러내는 대표적인 인물이다. 그런 그에게 주께서 금하신 두 가지는 여자에게 힘쓰지 말고 왕들의 멸망을 도모하지 말라는 것이다. 인간이 태어나 땅에서 취하는 가장 큰 복이 있다면 여인을 '내 뼈중의 뼈요 살중의 살'로 맞이하는 것이다. 그러나 인생의 궁극적인 복과 의미는 괜찮은 배우자 물색에 있지 않다. 왕의 영광은 백성의 중다함에 있다. 그러나 인생의 궁극적인 영광은 영토를 넓히고자 정복의 칼을 뽑는 것에 있지 않다.

이런 맥락에서 르무엘 왕의 어머니는 아들에게 공의를 세우고 자비를 베풀라고 진언한다. 진정으로 현숙한 아내란 공의와 자비의 열매를 가정에서 수확할 수 있도록 돕는 베필(에제르)임을 강조하며, 남편과 아내의 참모습은 무엇이며 합력하여 이루어야 할 선이 무엇인지 보이는 방향으로 붓길을 이어간다. 공의와 자비는 모든 권력자의 자격과 표지여야 한다.

최고 권력자의 길을 걷고자 하는 자들은 어떤 마음과 포부를 품고 있어야 하는가? 선거가 임박한 시점에서 후보들의 면면을 살펴볼 때에 기준으로 삼아야 할 지도자의 자격과 지향점은 공의와 자비여야 한다고 생각한다. 국제적인 상황이나 한국의 실정이나 국정 경험의 유무를 판단의 배경으로 삼아 후보자를 골라서는 안될 일이다. 세상의 질서만이 아니라 교회 안에서도 그러해야 한다.

막대한 정보의 우선적인 취득과 광범위한 인사권을 휘두를 수 있는 무소불위 권력이 손아귀에 들어온다고 가정하자. 그것을 자신의 이익이나 측근들의 배 불리는 수단으로 삼지 않고 공의와 자비의 향기만 진동하게 하는 수종자의 자리를 떠나지 않을 진실한 사람이 누구인가? 주께서 그런 지도자를 교회의 등경 위에 두시기를 간절히 소원한다. 르무엘 어머니가 아들에게 귀띔한 말은 모든 시대가 선거의 잣대로 삼아야 할 교훈이다.

76
게으른 소득이 우리를 좀먹는다

게을리 얻은 양식을 먹지 아니한다 (잠31:27)

현숙한 여인의 이상을 묘사하는 잠언의 한 대목이다. 양식을 먹는다는 목적보다 정당한 수단의 중요성을 강조하는 것이라고 해석의 마침표를 찍기에는 아쉬움이 남는 구절이다. 남편의 이런 칭찬이 이어지고 있어서다. '고운 것도 거짓되고 아름다운 것도 헛되나 오직 여호와를 경외하는 여자는 칭찬을 받을 것이라.' 물론 목적과 수단의 전도를 만회하는 것은 대단히 중요하다. 그러나 하나님의 말씀은 윤리적 교훈을 중요시하면서도 그것을 최종적인 가치로 삼지는 않는다. 하나님이 인간으로 이르기를 원하시는 가치는 도덕이나 윤리에 의해서는 생산될 수 없는 가치이다. 베드로의 언급처럼 우리가 하나님의 본성에 참여하는 자로까지 부름을 받아서다.

양식을 먹는다는 것은 즐거운 일이지만 인간의 가치에는 관여하지 않는다. 관심의 차순위가 당연하다. 그러나 게으름은 인간의 성향을 건드린다. 게을러도 소득이 발생하는 경우가 있다. 그 자체가 치명적인 잘못이나 오류인 것은 아니다. 그러나 '얼굴에 땀이 흘러야 식물을 먹는다'는 타락 직후의 인간생존 원리를 걷어차게 할 가능성은 높다. 게다가 게으른 소득에 적응된 사람이 주는 자의 고급한 부르심에 부응할 가능성은 희박하다. 말씀이 멸시되고 배푸는 자의 영광이 박탈되는 것보다 게으름 중에 굴러온 양식을 거절하는 것이 지혜롭다. 그런 양식으로 배부르면 처음에는 어색해도 나중에는 끊을 수 없는 주초처럼 원리적인 차원에서 서서히 중독된다.

중독의 정도가 깊어지면 단순히 먹거리 문제를 벗어난다. 인간의 질과 무게를 건드리는 사안이다. 사람들은 대체로 음식과는 다른 먹거리로 자신에 대한 타인의 칭찬과 존경을 고대한다. 이를 위해 물질을 뿌리기도 하고 강요의 형태를 취하기도 한다. 보다 신사적인 유형으로 수단의 차별성을 추구하는 경우도 있다. 그러나 그렇게 취득된 칭찬이나 존경은 게을리 얻은 무형적 먹거리의 대표적인 사례다. 바울은 칭찬의 출처가 사람이 아니라 하나님께 있음을 지적한다. 지혜자는 인자와 진리로 말미암아 하나님과 사람 앞에서 존귀히 여김을 받는다고 한다. 현숙한 여인은 여호와를 경외하기 때문에 칭찬을 받는 여성이다.

왜 사는가? 어떻게 살아야 하는가? 어떻게 사는 게 사는 것인가? 의인은 믿음으로 산다는 원리를 다시 생각하게 된다. 모든 게으른 공짜는 달콤하고 짜릿하나 생의 가치가 그런 근성으로 중독되는 대가를 지불해야 한다는 무서운 결과를 수반한다. 게으른 소득들이 여러 형태로 삶의 곳곳에서 기생하며 생의 가치를 좀먹고 있다. 그런 소득은 반드시 부작용의 악취가 풍길 것이기 때문이다. 이미 진동하고 있다면 때는 늦다. 할 수만 있다면 빨리 제거하는 게 상책이다. 집을 수시로 청소해야 되듯 우리의 근성이나 성향도 대청소가 필요하다.

77
성경의 침묵을 대하는 태도

하나님이 하시는 일의 시종을 사람으로 측량할 수 없게 하셨도다 (전3:11)

이 말씀은 계시의 정도와 분량 결정권이 하나님께 있다고 증거한다. 또한 인간에게 적정한 무지가 있음은 하나님의 의도라는 선언이다. 그러나 인간의 지식 추구욕은 이 사실이 거북하다. 사람의 머리에는 어느 정도 알면 더 이상 지식을 추구하지 않는 만족의 적정선이 있다. 거기에 도달하기 전까지는 호기심의 촉수가 발광에 가깝도록 부산하다.

그런데도 성경은 인간의 굶주린 호기심을 만족시킬 만큼의 지식을 제공하지 않는다. 오히려 하나님은 인간으로 하여금 모든 인간사에 대한 신적인 개입의 처음과 끝을 측량하지 못하게 하셨다는 게 성경의 분명한 입장이다. 그래서 선택해야 한다. 호기심을 따를 것인지, 성경이 호기심의 중지를 요구하는 지점에 머물 것인지를 말이다.

성경은 인간의 의문이 다 풀리도록 모든 것을 시원하고 후련하게 다 밝히지는 않는다. 그래서 지식이 얼굴을 대면하는 수준의 전체성과 명료성에 도달하지 못하고 부분적으로 알고 희미하게 안다. 어떠한 주제를 잡더라도 이러한 지식의 뿌연 부분성과 마주친다. 최고급 지성을 동원해도 그런 무지의 그늘은 제거되지 않는다. 늘 그 이유가 궁금했다.

과거를 파헤쳤다. 믿음의 선배들은 출입을 불허하는 지식의 경계선에서 맹렬한 호기심을 발동하지 않고 경외와 경탄의 태도를 취하였다. 주께서 당신의 행하시는 일의 시종을 사람으로 측량할 수 없게 하신 이유는 전도자의 기록처럼 그의 행하시는 모든 일들이 사람들의 어떠한 훼방이나 조작도 없이 영원토록 보존되게 하기 위함이다.

하나님이 스스로 정하신 것과 정한대로 행하신 모든 것들은 어떠한 피조물에 의해서도 더함이나 덜함도 없게 하셨다고 전도자는 기록한다. 이렇게 행하신 의도에 대해 전도자는 "사람들이 그 앞에서 경외하게 하려 하심인 줄 알았다"고 진술한다. 그렇다. 지식과 무지 사이에 적정한 경계선이 그어진 이유는 하나님을 경외하는 것과 결부되어 있었다.

성경에 계시된 만큼의 하나님의 뜻을 모르는 무지는 패망을 가져온다. 그러나 성경이 침묵하고 있는 무지의 영역은 모르는 게 정상이다. 그러나 단지 모르는 무지에 머물라는 게 아니다. 성경이 그어놓은 침묵의 경계선을 대하는 우리의 태도는 여호와 경외와 경탄까지 이르러야 한다. 하나님의 "지혜와 지식의 부요함"에 경외의 탄성을 지른 바울처럼…….

78
스스로 감추시는 하나님의 은혜

악한 일에 관한 징벌이 속히 실행되지 아니하므로 인생들이 악을 행하는 데에 마음이 담대하도다 (전8:11)

사람들은 하나님이 보이지 않으셔서 맘 놓고 죄를 짓는다. 그래도 탈이 없으니까 죄의 지속에 떳떳함도 더해진다. 이처럼 대수롭지 않게 분수를 이탈하는 오만에 대해 주님께서 심판자의 위엄을 뚜렷이 보이시며 적당한 겁박을 가할 법도 한데 그런 조짐은 전혀 안 보인다. 물리적인 투옥과 몸의 질병과 관계성의 파괴를 경험하며 사람들은 운신의 폭을 조절하고 행위의 적정선을 찾아간다. 하나님은 우리에게 말씀으로 출입의 경계를 한정하셨다. 그러나 말씀의 엄중함에 버금가는 감시와 감독이 뒤따르지 않아 사람들은 순종의 적정선 찾기가 곤란하다. 감독에 소홀한 정도가 아니라 감독의 유무까지 의심된다.

    그 이유가 궁금하다. 나의 생각을 정리하자면, 누군가가 나를 보고 감시하고 보상과 처벌이란 필연적인 결과로 인해 행동이 조절되는 것은 아직도 우리를 향한 하나님의 높은 도덕성 기대에 못미치는 비자발적 강요에 불과하다. 자녀들 지도에 편달이 필요한 시기가 있다. 그러나 편달 의존적인 인격의 비자발적 고착을 넘으려면 외부적인 위협이나 강제의 틀은 제거해야 하고, 자발적 검열을 촉발하는 생물학적 권위도 행사되지 않도록 철저히 관리해야 한다. 부모의 눈을 의식해 가식을 떠는 자식으로 키우지 않으려면 외연적인 교육용 장치들의 한계를 먼저 인정하고 보다 높은 차원의 방식에 호소하지 않으면 안되겠다.

하나님은 당신의 자녀를 가르치고 기르시기 위해 스스로를 가리신다. 우리의 내적 자발성에 어떠한 조작이나 강제력이 행사되지 않도록 당신 자신도 마치 없는 분이신 것처럼 너무도 완벽하게 감추신다. 모든 것을 지으시고 모든 것의 주인이신 그분이 뭐가 아쉬워서, 뭐가 두려워서 공적인 노출을 스스로 억제하고 계신지 이해할 수가 없다. 반면 그분을 찾고자 하면 시간의 간격이 필요하지 않은 하늘의 속도로 만나 주신다는 사실도 이해가 불가하다. 그러는 중에 난 "그분의 지혜는 측량될 수 없다"는 사실을 슬쩍 더듬고 말았다. 그분이 내 눈과 지각으로 가늠되지 않는다는 사실이 이렇게 뿌듯하고 든든한 평강의 근거라는 것도 측량할 수 없는 대목이다.

79
악의 문제

나는 빛도 짓고 어두움도 창조하며 나는 평안도 짓고 악(malum)도 창조한다 (사45:7)

이는 궤변의 달인들이 하나님을 악의 출처 내지는 악의 저자로 떳떳하게 규정하는 성경적 근거로 입맛을 다시는 구절이다. 악의 문제는 젊은 어거스틴 발걸음을 키케로의 충동과 마니교의 이원론적 늪으로 빠져 들게 하기도 했다. 그러나 마니교의 이원론은 악의 문제를 푸는 열쇠가 아니었다. 결국 그는 주께로 돌아와 어두움이 어떤 실체가 아니라 빛의 결핍이듯 악도 어떤 실체(substantia)가 아니라 선의 결핍(provatio boni)이란 개념에 도달한다.

  이는 유희용 관념이 아니라 현실 설명력이 너무나도 높은 관찰이다. 그러나 히틀러 같은 악인의 경우, 사람들은 그를 선의 결핍이란 소극적인 이미지로 이해하지 않고 적극적인 악의 원흉으로 규정하고 싶어한다. 하지만 이는 인간의 주체성과 독립성을 지나치게 높이는 해석이다. 오히려 히틀러와 같은 인물조차 '선'이라는 개념이 얼마나 큰 것이며 '선의 결핍'은 얼마나 무섭고 두려운 일인지를 극명하게 보여주는 증인으로 봄이 훨씬 실상에 가깝다.

  칼빈은 이 구절을 죄나 악의 근원이나 기원과 직결된 본문으로 이해하지 않는다. 본문에서 '악'이 선이 아니라 '평안'과 반대되는 개념으로 대조되고 있어서다. 여기서의 '악'을 고난이나 전쟁이나 어떤 고통스런 내용들을 일컫는 것으로 간주하며, 칼빈은 당시 통용되던 구분(vulgaris distinctio)

을 따라 하나님을 죄의 저자가 아니라 형벌의 저자(autorem non culpae sed poenae)라고 하였다.

지혜자의 기록처럼, 하나님의 주권과 통치라는 맥락에서 하나님은 모든 것을 때에 따라 아름답게 지으셨고 모든 것들을 그 쓰임에 적당하게 지으시되 악인조차 악한 날에 적당하게 지으셨다. 죄악을 저지르는 것 자체가 이미 형벌의 성격이 있다는 로마서의 문맥도 고려해 볼 일이다. 또한 세상에서 죄의 출입이 이루어진 근원과 관련하여 한 사람의 불순종이 그 원흉으로 지목되고 있다는 사실도 기억해야 할 대목이다.

나는 악의 문제를 생각할 때마다 성경의 보다 명백한 본문으로 애매하고 난해한 본문을 푸는 성경의 자기해석 원리를 선호한다. 그리고 하나님의 모든 행하심을 그의 성품에 근거해서 이해하는 순서도 최대한 존중한다. 성경의 가장 명백한 선언은 하나님이 선하시고 거룩하신 분이라는 사실이다. 천지창조 이후에 하나님이 그 모든 만드신 것들을 신적인 안목으로 보시고 '심히 선하다'고 평가하신 것도 분명한 사실이다.

선하신 분에게서 선한 것들이 나오는 건 지극히 합당하다. 같은 맥락에서 사람들도 하나님은 정직하게 지으셨다. 그러나 동시에 인간 문맥에서 일어나는 불행과 고통과 아픔과 눈물과 절망과 슬픔과 고독과 범죄와 재앙과 같은 악들이 하나님의 섭리 바깥에서 벌어지는 우발적인 사건들이 아님도 분명하다. 스스로를 부인할 수 없으신 하나님의 불변성에 근거해서 본다면, 하나님의 영원한 선하심은 시간 속에서 변경되지 않는다는 것도 부인할 수 없는 사실이다.

하나님의 속성과 성경의 분명한 사실들에 근거하여 우리는 하나님이 죄나 악의 저자가 아니라고 분명히 선언할 수 있겠다. 오히려 심술궂은 악의 저자가 아니라 인간의 악조차 선으로 바꾸시는 지극히 선하신 분이시다. 악조차 하나님의 선하신 목적을 이루는 수단으로 쓰시는 이유는 '정녕

죽을 것이라'는 즉각적인 진멸을 접으시고 길이 참으시는 하나님의 긍휼과 자비에서 비롯된다.

'악한 일에 징벌이 속히 실행되지 않으므로 인생들이 악을 행하기에 마음이 담대하게 된다'는 사실도 아시지만 길이 참으시는 분이시다. 하나님의 모든 행사를 살펴본 후 '해 아래서 하시는 일을 사람이 능히 깨달을 수 없도다'는 전도자의 고백이 심히 정직하게 들리는 아침이다.

80
교부들의 유익

옛적 길 곧 선한 길이 어디인지 알아보고 그리로 가라 (렘6:16)

하나님의 말씀으로 돌아가야 한다는 선지자의 기록이다. 사람의 길을 접고 말씀이 제시하는 하나님의 길을 따르라는 교훈이다. 이는 하나님의 말씀에 사람의 생각을 함부로 섞어서는 안된다는 뜻이기도 하다. 때때로 교부들이 일상의 예화들을 사용하는 경우도 있지만 주로 그들은 성경 구절들 그대로의 편집에 가까운 작법을 구사한다. 즉 이해나 설득 차원에서 지나가는 정도로 모두가 공감하는 사안을 언급하긴 하지만 진리의 부요함과 엄밀성에 관여하지 않는다는 게 특징이다. 그것은 대체로 성경이 성경을 푸는 방식으로 수행되기 때문이다.

교부 문헌들의 면면을 살펴보면, 그게 교부의 글인지 아니면 성경구절 인용인지 구분하기 어려울 정도로 성경적 표현들로 충만하고 자신의 생각을 표현하기 위해 성경 구절들을 있는 그대로 활용한다. 하여 주님께서 교부들의 글 속에서 말씀하고 계시는 듯한 야릇한 느낌과도 이따금씩 마주친다. 나에게는 깊은 경건과 정제된 표현과 진리의 본질에 충실한 태도가 어우러져 빚어낸 것으로 느껴진다.

사도들의 시대와 가까운 만큼 삐딱선을 타면 심각한 이단으로 교회의 전 역사에 걸쳐 정죄되고 정통의 길에 머무르면 '교회의 아버지' 호칭과 더불어 경건의 장구한 가문을 형성한다. 아마도 진리 인식의 문화가 종합과 통일성을 추구하고 있어서 어떤 방향으로 가든 그 영향력이 막대했던 것은 아닐까. 분할된 전문성이 모든 분야에서 추앙을 받는 작금의 현실에서 비록 다 파악되지 않았다 할지라도 누구나 뭔가 잘못 되었다는 느낌을 갖게 되는, 그런 가려진 문제를 푸는 열쇠 중 탁월한 가능성을 보이는 유력한 후보가 있다면 그것은 교부들의 문헌이 아닌가 싶다.

교부 문헌을 부지런히 펼치고 읽어야 할 때다. 아기자기하고 알콩달콩한 신학도 좋지만 그것으론 문제의 등만 긁어주고 문제의 본질은 외면하기 일쑤다. 교부들에 대한 독서는 시대를 역행하는 퇴보적 발상이 아니다. 오히려 본질로 소급하여 보다 먼 미래로, 보다 안전하게 도달하는 수천년 동안 검증된 '원천으로 가자'(ad fontes)는 방식이다. 문화와 진리의 혼합 속에서 태어나고 자라고 살아가는 자들이 의롭고 객관적인 판단력을 소유하기 위한 방법이 있을까? 그것은 다른 시대와 문화 속에서 살았지만 영원토록 동일한 진리의 고백들을 산출한 교부들 같은 신앙의 거인들을 읽으며 스스로를 성찰하는 것이다. 내 방식이 아니라 그들의 방식으로 성경을 읽고 해석해 보는 것이다.

난 매일 교부들의 글을 한 편씩 읽는다. 그 안에서 좋은 교훈과 안목이 발견되고 내 안에 조금씩 축적되고 있음을 느낀다. 한글이나 영어로 번역된 교부 문헌들이 많다. 최소한 번역될 정도의 가치는 충분히 가진 것들이다. 아무거나 잡고 읽으면 된다. 많지도 않으니까 고르는 수고도 필요하지 않다. 어거스틴 역본들은 단연 필독의 일순위다. 결코 망각되지 말아야 할 단서는 있다. 모든 문헌들이 그렇듯이 말씀의 저울질은 필수라는 거다.

81
문제란!

내가 알거니와 인생의 길이 자기에게 있지 아니하니 (렘10:23)

우리에게 일어나는 문제는 문제의 주변에 운집한 가까운 원인에서 결과된 것이라기보다 그 문제가 대두되는 배후의 섭리에서 비롯된 것이라고 봄이 더 타당하다. 너무도 상식적인 것은 아무도 묻거나 생각하지 않는다. 중요하지 않아서가 아닌데 그냥 무관심의 영역으로 밀려난다. 오랜 시간이 지나면 상식이 더 이상 우리가 묻지 않아도 되는 상대하기 쉬운 대상이 아니라는 사실도 망각하여 생의 중요한 영역들이 이런 방식으로 외면 내지는 버려지고 있다. 너무도 상식적인 것이어서 스스로 속게 되는 형태라고 볼 수도 있다.

그러나 문제가 발생하면 우리는 주목한다. 원하지 않더라도 마음을 그곳에 두어야 할 필연성이 발생한다. 피해갈 수 없고 반드시 지나가야 하는 문제는 전력으로 씨름해야 생의 중요한 자리로 파고든다. 그래서 문제의 발생은 하나님의 특별한 섭리의 방식이다.

문제는 가장 심각하고 지속적으로 그 모습을 드러내어 인간의 치명적인 망각도 외면할 수 없도록 삶의 심장부에 늘 자리잡고 있다. 문제 자체가 문제라기보다 그것이 그 자리에 늘상 자리잡고 있는 것 자체가 하나님의 섭리와 무관하지 않음을 포착하지 못하고 문제 자체와 씨름만 하는 형태로 삶이 유지되는 것, 바로 그것이 문제의 실체이다.

내게 일어나는 문제는 하나님의 입술에서 나오는 숨결이다. 그렇기 때문에 우리는 사안이 부정적이든 긍정적이든 먼저 생각과 마음을 그곳에 집중해야 한다. 귀찮다는 이유로, 많은 시간을 허비할 것 같아 지레 겁먹고 옆으로 밀어내는 우매를 중단해야 한다. 주님께서 관심의 중심부로 밀어 넣으신 사안을 다시 변두리로 떠미는 것은 지혜가 아니다. 자기에게 유익이 되기는커녕 오히려 어리석은 짓이다.

"입술은 존경하나 마음은 내게서 멀도다." 기도할 때나 예배할 때나 전도할 때나 문제의 핵심은 내 마음이 하나님께 밀착되어 있지 않다는 것이다. 주님의 심장이 내 안에서 뛰고 주님의 소원이 나의 삶을 주장하고 주님의 뜻이 모든 언어와 행실에서 결실하는 수준의 밀착은 마음이 하나님께 가깝지 않으면 도저히 불가능한 일이다.

도전도 있었다. '하나님을 찾는 자는 모든 것을 아느니라'는 내가 늘 의식하며 마음에 품었던 말씀이다. 그런데 이것이 맹목적인 주문(spell)의 상태를 지나 실재라는 것을 깨달았다. 여기에 더 보태어야 할 말씀이 있다. 누구든지 하나님의 뜻을 행하고자 하면 하나님의 말씀을 깨닫게 된다는 것이다. 편한 지식의 축적과 의식이 앎의 본질이 아니라는 것이다.

진정한 지식은 행함으로 온전하게 된다. 다소 불편한 이 '행함'이란 요소가 지식의 완성이라고 말하면 많은 사람들이 싫어한다. 그래도 힘주어 말하고 싶다. 행함으로 지식은 온전하게 된다고. 행함은 '지식의 충만이요 완성'이다. 하나님 아버지의 뜻을 행하고자 하면 예수님의 모든 말씀이 누구에게서 왔는지 무엇을 뜻하는지 깨닫게 된다. 하나님을 찾는 자는 모든 것을 안다는 말씀 속에 이런 내용이 간부되어 있음을 간과하지 말자.

82
죄

만물보다 거짓되고 심히 부패한 것은 마음이라 누가 능히 이를 알리요마는 (렘17:9)

어거스틴 주교는 존재는 그 자체가 선이라고 했다. 그러나 존재 자체가 죄일 수도 있다. "모든 열방이 없는 것보다 못하다"는 이사야의 진술이 그저 낯설고 불쾌할 수도 있겠다. "본다고 하니 너희 죄가 그저 있느니라." 이런 언사도 우리의 내면에 저항을 일으키는 말씀이다.

죄가 행동으로 표출되지 않으면 사회법은 침묵한다. 우리의 죄의식은 거기에 익숙해져 있다. 그러나 하나님은 중심을 보신다. 어디까지 보실까? 죄악된 본성을 보신다면 우리는 소망이 없다. 사실 안 보셔도 마찬가지다. 보시지 않는다고 그것을 모르시는 것은 아니다.

복음서에 기록된 예수님의 율법 재해석을 보면 우리의 머리와 마음에 착상이 된 생각까지 분명한 책임을 물으신다. 미움과 음란한 생각이 그런 것에 해당된다. 그러나 "만물보다 심히 부패하고 거짓된 것이 인간의 마음"이란 사실묘사 이후에 "이를 누가 알리요마는"이라는 빈곤한 현실인식 대목을 주목하면 "무의식" 영역에서 벌어지는 마음의 실상이 어떠한지, 그것에 대한 하나님의 반응은 어떤 것인지를 대충 짐작하게 된다. 용서를 해 주어도 용서에 대한 감사가 발동하기 어려운 영역이다.

우리의 본성이 죄에서 자유롭지 않다는 사실에 근거해서 본다면 우리의 의식 속에서 일어나는 일들에 대해서만 명시적 책임을 묻는 것은 하나님의 은혜라고 볼 수밖에 없다. "여호와의 인자와 긍휼이 무궁하기 때문에 우리가 진멸되지 않는다"는 예레미야 애가의 기록은 이를 꼬집은 말인지도 모르겠다.

그러나 간과하지 말자. 저질러진 범죄를 용서하고 덮어주는 것에서 발견되는 은혜와 긍휼도 있지만 우리의 의식에 걸러지지 않는 사안에 대해서도 인자와 긍휼의 무궁함이 우리의 마땅한 진멸을 막아서고 있다는 것을.

왜 범사에 감사해야 하나? 우리의 의식이나 동의와 무관하게 은혜의 무궁한 충만이 우리의 존재를 떠받치고 있기 때문이다. 뿐만 아니라 홍수로 인류를 쓸어도 해결되지 않을 정도로 본성의 심연에 똬리를 튼 죄를 무궁한 인자와 긍휼로 인하여 빛보다 빠른 속도로 용서하고 또 용서하고 계시기 때문이다. 가까운 가시적 문맥에서 벌어지는 일들의 인과를 지나치게 과장하여 그것에 우리의 감사를 맡기는 것은 도둑이나 강도의 수준과 다르지가 않다.

날마다 죽어도 해소되지 않을 우리의 죄 문제를 간과한 채 올려드리는 감사는 관념의 유희일 뿐이다. 아무리 고상한 척 해도 그냥 '멋지잖아' 정도의 자위적 감사에 경박한 금박을 입힌 회칠한 무덤 수준의 속임수에 불과하다. 하나님을 아는 지식만큼 우리는 감사할 수 있다. 우리의 죄성을 아는 지식만큼 하나님께 감사할 수 있다. 하나님과 우리를 아는 지식이 없이도 정직할 수 있는 방법은 존재하지 않는다.

하나님께 취하는 우리의 모든 반응이 그런 원리에서 자유롭지 않다. 하나님의 거룩과 인간의 죄를 동시에 말하지 않은채 막연한 소망이나 긍정으로 가득한 책은 마약이며 지적 흥분제일 뿐이다. 기분을 돋구면서 가장 소중한 것을 빼앗기 때문이다. 죄에 대한 지식의 부요함은 결코 우리를 멸망으로 이끌지 않는다. 영원한 구원과 감사로 귀결되는 첩경이다.

83
하나님의 공의로운 보응

나 여호와는 심장을 살피며 폐부를 시험하고 각각 그의 행위와 그의 행실대로 보응하나니 (렘17:10)

하나님은 우리의 행위와 행실대로 보응하기 위해 우리의 심장을 살피시고 폐부를 시험하는 분이시다. "살핀다"는 것은 눈으로 무언가를 알아내는 정보 취득 행위를 가리키지 않는다. 하나님의 관심이 우리의 외모가 아니라 의중을 꿰뚫어 보신다는 의미이다. "시험"도 합격과 불합격 여부를 가리는 테스트가 아니라 보이지 않는 내면의 모든 영적 작용까지 훤히 보시고 아신다는 것이다. 우리의 행위와 행실에 대한 하나님의 보응은 하나님의 눈에 알려진 우리의 의중과 동기에 근거한다.

우리는 세상의 불쾌한 모순과 터무니 없는 부조리에 진저리가 났다. 우리의 이러한 반응은 대체로 "우리의 눈"에 관찰되고 확인된 사실에 근거한다. 사악한 자들이 권세를 휘두르고 간사한 자들이 성공한다. 게으른 사기꾼이 돈다발을 껴안고 야비한 남자와 요염한 여자가 순수한 미녀와 훈남을 차지한다. 우리의 의협심은 이러한 사실들에 발끈한다. 익히 들었던 신적인 공평함이 이런 것이라면 신은 존재하지 않거나 존재한다 할지라도 수상한 속성을 가진 존재일 것이라는 추정에 물증을 확보한 것처럼 신에게 불쾌하고 미워진다.

그러나 우리가 가진 공평의 박약한 개념과 초라한 기준을 인정하고 내려 놓는다면 하나님의 속성을 의심하지 않고 그분의 길이 참으심에 탄복하게 된다. 하나님은 전지한 신이시다. 우리가 보는 것처럼 보시고 아는 만큼 아시는 분이 아니시다. 우리가 알지 못하는 보다 심오한 차원의 증거와 물증을 가진 분이시다. 하나님의 판단과 보응은 결코 우리가 고작 인간적인 수단으로 긁어모은 증거에 의존하지 않으시고 거기에 제한되지 않으신다. 하나님의 증거 수집력은 우리가 아무리 과하게 상상해도 그 상상을 초월한다.

하나님이 주목하고 기준으로 삼으시는 우리의 심장과 폐부는 "만물보다 심히 거짓되고 부패"했다. 이는 거짓과 부패에 있어서 인간의 마음을 능가하는 존재가 없음을 의미한다. 인간이 거짓과 부패의 대명사가 된 이유는 거짓의 아비요 부패의 괴수인 사탄과의 결탁 때문이다. 하나님이 보시는 인간의 마음은 그래서 거짓되고 부패했다. 그렇지 않다고 생각하는 것은 자신의 마음에 대한 과신이다. 하나님이 보시기에 괜찮은 마음의 소유자는 없다. 그냥 스스로 괜찮다고 자위하며 자기최면 상태로 들어갔을 뿐이다.

그러나 하나님의 눈에는 의로운 자도 없고 깨닫는 자도 없고 그렇다고 하나님을 추구하는 자도 없고 선을 행하는 자는 더더욱 없다. 목구멍은 열린 무덤이고 혀에는 속임으로 충만하고 입술에는 독사의 독을 머금었다. 당연히 나오는 것은 저주와 악독이다. 게다가 피 흘리는 일에 민첩함은 과히 경이롭다. 파멸과 고생을 자초한다. 평강의 길로 안내하는 이정표에 일말의 눈길도 할애하지 않는다. 영혼의 창문에는 하나님을 경외함의 실루엣도 내비치지 않는다. 게다가 자신을 평가절상할 목적으로 저급한 기준 찾기에 골몰한다.

하나님의 말씀을 기준으로 주변을 관찰하면 하나님의 공의로운 보응을 노래하지 않는 사건은 하나도 없음을 확인한다. 모순과 부조리가 우리의 시야와 의식을 여전히 장악하고 있다면 그것은 아직도 하나님의 공의로운 보응을 관찰하지 못한 결과이다. 하나님은 분초마다 시험하고 판결하고 보응하는 분이시다. 하나님의 보응에는 중단과 단절이 없다. 하나님은 어제나 오늘이나 영원토록 행위와 행실대로 갚으신다. 행위와 행실의 무게는 하나님의 호주머니 안에 있는 신비로운 저울추에 좌우된다.

우리의 눈에 모순과 부조리 현상이 걸리는 것은 하나님의 의로운 판결에 이의를 제기할 근거 제거를 위함이다. 이로써 하나님의 판단에 항변할 자가 없어진다. 하나님의 심오한 판단력을 다 파악하진 못해도 그 판단을 반박할 수는 없을 정도의 현상이 만인들의 눈에 관찰되는 것도 하나님의 오묘한 섭리이다. 인간의 죄악된 행실과, 그 행실을 밀어낸 인간의 거짓되고 부패한 마음과, 죄악된 행실에 대한 자의적 해석과 자만, 그것에 대한 하나님의 의로운 판단과 그 판단에 대한 인간의 심경과 반응과 항변까지 구석구석 고려된 섭리의 신적인 촘촘함이 참으로 경이롭다.

하나님은 인간의 심장을 살피시고 폐부를 시험하사 행위와 행실대로 갚으시는 분이시다. 이것은 하나님의 섭리를 참으로 정교하게 묘사한 진술이다.

84
나의 기뻐하는 바는?

이스라엘 자손들아 이것이 너희가 기뻐하는 바니라 (암4:5)

하나님은 우리가 어떤 기쁨에 적응되어 있는지를 정확하게 아신다. 아모스의 입술을 통해 이스라엘 자손들이 기뻐하는 바라고 언급하신 항목들을 보면 은밀한 치부가 들킨 듯 얼굴에 뜨거운 수치심이 번진다. 1) 너희는 벧엘에 가서 범죄하며, 2) 길갈에 가서 죄를 더하며, 3) 아침마다 너희 희생을, 4) 삼일마다 너희의 십일조를 드리며, 5) 누룩 넣은 것을 불살라 수은제로 드리며, 6) 낙헌제를 소리내어 선포해라.

참으로 무서운 말이다. 이는 우상을 숭배하고 말씀을 내던지는 죄를 저질러도 아침마다 희생을 드리고 삼일마다 십일조를 드리고 수은제와 낙헌제를 드리기만 하면 된다는 인간의 심연에 깔린 무례한 발상을 꼬집으신 하나님의 말씀이다. 수은제는 하나님과 이스라엘 백성 사이의 화목과 평화를 상징하는 제사이고 낙헌제는 하나님의 선하심에 감사하는 자발적인 마음의 제사를 뜻한다.

이러한 구약적인 반어법은 죄를 지어도 회개하면 그만이란 신약적인 발상의 무례와도 맞물려 있다. 그러니까 이스라엘 자손에게 외친 선지자의 불호령은 우리의 죄성도 겨냥한 것이다. 지금도 불의로 번 돈이라 할지라도 십일조를 내면 괜찮다며 불법적인 면죄부를 스스로 발부하는 작태가 가관이다. 이는 하나님을 회개나 하고 몇 푼만 투자하면 약발이 적당히 먹히고 달래지는 존재라고 여기는 까닭이다.

아모스에 기록된 이스라엘 자손들의 기뻐하던 항목들은 지금도 교회 가운데서 성행하고 있는 듯하다. 적잖은 사람들이 죄를 실컷 저지르고 죄의 결과로서 얻어지는 땅에서의 음흉한 혜택들과 결탁한 채로 예배당 앞자리에 보이도록 착석하고 고액의 헌금으로 교회의 향방을 주무르고 있다. 회개의 겉모양을 갖추고 때때로 주차안내나 연출된 겸손 행보로 목회자나 성도의 적당한 인지도를 확보하면 안심이다. 그러고 나서 하나님의 거룩한 이름을 망령되이 일컫기를 중단하지 않는다. 마치 대단한 경건의 소유자인 듯 도취된 채로.

이런 '우리'더러 하나님은 죄짓고 제사와 십일조로 무마하는 종교적 가식의 길을 갈 데까지 가보라고 하신다. 이런 어법이 무서운 것이다. 이런 표현에는 죄의 심각성과 진노의 엄중함이 동시에 담겨 있기 때문이다. 체면이나 인정 때문에 서로 괜찮다며 끈적한 동지애를 발휘할 때가 아니다. 세상에서 지적되는 수준의 기독교 불경에 대응하는 정도가 아니라 불꽃 같은 눈동자로 보시는 하나님의 엄밀한 기준에 입각한 처신의 긴급성을 느껴야 할 시점이다. 무엇보다 지금 교회가 기뻐하는 바가 어떤 것인지를 정직하게 묻고 확인하는 것이 필요하다. 교회가 아니 우리 개개인이 성경을 정면으로 거스르는 체질과 기호를 가지고 있는데도 여전히 편들어 주고 있지 않은가? 무슨 대단한 의리인 것처럼 지인들의 접대성 두둔을 기대하는 것은 아닌가 말이다. 우리의 이런 체질과 기호부터 쇄신해야 한다. 나쁜 칭찬과 두둔은 기대도 말고 살포도 말아야 할 것 같다. 서운할 수 있고 관계에 적신호가 올 수도 있다. 하지만 교회에는 생명력이 더해지고 개인은 경건이 연습되고 복음의 증거는 탄력을 받는다.

자리만 위태롭지 않고 관계성만 흔들리지 않는다면 경건도 헌 신짝처럼 내던지는 꼴불견이 최소한 나에게는 연출되는 일이 없도록 우리 각자가 스스로를 돌아보는 일에 민첩하면 참으로 좋겠다.

85
교만이 속인다

너의 중심의 교만이 너를 속였도다 (옵1:3)

에돔에 대한 오바댜의 묵시록에 언급된 구절이다. 에돔은 에서 가문을 대표한다. 에서와 야곱이 잉태 동기로서 리브가 자궁에 들어선 첫 출입 때부터 그들의 관계성은 '큰 자가 작은 자를 섬기리라' 하신 하나님의 말씀에 의존했다. 그런데 에돔은 피로 맺어진 천륜도 깨뜨리고 섬겨야 할 대상인 야곱 가문을 오히려 멸절과 정복의 대상으로 여겨 살상과 약탈의 검을 무시로 휘둘렀다.

그들의 하극상 행보는 생계의 절박이라는 그나마 수긍의 고개라도 끄덕여 줄 명분에서 나온 불가피한 선택이 아니었다. 그들의 은밀한 속뜻을 가늠할 대목은 바로 '누가 능히 나를 땅에 끌어 내릴까' 구절이다. 그들의 막무가내식 칼부림은 '큰 자가 작은 자를 섬긴다'는 특이한 언명의 주어이신 하나님을 조롱하고 비웃는 것이었다. 이에 오바댜의 입술에 임한 하나님의 준엄한 평가는 그들의 교만이 그들을 속였다는 것이다.

죄를 알기도 전에 하나님은 에서를 미워하고 야곱은 사랑했다. 이는 교회사 속에서 무수히 많은 이들에게 알레르기 반응을 불러일으켰던 예정 이야기다. 그러나 이는 구약과 신약의 목젖을 떨면서 출고된 공통의 목소리다. 사람의 합리적인 이성으로 하여금 백기투항을 요청하는 대목이다. 심지어 하나님께 편애가 없다고 한 바울의 고백에도 '모순'의 짱돌을 날리는 메시지다. 한마디로 납득이 안 간다. 당연히 '내 머리로 납득되지 않으면 하나님의 할배라 할지라도 편들지 않겠다'는 사람이 나온다. 심하면 에돔의 경우처럼 천륜 뒤집기도 하나님을 향해서는 저항의 의사표현으로 가볍게 채택된다.

여기서 난 겸손을 생각한다. 교만은 야만적인 에돔 족속의 전유물이 아니다. 우리는 에돔과 동일한 성정의 소유자다. 이는 오바댜 후반부가 이스라엘 백성 이야기로 채워지는 이유다. 비록 내용이 멸망과 구원으로 대립을 이루고 있으나 서로 상통하는 스토리다. 겸손과 교만이 겨우 백지의 간격으로 서로 밀착되어 있음을 보이기 위함이다. 이사야의 묵시록에 '정직으로 세상의 겸손한 자를 판단할 것'이라는 말씀에 나오는 '정직' 개념도 색채만 다를뿐 실상 겸손과 동일하다.

겸손은 하나님의 말씀을 있는 그대로 믿는 자에게서 발견된다. 말씀 앞에서 정직을 붙드는 게, 이성의 피가 거꾸로 흐르고 상식의 배알이 뒤틀리는 일이라는 거 안다. 오히려 상식과 합리성을 동반하여 세상을 설득하고 급기야 하나님을 등지게 하는 방편으로 동원되는 겸손의 껍데기가 사방에 즐비하다. 진정한 겸손은 그럼에도 불구하고 하나님의 입에서 나오는 모든 말씀을 가공하지 않은 그대로 먹고 마시는 자의 소산이다.

단언한다. 사람은 그런 방식으로 하나님의 말씀을 아는 만큼 겸손하다. 아무리 탄탄한 합리로 무장되어 있어도 말씀이 거절되면 스스로의 음흉한 교만에 속은 것이다. 그래도 성경을 읽다가 여전히 낯설고 모순적인 대목을 만나면 두려움이 앞서는 것은 교만한 자를 낮추시고 겸손한 자를 높이시는 하나님을 아는 지식이 있어서다. 말씀과 겸손은 불가분의 운명이다.

신약 묵상

01
높은 기준치

사람이 등불을 켜서 말 아래 두지 아니하고 등경 위에 두나니 (마5:15)

의식과 관심의 문화화는 선악의 문제는 아니지만 적절한 주의가 필요하다. 문화의 변화에 따라 사람의 의식과 관심도 변해서다. 안다는 것과 아는 것을 어떻게 아느냐의 인식론에 있어서도 문화는 변화의 주도적인 인자다. 인식도 문화의 장단에 맞추어 춤추기 때문이다. 과학이 발달하면 인식론의 결도 과학만큼 예리하고 정교해야 우리의 의식과 관심도 만족하고 안식에 도달한다. 하나님의 존재를 증명하는 문제도 정밀도가 달라졌다. 물론 오늘날 존재를 가늠하는 수단과 존재의 유무를 판단하는 잣대의 발달은 과히 상상을 초월한다.

그러나 보는 눈과 듣는 귀의 확장일 뿐 지각으로 인지하는 본질과 방식은 아무것도 달라지지 않았다. 지금의 최첨단 과학으론 사이즈가 10의 마이너스 18승미터 아래로만 내려가도 존재의 상태는 파악되지 않고 존재의 유무조차 가늠하지 못한다. 이것이 지금의 유행이다. 시대마다 문화의 변동을 따라 성경의 객관성과 진정성에 멸시와 조롱을 보내는 무리들이 늘상 있었다. 문제는 객관성과 진정성을 판단하는 세상적 기준의 미숙과 가변성에 있다. 물론 오늘날 과학의 발달로 많은 오류들이 벗겨진 것은 긍정적인 측면이다.

그러나 성경의 진리와 권위와 객관을 가볍게 무시할 정도로 과학의 판단 기준치가 높아진 것은 아니다. 얼마든지 변동될 수 있는 기준치의 가변적인 속성도 문제다. 그러니 판단은 늘 무지의 도착적인 향연일 뿐이라고, 이후 세대의 판단에 스스로 무덤을 파는 격이겠다. 지나가는 유행성 기준치의 새로운 등장에 열광하고 과장하고 경도되는 것이 섭리의 부분일 수는 있겠으나 불변의 진리를 알고 고수하는 자들이 지향해야 할 방향은 아니다. 정교한 최첨단 학문의 속성은 극미시와 극거시 세계의 과학적 탐구가 보여준 한계로도 충분하다.

다양한 분야의 최첨단 무대에서 주름잡는 사람들의 성경 부정적인 언사가 때때로 귀에 거슬린다. 성경에 대한 의도적인 거절일 수도 있겠고 스스로가 그들이 가진 저급한 유행성 기준치의 희생물일 가능성도 배제하지 못하겠다. 어떤 경우이든 비판의 마침표는 그들이 아니다. 그들의 문제는 교회가 늘 세상과 역사 전체를 의식하며 제시하고 살아내고 풍겨내야 할 높은 진리의 기준치를 제시하지 못해서다. 사람들이 설득되는 일반적인 기준치 이상의 높은 기준치 제시의 책임은 교회에 있다. 교회가 보여주지 않으면 경험할 수 없는 기준이 있다.

항상 영원을 의식하고 살아내며 증거해야 할 성경에 입각한 기준치 제시의 과제에 교회가 부응하고 있는지를 자문하게 된다. 우리의 의식과 관심이 깊고 높고 넓고 길지 않으면 안되겠다. 세상의 무딘 기준과 판단의 잣대로도 위협을 느낀다면 교회가 교회답지 않은 거다.

02
염려하지 말라

염려하지 말라 (마6:25)

이 명령은 생의 존립과 직결된 먹고 마시고 주거하는 의식주와 결부되어 있다. 있으면 좋고 없어도 무관한 생의 악세사리 조항이 아니라는 이야기다. 땅에서의 생이 짧으신 젊은 주님께서 무심코 내뱉으신 현실과 동떨어진 과장법일 뿐이라고 보기에는 사유의 규모가 방대하고 논리가 치밀하다. 창조와 섭리, 인간과 다른 피조물의 관계와 가치비교, 번영의 아이콘인 솔로몬을 능가하는 들풀의 영광, 하나님 나라의 우선순위, 이 모든 거대한 담론들이 '염려'라는 우리의 성향을 둘러싸고 절묘한 질서를 따라 쏟아진다.

우리 주님은 염려하는 것(μεριμνάω) 자체를 문제 삼지는 않으셨다. 주님의 금령은 염려의 대상과 관계한다. 염려는 인간의 본성이다. 제거하지 못한다. 우리가 조절하고 선택할 수 있는 것은 염려의 대상이다. '염려'나 '근심'이란 단어를 부정적인 뜻으로만 보아서는 안된다. 바울은 이런 단어를 사용하여 하나님의 뜻대로 하는 근심은 후회가 없는 회개를 이루고 세상의 근심은 사망에 이른다는 진술로 대상의 중요성을 강조했다. 독신자를 논하면서 그는 주님의 일을 염려하여 주님의 기쁘심에 몰입하게 된다는 건강하고 바람직한 염려도 언급했다.

문제는 우리가 경계해야 할 염려의 대상인 세상이 그리 만만치가 않다는 것이다. 정직하고 성실하게 먹고 사는 일이 죽는 것보다도 각박하고 어려운 게 현실이다. 다양한 종류의 골리앗과 늑대들이 거대한 창과 날카로운 이빨로 생존을 위협하고 있어서다. 염려의 끈을 조금만 늦추어도 살벌한 적자생존 무대에서 도태될지 모른다. 이처럼 목숨을 위해 음식과 주거를 걱정하지 않을 수 없는 엄중한 상황인데 염려하지 말라는 건 논리적으로 아구가 도무지 안 맞는다. 주님의 존재를 생략하면 그렇다는 이야기다. 이 명령에 명령자가 고려되면 이야기가 달라진다.

'염려하지 말라'는 말이 염려의 대상에 대한 것이라는 사실과 동일하게 중요한 것은 그 명령의 주체가 주님이란 사실이다. 주님은 엄숙한 명령만 내리시고 관심의 손을 떼시는 분이 아니시다. '염려하지 말라'는 것은 주님의 의지와 계획과 섭리와 맞물린 명령이다. 세상은 우리에게 위협적인 존재이나 주님께는 그렇지가 않다. 세상과 세상의 모든 권세들을 주관하고 계신 주님께서 '염려하지 말라'고 하신 것은 세상보다 크고 높으신 주님께서 우리와 세상 끝날까지 영원토록 함께 하신다는 의지의 다른 표명이다. '염려하지 말라'는 건 그리스도 안에서의 상황이다. 즉 '주님 안에 거하라'는 명령이다.

세상보다 크신 주님을 떠나면 세상보다 작은 우리는 세상을 염려할 수밖에 없다. 세상 근심으로 일평생을 소진하고 만다. 그러나 비록 세상의 근심이 아무리 압도적인 것이라 할지라도 그것은 아직까지 비유에 불과하다. 우리의 가장 심각하고 궁극적인 염려와 근심은 하나님을 떠난다는 것 자체이다. 세상은 고작해야 코의 물리적인 호흡을 인질로 삼아 일시적인 심술을 부리지만 하나님은 영혼을 능히 영원토록 멸하시는 분이시기 때문이다. 예레미야 선지자의 증언처럼 하나님을 버림이 우리가 염려해야 할 가장 본질적인 고통이다. 이는 주님께서 우리에게 하나님의 나라와 의를 염려의 대상으로 삼으라고 하신 이유겠다.

목숨을 위하여는 염려하지 말라. 그러나 주님을 위하여는 염려의 바다에 잠기자.

03
존재가 선행된 추구

거룩한 것을 개에게 주지 말며 너희 진주를 돼지 앞에 던지지 말라 (마7:6)

성경에서 개는 대체로 부정적인 뉘앙스로 언급된다. 개는 들짐승에 찢겨 죽은 동물을 먹고 토한 것을 다시 삼키며 죽은 사람의 피를 핥는 동물이다. 이를테면 나봇과 아합의 피를 핥았고 이세벨의 시체를 삼켰으며 사도 요한은 마술사, 음란한 자, 살인자, 우상숭배 및 거짓말을 하는 자들을 개들이라 칭하였다.

거룩한 것은 개에게 어울리지 않는다. 진주가 그 값어치를 모르는 돼지에게 적합하지 않은 것도 같은 맥락이다. 돼지에게 있어 가치의 기준은 자신의 위장이다. 고귀한 것은 고귀함을 알고 존중하는 자에게 주어짐이 합당하다. 그렇지 않으면 아무리 고귀한 진주라도 주어진 자에게 불편과 불평의 원인이 되고 그 자체도 멸시되고 짓밟힌다.

예수님은 이 말씀을 하신 이후에 구하고 찾고 두드리라 하셨다는 게 중요하다. 하나님은 결코 거룩한 것을 개에게 주시지 않고 진주를 돼지에게 던지지 않으시는 분이시다. 어떻게 두드리고 찾고 구하라는 말씀인가? 거룩한 것에 합당한 자가 되어야 하고 진주의 값어치를 알고 존중하는 자가 되어야 한다는 존재론적 접근이 필요하다.

하나님은 깨끗함을 깨끗한 자에게 보이시고, 거룩함을 거룩한 자에게 보이시고, 의로움을 의로운 자에게 보이신다. 하나님은 증오심이 가득한 자에게 긍휼을 맡기지 않으시고, 시기심이 가득한 자에게 공감의 비밀을 맡기지 않으시며, 거짓된 자에게 정직을 맡기지 않으시고, 포악한 자에게 자비를 맡기지 않으신다.

하나님께 무언가를 구하고 찾고 두드리는 자는 먼저 구하는 것에 합당한 존재가 되어야 할 것이 요청된다. 예수님이 복되다고 말씀하신 팔복의 내용을 살펴보면 복된 자의 됨됨이 때문에 그가 복되다고 말씀하고 있음을 감지하게 된다. 개나 돼지는 존재의 변화가 없이는 본질상 어떠한 가치나 의미도 누리지를 못한다.

여호와의 눈은 지금도 온 땅을 두루 감찰하사 전심으로 자기에게 향하는 자들을 위하여 능력을 베푸시는 분이시다. 하나님께 전심으로 향하는 자들에게 하나님은 온 땅과 만민을 사랑하고 섬기도록 하늘과 땅의 모든 권세까지 주실지도 모른다. 아들도 아끼지 않고 죽음에 내어주신 그분께서 우리에게 무언가를 주시고자 하신다는 말이다.

그리스도 예수와 같은 자가 복되다. 심령이 가난하여 자신을 다 비우고 종의 형체를 입으시고 죽기까지 순종하신 그분, 자신의 죄도 아닌데 우리의 죄를 위하여 온 인류의 비참을 애통해 하신 그분, 의를 위하여 억울한 핍박을 도살장에 끌려가는 소처럼 묵묵히 받으신 그분, 자신의 생명으로 원수조차 화목하게 하신 그분과 같은 자 말이다.

교회는 하나님이 주시는 것으로 온 세상과 만민을 섬기는 게 가능하다. 개의 더러움과 돼지의 무지에서 벗어나야 하겠다. 거룩한 하나님의 말씀이 교회에서 더럽게 변질되어 개가 핥고, 진주보다 더 고귀한 하나님의 이름이 돼지의 발굽에 짓밟히는 일들이 없어지기 위해서는 존재의 거듭남에 준하는 개혁이 필요한 듯하다. 중생의 씻음과 진리의 지식!

04
자발성 발휘

천국은 침노를 당하나니 (마11:12)

하나님께 모든 것을 맡긴다는 것은 모두가 동의하는 아름다운 믿음의 모습이다. 믿음의 사람들이 갈등의 기로에서 늘 붙들었던 진로결정의 불변하는 정석이다. 그 배후에는 주님께서 한번도 나를 실망시킨 적이 없다는 그분에 대한 신뢰가 결정적인 원인으로 있다. 동시에 모든 것을 하나님께 내맡기는 삶에 대한 교회의 줄기찬 훈시도 한 몫 거든다. 하나님 앞에서의 정직이 요청되는 대목이다.

자신에게 묻는다. 천국은 침노를 당한다는 우리 편에서의 자발성 발휘는 무엇을 뜻하는가? 자발성 없이 살아가는 많은 사람들이 유난히 안타까운 마음으로 눈에 밟힌다. 대체로 결정된 법과 형성된 문화와 학습된 관행을 따라 '물 흐르듯' 살아간다. 별 무리없이 편하게 흘러가는 삶이면 굳이 자발성을 발휘하지 않아도 되고 발휘할 필요성도 느끼지 못한다. 기도 드리고 신뢰하고 모든 것을 맡기고 되는대로 살아가는 삶, 여기에 부족한 듯 느껴지는 2%는 무엇일까?

내가 보기에는 자발성의 건강한 발휘가 빠졌다. 천국은 침노를 당한다는 말씀, 우리의 적극적인 자발성 발휘를 촉구하는 이 말씀은 대체로 하나님에 대한 전폭적인 신뢰와 피동적인 순종 개념에 의해 주변으로 밀려난 듯하다. 자신의 몸을 스스로 쳐서 복종하고 눈이라도 내어주고 먼저 찾아가 존경하고 힘써 주를 섬기라는 주님의 명령은, 주님께 모든 것을 맡긴다는 내성으로 길들여진 '우수한' 신앙에 오히려 적극성 발휘를 요청하고 있다.

자발성과 피동성은 이해의 절묘한 균형을 요구한다. 영광을 하나님께 돌림에 있어서는 피동성을 강조하고, 하나님이 주시고자 하는 높은 차원의 선물을 수용함에 있어서는 자발성이 강조된다. 천국을 침노하는 주체가 우리라는 것은 자발성을 요구한다. 그러나 이것은 우리가 열심히 노력하면 노력한 만큼의 신령한 보상을 받는다는 인과응보 개념과는 다르다는 사실에 주의해야 한다. 우리가 천국을 침노하는 것은 천국이 비록 선물로 주어지는 것이지만 천국의 자발적인 취득자인 것처럼 높은 차원의 향유가 가능한 방식이다.

이처럼 하나님의 깊고 고급한 선물은 그것을 수납하는 방식도 거기에 부응해야 한다는 의미에서 우리의 자발성 발휘가 요청되는 것이다. 그러나 천국을 침노했을 때에 그것이 마치 나의 능력과 의지로 이루어진 일인 것처럼 공로와 영광을 스스로 취하는 것은 불법이다. 하나님의 것은 하나님께 돌림이 마땅하다. 자발성 발휘도 하나님의 선물을 취하도록 준비하신 하나님의 은혜이기 때문이다.

05
깨달음의 복

너희가 듣기는 들어도 깨닫지 못할 것이요 보기는 보아도 알지 못하리라 (마13:14)

성경 텍스트를 읽었는데 나에게 의미가 되지 않는 경우가 이따금씩 있다. 그때마다 아찔하다. 송이꿀도 비기지 못하는 영적 당분의 보고인 말씀을 먹는데도 그 천상의 맛이 느껴지지 않는다는 것은 심각한 건강의 적신호이기 때문이다.

위의 말씀은 1세기에 예수님을 보고서도, 그의 말씀을 듣고서도 알지 못했던 당대 이스라엘 백성의 시대적 어두움을 꼬집는다. 이는 빛의 근원이신 분이 오셔서 인류에게 가장 명료한 계시가 되셨어도 영적 지각들이 기능하지 않고 캄캄함 속에 갇혀 있어서다.

하나님의 본체이신 분이 사람에게 보이고 들리도록 사람의 육체를 입고 오셨어도 깨닫지를 못한다는 것은 어쩌면 정상인지 모르겠다. 이는 눈과 귀의 비정상 때문이 아니라 죄로 일그러진 인간의 본성 때문이다. 지각의 문제가 아니라 보다 근원적인 문제 때문이다.

예수님은 "너희 눈은 봄으로, 너희 귀는 들음으로 복이 있도다"고 하시었다. 눈의 보는 기능과 귀의 듣는 기능은 주님께 의존하고 있다는 이야기다. 보고 들었다면 주께서 은총을 베푸신 증거다. 눈과 귀가 우리의 것이어도 주께서 주관하는 기관이라는 말씀이다.

하나님의 말씀을 펼쳤지만 의미가 읽어지지 않을 때마다 나는 복을 각하며, 볼 수 있고 들을 수 있는 복을 간구한다. 그리고 성경을 깨닫는 것은, 세상의 이치를 읽는 것은, 사회의 생리를 감지하는 것은 다 주께서 거저 베푸신 복의 결과라는 것을 곱씹는다.

오늘도 하나님의 말씀을 읽었지만 좀처럼 의미가 모습을 드러내지 않아 무진장 답답했다. 그러나 당황하지 않고 답답함 자체를 해부의 대상으로 삼고 그 속에도 깨달음의 조각이 있지는 않을까를 살피다가 깨달음 자체의 복된 속성과 진지하게 마주쳤다.

주님은 자기를 찾는 자들에게 어떻게든 은혜를 베푸신다. 도무지 깨달음이 비집고 들어갈 수 없도록 딱딱한 머리의 소유자도 이렇게 은총에 잠기게 만드신다. 멋지신 분!

06
예수님의 세금관

아들들은 세를 면하리라 그러나 우리가 저희로 성나게 하지 않기 위하여…나와 너를 위하여 주라 (마17:26-27)

예수님과 사도들의 세금관이 고스란히 드러난 구절이다. 예수님과 제자들은 세금을 냈다. 그것도 이스라엘 정부가 아니라 지배국의 세관에게 내는 것이어서 유대인의 불편한 심기도 건드리고 민족의 복음화도 무기한 지체될 소지가 다분한 판단을 내리셨다.

오히려 납세를 거부하면 유대인의 환심을 비롯하여 애족심, 민족의 영도자, 저항의 등불 등등의 건질만한 명분이 따랐을 텐데도 주님은 납부를 택하셨다. 납세의 유무라는 행위의 외형이 아니라 그런 판단의 동기를 살피는 게 중요하다.

천지를 지으신 창조자와 소유자가 되신 주님께 세금을 내라고 납세 고지서를 내밀 개념 없는 피조물은 없다. 하지만 주님은 나라가 나라를 빼앗고 힘의 지배가 국가간의 질서였던 질풍노도 시대의 한복판에 서 계실 때에라도 성실한 세금 납부자의 본을 보이셨고 성직자의 대표격에 해당하는 사도들도 그리하라 하셨다. 이유는 덕을 세우기 위해서다. 관원들을 성나게 하지 않으려고 그러셨던 거다. '고작 그런 근거' 때문에 이 중차대한 세금 문제에 이토록 가벼운 처신을 하신 거냐는 까칠한 반문도 얼마든지 가능하다. 나도 발끈했던 대목이다.

그러나 타인에게 덕을 세우는 문제는 '고작 그런 근거'가 아니라는 사실 때문에 재해석에 들어갔다. 타인의 양심과 타인의 유익을 먼저 추구하는 건 기독교 사회윤리 강령의 일번지다. 이런 근거를 따라 바울은 자신에게 합법적인 것들이라 할지라도 타인에게 덕을 세우지 않는다면 적법한 자유와 권리조차 포기할 정도였다. 덕의 중요성이 확인되는 대목이다. 즉, 덕은 자유나 합법보다 우선한다. 심지어 불이익과 억울함에 대해서도 덕이 앞선다.

시시비비 따지고 옳고그름 가리는 것, 다 좋다. 그러나 자신의 손익에 수종드는 것이라면 좋지가 않다. 사실과 옳음도 타인의 양심과 유익을 추구하는 맥락에서 비로소 정당한 가치를 획득하기 때문이다. 무작정 손해만 보라는 말이 아니다. 타인의 유익을 구한다는 건 화폐로 산정되는 단편적인 유익을 넘어 복음의 진리가 전해지는 궁극적인 유익 추구를 뜻한다.

공세를 납부하는 것도 그런 맥락에서 이해해야 한다. 1세기에 비해 지금은 공세의 개념이나 종류나 방식이나 범위나 대상이나 액수 등등에서 현저히 달라졌기 때문에 획일적인 대응은 곤란하다. 당연히 결론 없는 갑론을박 논쟁이 난무한다. 많은 사람들이 적법성을 따지는 선에서 대체로 넘어진다. 합법도 덕 앞에서 상대적인 것으로 돌린 바울이 이런 장면을 본다면 미간이 구겨질 일이겠다. 세금 납부의 유무가 아니라 기준의 변질 때문이다. 비록 반론의 이빨에 자갈을 물리는 사실과 적법과 옳음에 이른다 할지라도 사단이 노리는 패배의 핵심은 기준의 하향 평준화다. 그 지점에서 넘어진 거다.

소득원이 불안정하면서 삶도 수반되지 않은 경박한 언사를 내뱉은 것으로 여길 수도 있겠다. 사실이다. 그러나 그렇다 할지라도 앞으로 그렇게 하고 싶다는 마음의 다짐으로 보시면 되겠다.

07
이웃을 사랑하는 방식

네 이웃을 네 몸과 같이 사랑하라 (마22:39)

'사람은 하나님의 형상대로 지음을 받았으나 죄인'이다. 이러한 사실을 전제로 타인과의 교제를 시작하는 것이 좋다고 생각한다. 아무리 간사하고 포악한 사람이라 할지라도 하나님의 형상대로 지음을 받았다는 소멸될 수 없는 창조적 존엄성은 타락 이후에도 여전히 존중해야 한다. 그리고 아무리 진실하고 경건한 사람이라 할지라도 본성의 타락 때문에 사기와 배신의 가능성은 여전히 남아 있다. 즉 한 영혼이 천하보다 분명히 귀하면서 그의 마음은 만물보다 심히 거짓되고 부패되어 있다는 양립 불가능해 보이는 두 진실의 엄연한 공존 때문이다.

이런 전제로 이웃과 인연을 맺는다는 것은 신학적, 심리적, 정치적 입맛에 맞는 사람들만 교제의 대상으로 제한하는 것과 구별된다. 신학적 논적이나 다른 성격의 소유자나 정치적 반대파라 할지라도 교제의 삼팔선을 긋는 행위는 최종적인 판단이 되어야 한다. 또한 교제의 단절이라는 극단적인 조치 후에라도 그가 하나님의 형상대로 지음을 받았다는 인간의 태생적 존엄성에 기반한 이웃의 관계성은 여전히 유효하다. 그리고 나에게는 원수라 할지라도 하나님 편에서는 택자로 발견될 가능성을 누구도 부인하지 못한다. 그래서 이웃의 개념은 친구의 개념보다 넓다.

둘도 없는 단짝으로 긴밀한 관계를 일평생 맺어온 친구라 할지라도 죄인인 이상 언제든지 황당하고 도무지 믿겨지지 않는 배신의 등을 보일 가능성은 얼마든지 있다. 가까이 지내면 서로의 허물과 연약함을 누구보다 더 잘 아는 사이가 된다. 그래서 가까이 지낼수록 배신의 칼은 깊숙이 들어간다. 그러나 상대방에 대해 많이 안다는 것은 뛰어난 정보 취득력을 발휘해서 '고급' 인맥을 두루 장악하고, 나중에 혹 수가 틀어질 경우에 꺼낼 카드를 준비하는 노후보장 행위가 아니다. 지식에는 그만큼 보호하고 도와야 할 사랑의 책임이 수반된다. 어떤 타인의 은밀한 지식을 취하도록 그와의 근거리 교제를 허락하신 주님의 뜻은 사랑이다.

　이웃을 내 몸처럼 사랑하지 않으면 사회의 근간이 무너진다. 밀착교제 개념도 소멸된다. 가슴을 열고 진실을 소통하는 분위기는 냉각된다. 아무리 가까워도 동떨어진 남남이다. 친구나 이웃의 개념은 겨우 지갑의 윤택과 관계할 뿐이다. 하나님의 형상 때문에 인간이 천하보다 귀하다는 성경적 전제가 소멸된 약육강식 사회에서 관계적 해법을 기대하는 것은 순진하고 무모하다. 여기에 교회의 존재감이 발휘될 자리가 있다. 교회는 아무리 은밀하고 깊은 속사정을 나누어도 불안하지 않는 곳이어야 한다. 교회는 사랑의 공동체요 진리의 터와 기둥이다. 사랑과 진실이 소멸되면 교회의 정체성은 분해되고 사회의 터와 기둥은 주저앉을 수밖에 없다.

　어떠한 경우에도 하나님의 형상대로 지음 받은 인간을 천하보다 귀하게 여기고 비록 배신의 깊숙한 상처가 예견될지라도 교회는 이웃을 내 몸처럼 사랑하라 하신 주님의 유일한 마지막 계명이 준수되는 최후의 보루여야 하겠다. 내 인생을 최악으로 몰아갈 속사정도 털어놓을 수 있는 신뢰 분위기를 사회에 수혈할 수 있는 마지막 소망 말이다. 하지만 가장 큰 배신의 상처가 돌아올 수 있다는 껄끄러운 가능성을 각오하지 않으면 그런 신뢰 분위기는 조성되지 않기에 희생적인 판단이 요청되는 일이기는 하다. 제자들의 배신을 알면서도 가장 깊숙한 것을 나누신 예수님의 판단에 동참할 용기가 쉽게 생기지는 않는다.

08
율법의 하한선

이것도 행하고 저것도 버리지 말아야 할지니라 (마23:23)

 율법의 보다 중요한 의미로서 정의와 자비와 신뢰를 버린 바리새인과 서기관 무리를 책망하는 문맥에서 예수님의 핵심 율법관이 제시된 대목이다. 예수님의 의도를 잘 간파한 바울의 말처럼 율법의 속성은 거룩하고 의롭고 선하다. '하라'나 '하지마라' 형식의 명령은 하나님의 궁극적인 의도도 아니고 우리가 이르러야 할 삶의 지고한 가치 상한선도 아니다. 응급조치 차원에서 잠시 있다가 소멸될 시한부 규범으로 제시된 것도 아니다. 최소한 이 이상은 내려가지 말라고, 더 내려가면 삶의 기반조차 와해될지 모를 덕과 행실의 항구적인 하한선을 그어준 것으로 봄이 타당하다.

 일례로 십계명의 도적질 금지는 타인의 소유물을 임의로 취하지 않는다고 해서 온전히 준수되는 계명은 아니다. 바울은 도적질 금지령의 적극적 의미가 '빈궁한 자에게 구제할 것이 있기 위하여 제 손으로 수고하여 선한 일을 하라'는 것이라고 설명한다. 궁핍이 생계의 존립마저 위협하면 도적질은 생존의 수단으로 채택된다. 이런 상태가 사회 전반에 굳어지면 도적질은 급기야 적법한 지위까지 탈환하는 거북한 수순이 이어진다. 도적질하지 말라는 율법은 이처럼 내가 그런 행실을 범하지 않는다고 끝나는 게 아니다. 절박한 가난과 결핍으로 대표되는 타인의 도적질 동기까지 엄격히 제거하는 구제의 적극적인 실천을 요구하고 있다.

 '율법의 보다 중요한 의와 인과 신은 바라지도 않는다'는 기독교에 대한 세간의 평가가 심히 불쾌하고 괘씸한데 딱히 반박할 근거가 희박하다. '안 그러는 사람이 더 많아'라는 대응도 여전히 궁색하다. 각종 비리와 탈법의 구린내가 교회의 회계장부 갈피마다 진동하기 때문이다. 사회적 윤리의 하한선 끝자락에 손가락 몇 개로 겨우 버티는 교회의 윤리 실종 사태가 처처에 횡행하기 때문이다. 주께서 고개를 드실 수가 없도록 이방인 중에서 모독을 당하신다. 사회적 질서의 평균치만 들이대도 지위나 명예의 모가지가 달아날 부끄러운 짓들이 교회에서 은밀한 관행처럼 묵인된다. 이러한 태도가 마치 건덕의 최선책인 양 용인되는 건 하나님의 징계가 이미 심각하게 진행되고 있다는 증거다.

우리는 의와 인과 신이라는 율법의 상한선을 당연히 추구해야 할 것이지만, 예수님의 말씀처럼 '하라 말라'는 율법의 하한선도 버리지 말아야 할 것이다. 이에 대해 나는 당당하냐? 그렇지가 않다. 율법의 정죄를 피하거나 버틸 사람은 아무도 없다. 그러므로 각자 자신을 먼저 돌아보고 돌이킴이 우선이다. 그것이 저항과 개혁의 목소리가 된다면 주의 크신 은혜가 우리에게 남아 있다는 증거일 것이다.

09
모든 소유를 버리란다

누구든지 자기의 모든 소유를 버리지 아니하면 능히 내 제자가 되지 못하리라 (눅14:33)

예수님은 "누구든지 자기의 모든 소유를 버리지 아니하면 능히 내 제자가 되지 못한다"고 하셨다. "소유"에는 "자기 부모와 처자와 형제와 자매와 및 자기 목숨까지" 포함된다. 이 말씀에 부응하는 목회자의 길을 걷고 싶다. 이 말씀과 아무런 상관도 없는 길을 걷고 있지는 않은지, 어쩌면 이 말씀이 하나도 의식되지 않는 길만 약삭빠르게 골라서 가고 있는 건 아닌지 돌아보게 된다.

여기서 "소유를 버린다"는 "모든 소유를 버릴 수도 있어야 한다"는 가능성이 아니라 "모든 소유를 버려야 한다"는 당위성과 관계된 문제이다. 순종하기 어려운 말씀의 의미를 이해하려 할 때마다 인간의 상식에 호소하며 인본적 해석을 더하려는 생각이 신속하게 작동한다. 곧장 그런 도모에 협조할 명분이나 설득력 높은 자료나 권위를 찾는다. 찾으면 다행이나 못 찾으면 조작해서라도 조작된 인위적 권위에 호소하려 한다.

반인륜에 가까운 하나님의 말씀을 접할 때마다 우리 주님이 '수사학'의 달인일 것이라는 불경한 의심이 삽시간에 뇌리를 장악한다. 그러나 그러한 의심의 순간마다 우리를 자유케 하는 것은 "성경이 그 자체가 성경을 해석하는 유일하고 최종적인 주석"(Scriptura sui ipsius commentarium solum et ultimum)이란 사실이다. 사람의 판단과 상식이 개입해도 될 만한 구절들이 바로 자신의 가장 깊은 자아를 부인하고 하나님의 주권을 인정할 절호의 계기가 된다.

"누구든지 자기 친족 특히 자기 가족을 돌아보지 아니하면 믿음을 배반한 자요 불신자보다 더 악한 자니라"고 하며 동시에 "모든 소유를 버리라"는 예수님의 말씀은 제자됨의 가치가 얼마나 큰 것인지를 교훈하는 "수사학의 신적인 달인"만이 구사할 수 있는 화법이다. 그래서 나는 예수님의 제자가 되어 섬기고자 하는 대상에는 가족들도 배제되지 않는다는 사실을 간과하지 않는다.

허나 나 자신과 관계된 모든 것에 부와 명예가 돌아가는 의도적인 목적을 따라 섬긴다면 참 제자가 아닐 것이다. 가족들은 챙겼을지 몰라도 "모든 소유를 버린 것"은 아니기 때문이다. 교회나 이웃에게 짐이 되지 않도록 자기 가족들을 일순위로 돌보면서 자신에게 유익이 될 만한 어떠한 소유도 목적으로 추구하지 않는 자만이 제자도의 좁은 길에 합당한 자라고 생각된다.

가족들을 제대로 챙기는 게 가장의 도리이다. 동시에 나 자신과 의식의 촉수가 미치는 확대된 자아에게 쌀 한 톨의 소유라도 돌아오게 할 목적일랑 일절 거절하되 능동적으로 거부하고 맞서 싸우는 게 부름을 받은 자의 본분이다. 자기의 모든 소유를 버린다는 것은 어떠한 것도 나를 위하지 않고 하나님을 위하여 사용해야 한다는 것을 의미한다. 소유의 물리적인 포기가 아니라 소유물을 대하는 태도와 방향에 대한 이야기다.

10
부자와 나사로 이야기

살았을 때 너는 좋은 것을 받았고 나사로는 고난을 받았으니 이것을 기억하라 (눅16:25)

부자와 나사로에 대한 예수님의 설명은 물질로 말미암는 구원인 듯하다. 이것은 믿음으로 주어지는 구원과는 어떻게 다른가? 만약 다르지가 않다면 어떻게 이해해야 하는가?

누가복음 16장을 베 보자기에 걸러 나오는 내용의 엑기스는 다음과 같다. 율법에 대한 내용과 율법을 대하는 우리의 태도이다. 그것이 삶에 펼쳐진 내용은 물질에 관계된 행위이고, 이렇게 경험과 이론과 태도가 버무려진 장면이 부자와 나사로 이야기로 구체화 되었다는 것이다.

이처럼 복합적인 내용을 먼저 인간 문맥에서 경험되는 부자의 물질적인 삶으로 시작하는 가장 용이한 방식으로 설명한 후 부자의 형제들과 관련하여 구약의 권위가 부활이란 주제와 더불어 부각되고 있음을 특별히 주목할 필요가 있다. 이것은 구원에 있어서 구약과 신약의 통일성과 직결된 문제이고 히브리서 4장이 풀어내고 있는 것처럼 구약이나 신약이나 사람들이 동일한 복음을 받았으나 안식에 들어가지 못한 것은 '믿음이 합하지 않았다'는 공통의 이유가 지적되고 있음을 주시해야 한다.

우리가 율법과 다른 의로서 믿음으로 말미암는 구원을 생각할 때에 행위와 믿음의 대립적 구조보다는 행위는 믿음의 표상이고 믿음은 행위의 씨앗이라 보는 상호 유기적인 관계성에 주목해야 한다. 부자의 물질생활 문제에 대한 아브라함 지적은 외모에 근거한 판단력을 행사한 것이 아니라 믿음을 겨냥한 것이었다. 모세의 증거에 대한 부자 형제들의 불신은 부활한 자가 그들에게 갈지라도 변경되지 않을 것이라는 차원에서 구원에 대한 신구약의 일치성이 선언되고 있다는 것이다.

물질로 가난한 자들을 돕는 것은 야고보가 말한 것처럼 하나님 앞에서의 참된 경건의 일부임에 분명하다. 그러나 그것이 구원을 좌우하는 원인이나 기준이 되는 것은 아니다. 부자의 그릇된 물질 사용 이면에 숨겨진 모세의 증거를 믿지 않았다는 예수님 이야기의 본질을 고려해 보자. 누가복음 15장의 핵심을 행위와 믿음 혹은 율법과 은혜의 대립구도로 해석하는 것은 재고해야 되지 않을까 생각된다.

11
믿음의 취득도 은혜고 보존도 은혜다

내가 너를 위하여 네 믿음이 떨어지지 않기를 기도하였노니 (눅22:32)

믿는다고 해서 믿는 게 아니다. 이는 믿는다는 것의 기준이 저마다 달라서다. 예수님이 아버지께로서 온 것을 비유가 아니라고 밝히 말하셨을 때에 제자들은 "지금은 밝히 말씀하시니 우리가 믿나이다"라고 했다. 그러나 예수님은 "이제는 너희가 믿느냐"며 긍정하는 듯하다가 "너희가 다 각각 제 곳으로 흩어지고 나를 혼자 둘 때가 오나니 벌써 왔도다"는 반전의 언사를 쏟으셨다. 바울은 "만일 누구든지 무엇을 아는 줄로 생각하면 아직도 마땅히 알 것을 알지 못하는 것"이라는 아리송한 표현과 함께 지식의 교만하게 하는 속성을 경계한 바 있다. 안다고 여기는 것이 우리를 속인다. 믿는다고 여기는 것이 우리를 속이는 경우는 왜 없겠나? 제자들의 모습이 가장 명료한 사례를 제공한다.

제자들은 예수님을 믿고 따름에 있어서 그들의 신뢰에 어떠한 의문도 제기할 수 없는 예수님의 가장 가까운 측근 중에 측근이다. 그런 그들이 믿었다고 하면 의심할 수 없는 게 정상이다. 그런데 예수님은 그들 각자의 확신을 믿음으로 보시질 않으셨다. 이런 게 힘든 부분이다. 나의 믿음조차 내가 믿지 못한다는 사실 말이다. 좀 안다고 교만할 거 없다. 믿음에 대한 불굴의 느낌이 들더라도 자만할 거 없다. 하나님을 믿는 믿음도 은혜요 기적이며 그 믿음이 보존되는 것도 은혜요 기적이다.

우리는 은혜를 인하여 믿음으로 말미암아 구원을 얻는다. 물론 그 구원은 지속성과 영구성을 가졌다. 그러나 지속성과 영구성이 하나님의 은혜라는 사실이 생략되면 결정론과 같은 앙상한 공식 뼈다귀만 남는다. 대단히 큰 함정이다. 하나님이 자기 백성을 결코 잊거나 버리지 않으시는 것은 사실이나 하나님의 영원하고 견고한 은혜를 그런 방식으로 증거하고 있다는 보다 근본적인 이유와 의미를 망각하면 안 된다. '구원'이라는 미끼에 걸려 본질적인 것을 다 상실하고서도 그 이유나 실상을 알지 못하는 캄캄함에 매몰된다.

하나님의 자존하심 이외에 저절로 존재하고 보존되는 것은 하나도 없다. 지각되지 않는다고 해서 원인이 없는 것은 아니다. 믿음도 구원도 공식을 따라 한번 취득되면 상실되지 않는다는 기계적인 지식에 안주하지 말고 취득과 보존이 모두 하나님의 중단되지 않는 항구적 은혜라는 사실을 기억하자. 우리가 믿는 믿음은 누군가가 그것을 붙드시기 때문에 가능하고 지금도 그 믿음이 보존되는 것은 그것을 붙드시는 분이 계시기 때문이다. 무인격적 공식으로 하나님의 인격적인 사랑과 은혜를 대체하는 것은 큰 무지이다.

12
성경이 좋다

이 말씀은 곧 하나님이시니라 (요1:1)

인간의 글은 의미의 바닥이 쉽게 드러난다. 그러나 성경은 그 언어의 저자가 하나님인 이상 의미의 분량은 무한하다. 요한은 말씀과 하나님을 동일시한다. 이보다 깊은 철학이 있을까? 성경과 하나님 사이의 관계도 이런 맥락에서 이해함이 좋다. 타자화가 불가피한 인간의 언어 특성조차 속박하지 못하는 성경의 언어는 영원토록 하나님이 주어로 계신 살아있는 계시이다. 성경의 언어는 그 의미가 독자에게 맡겨지지 않았다.

계시하신 분도 그분이요, 그것을 해석하는 것도 그분의 조명이요, 해석된 의미의 성취도 그분의 일이요, 그 모든 것들이 합력하여 하나님의 영광을 나타내신 것도 하나님의 자기 계시이다. 지금도 살아계신 하나님을 생각할 때에, 성경은 영원히 계신 그분이 모든 인류에게 전하고자 하시는 말씀의 기록이라 하겠다. 특정한 인물이나 계급이나 환경이나 시대적 풍조에 얽매일 수 없는 영원하고 무한하고 불변하신 하나님의 언어이다.

아무리 탁월한 해석의 열반에 이르러도 내 것이라 주장할 수 있는 것이 하나도 없도록 하나님의 말씀은 하나님 자신이 주어로 남는 기록의 방식으로 우리에게 주어졌다. 이것이 바로 성경이다. 원문을 읽고 분석하는 경험이 축적되면 마치 우리가 해석의 주체인 것처럼 착각하게 된다. 이것은 인간 자신을 향하는 경향성에 기인한다. 그러나 성경이 자체의 해석자요 (scriptura sui ipsius interpres) 성경과 성경을 비교하는 방식(collatio locorum)

속에서 성령의 조명(illuminatio spiritus sancti)으로 자체의 의미를 드러내고 있다는 종교개혁 해석학의 기본을 망각하는 것은 의식의 감시망도 은밀하게 뚫은 인간의 죄성이라 아니할 수 없다.

하나님의 말씀은 참으로 신비롭고 그보다 더 큰 선물이 없을 인류의 가장 보편적인 선물이다. 말씀으로 만물을 창조하신 신비보다 그것을 언어로 표상하고 설명하되 하나님이 궁극적인 저자요 주어가 되셔서 창조의 가치와 의미와 목적과 방향과 본질을 밝히는 성경이 나에게는 더 신비롭고 큰 선물로 보인다.

13
외면당한 선물

빛이 어두움에 비치되 어둠이 깨닫지 못하더라 (요1:5)

사람의 성정은 아담과 하와의 타락으로 심히 뒤틀어져 가치의 경중과 고저 감별력이 사망 수준이다. 주님께서 주기를 원하시는 것에 아무런 감흥도 느끼지 못하고 오히려 그것을 멸시하고 박대하는 경우도 당연하게 여겨지는 것이 그 증거다. 구약과 신약시대 그리고 지금까지 주님은 자신이 주기를 원하시는 최고의 것을 주고자 하셨다. 그러나 우리의 부패한 기호에 떠밀려 늘 외면을 당하셨다.

자신의 생명보다 소중한 것이 없어 그것을 주시려고 오셨으나 자기 백성들은 그분을 멀리하고 저주했다. 선물로 주어진 주님을 타락한 분노의 발로 밟고 목숨까지 빼앗았다. 그렇게 흉폭하여 정상적인 대화와 관계가 불가능한 우리의 성정을 아시고도 마술적인 전능을 동원하지 않으셨다. 그저 그들의 흉포함을 있는 그대로 자신의 생명으로 받으셨다. 그래도 깨닫지를 못하였다. 하나님께 무슨 짓을 하였는지, 하나님을 적대시할 정도로 얼마나 적대적인 본성의 골이 깊은지를 인정하고 반성하는 기미조차 보이지 않았다.

수틀리면 하나님도 안중에 없고 주께 맞서 무례한 칼을 겨누는 극심한 부패상은 예수님을 죽음으로 내몬 유대인을 통해 표출되었다. 부패한 심령은 특정한 민족의 전유물이 아니다. 유대인은 하나님을 알고 그의 법도도 알고 그의 백성이라 칭하는 자들이라 할지라도 어디까지 망가질 수 있는지, 그 무서운 실상을 경고하고 교훈하는 샘플일 뿐이다. 주님은 본성이 죄로 장악된 우리에게 최상급 진주를 주고자 하셨으나 돼지의 말초적인 식견을 따라 오물이 묻은 발굽으로 짓밟히는 꼴을 당하셨던 것이다. 이는 지금도 끊임없이 재연되고 있다.

 주님이 자신을 선물로 주시려고 해도 그 가치와 사랑을 읽어내지 못한다면? 안목의 부재가 어쩌면 주께서 인류에게 내리신 재앙의 핵심일 수 있다는 생각까지 든다. 나는 지금도 뒤틀린 기호에 집착하는 인간의 옛 습관으로 주님의 선물을 수시로 거절한다. 주께서 주시고자 하는 그것을 기대하고 만족하고 감사하는 삶을 경주해야 하겠다.

14
말씀의 본질

말씀이 육신이 되어 (요1:14)

신앙의 현주소를 진단하는 시금석은 성경을 대하는 우리의 태도라고 생각한다. 성경을 텍스트와 문자와 종이로 이루어진 문헌적인 현상으로 간주하는 사람들이 많다. 성경을 대하는 올바른 태도의 부재로 인해 빈 공간이 생기면 반드시 다른 인위적인 태도들이 슬그머니 그리로 잠입한다. 이로 말미암은 성경의 인간화는 필연적인 결과겠다. 어떻게 해야 하나?

성경을 묘사함에 있어서 히브리서 기자는 "하나님의 말씀"이란 문구를 사용한다. 정확하고 정당하다. 여기서 "하나님의 말씀"은 기록된 성경과 그리스도 예수를 모두 가리키고 있다는 사실이 중요하다. 성경을 대하는 태도는 그리스도 예수를 대하는 태도와 긴밀하게 연결되어 있다. 예수님을 말씀이 육신이 되신 분이라고 한 요한의 기록이 이를 변호한다.

말씀의 본질과 속성은 그리스도 안에서 발견된다. 성경은 정보 꾸러미가 아니다. 히브리서 기자는 하나님의 말씀이 살았으며 운동력이 있다고 진술한다. 그리고 말씀 앞에서는 만물이 벌거벗은 것처럼 드러나게 된다고도 했다. 마치 예수님을 묘사하는 듯하다. 예수님은 살았고 운동력이 있으시며, 그의 십자가 앞에서는 인간의 본성과 실체가 영혼의 차원까지 고스란히 드러난다.

성경을 대하는 우리의 태도는 예수님을 대면하는 일과 다르지가 않다. 예수님 자신이 밝히신 것처럼 모든 성경은 말씀이신 예수님을 가리킨다.

성경에는 예수님과 결부되지 않은 어떠한 텍스트도 없다는 이야기다. 그리고 예수님은 말씀의 실제시다. 문자가 아니라 영이시다. 성경을 예수님 대하듯이 읽을 때에 모든 구절의 가장 정확한 의미와 조우하게 됨은 재론의 여지가 없다.

그리고 예수님은 말씀이며 동시에 말씀의 성취시다. 예수님을 배제하면 말씀이 우리에게 의도한 의미와 가치의 성취는 요원해질 것이다. 성경의 어떤 부분을 읽더라도 예수님이 고려되지 않으면 아무리 어원과 문법과 문맥과 시대적 맥락을 골고루 존중해도 여전히 인위적인 해석의 어중간한 중턱에서 불법적인 안식을 취하는 부작용이 불가피할 것이다.

물론 예수님을 가리키는 것과 예수님 자신은 서로 동일하지 않다. 그러나 하나님의 약속을 대하는 태도가 곧 하나님 자신을 대하는 태도듯이 성경을 대하는 태도는 그것이 가리키는 말씀이신 예수님을 대하는 태도와 결코 분리되지 않는다. 예수님을 대하듯 성경을 대하면 성경의 모든 구절들이 예수님에 대해 입술을 열고 있음이 확인된다.

그렇다고 성경을 신주단지 모시듯 신령하게 여기는 '성경주의' 노선을 밟으라는 이야기가 아니다. 그리스도 예수만이 성경을 대하는 우리의 일그러진 태도와 자세를 가장 올바르게 교정하는 최고급 해법이 되신다는 사실을 말하고자 함이다. 말씀이 육신이 되셨다는 말씀은 우리가 성경을 어떻게 대해야 함을 교훈하는 성경의 가장 강력한 어법이다.

15
주어이신 그리스도

네게 물 좀 달라 하는 이가 누구인 줄 알았더면 (요4:10)

신앙과 신학은 성경의 주어에 대한 물음에서 시작되고 끝맺는다. 이 물음을 놓치면 신앙은 흔들리고 신학은 무너진다. 사탄이 줄기차게 소환하는 세상의 온갖 선악과 시험은 이 물음에서 우리를 떼어놓는 목적을 지향한다. 최소한 나의 눈에는 그렇게 보인다. 하나님이 금하신 선악과를 인류의 첫 조상이 따먹은 사건은 금지령의 주어이신 하나님을 무시하고 하나님께 반역하고 하나님과 맞장을 뜬 범죄이다. 법조문의 위반이나 판단의 미숙이나 행위의 경박이나 좀도둑질 차원이 아니라 명령의 주어와 관계되어 있다.

구약의 일등급 신학자인 욥에게 쏟아진 하나님의 무수하고 깐깐한 질문들은 모두 하나님 자신이 누구냐에 대한 것이었다. 그의 종국적인 반응은 '무지한 말로 이치를 가리우는 자가 누구'냐는 자기 정체성에 관해 자문하는 것이었다. 하나님 앞에서의 인간! 말씀이며 하나님과 함께 계셨고 하나님 자신이시며 육신을 입고 이 땅에 오신 그리스도 예수의 관심사도 '너희는 나를 누구라고 하느냐'에 있으셨다. 수가 성 여인과의 대화에서 그가 묻고 듣고자 하신 물음의 핵심도 '물 좀 달라 하는 이가 누구'냐에 대한 것이었다.

여인의 궁극적인 문제는 일평생 골머리를 앓은 6명의 남편이나 그녀의 껄끄러운 직업에 관한 것이 아니었다. 그녀에게 가장 중요한 것은 그리스도 예수가 누구냐는 것이었다. 그가 누구신 줄 알았다면 그녀는 생의 근본이 달라졌을 것이기 때문이다. 그리스도 즉 메시야라 하는 이가 오시면 모든 것들에 대해 알려주실 것인데, 그가 계시하실 내용의 본질은 예배의 처소가 아니라 하나님 자신이다. 예배의 처소는 영과 진리이다. 그 처소로 나아가는 길은 메시야 자신이다. 동시에 진리시기 때문에 예배의 처소도 되신다.

 그분으로 말미암지 않으면 누구도 아버지 하나님께 나아가지 못한다. 그리스도 밖에서는 누구도 하나님을 예배하지 못한다. 영원한 생수이신 그리스도 예수를 모른다면 누구도 결코 목마르지 않을 영생수를 경험하지 못한다. 그래서 주어가 중요하다. 어떠한 분야에 탁월하면 칭찬과 존경이 쏟아진다. 그러나 신학이든 신앙이든 그리스도 예수께로 나아가지 않고 어정쩡한 지점에서 인간적인 칭찬과 존경의 촉수에 찔려 감염되는 순간, 웃고 즐기다가 그리스도 예수를 놓치는 총체적인 상실에 직면한다.

 오늘은 왠지 수가 성의 한 우물가에 온 느낌이다. 예수님의 질문을 곰곰히 곱씹으며 모든 일, 모든 순간마다 그리스도 예수가 내 인생과 신앙과 신학의 주어이길 소망한다.

16
공짜에 대한 단상

뿌리는 자와 거두는 자가 함께 즐거워하게 하려 함이라 (요4:36)

뿌리는 자가 땀을 많이 흘렸다고 가볍게 거두는 자의 즐거움을 시기할 필요는 없다. 하나님의 나라는 노동의 길이와 분량이 아니니까. 하나님이 일하시는 방식은 씨를 뿌리는 자와 열매를 거두는 자가 협력하되 함께 즐거움에 동참하게 하는 것이다. 씨만 뿌리고 거두지를 못하는 사람이 있고 씨뿌림 없이 거두기만 하는 사람도 있다. 사실 즐거움의 한 밥상에 동석하기 어려운 두 부류이다.

뿌리는 것과 거두는 것의 차이는 무엇인가? 사람들은 대체로 뿌리는 것보다 거두는 것의 가치나 의미가 크다고 생각한다. 과연 그러할까? 뿌리든지 거두든지 누구를 위해서 그것을 하느냐가 가치와 의미의 크기를 좌우한다. 시간의 전후가 가치의 척도가 아니라는 말이다. 뿌리는 자를 평하시는 하나님의 고유한 저울추가 있고, 거두는 자를 평하시는 하나님의 고유한 저울추가 있다. 둘의 평면적인 비교는 인간이 판단하는 방식이다. 그러나 하나님은 서로 비교하기 어려운 각자의 고유한 가치를 설정해 두셨기에 인간의 인위적인 비교와 평가는 금물이다. 하나님이 보시기에 어떠냐가 늘 기준이다. 비교는 인간인 내가 어떻게 보느냐와 관계한다.

물론 사람의 눈에는 보이지 않는 기초 혹은 원인에 기여하는 '씨뿌림'의 복보다 이루어진 결과에 기여하는 "거둠"의 복이 커보인다. 그러나 하나님이 판단의 주체라는 사실에 근거할 때, "거두는 것"을 최종적인 가치로 여기거나 "뿌리는 것"보다 우월한 가치라고 여기는 것은 정당하지 않다. 이러한 비교와 판단은 하나님의 공평한 저울추에 대한 도전이요 월권이다.

설명의 차원에서 나는 "거두는 자"보다 "뿌리는 자"가 더 복되다고 생각한다. "거두는 자"는 심지도 않았는데 누리는 자이고 "뿌리는 자"는 거둠이 없어도 뿌리는 자이기 때문이다. 즉 "거두는 자"는 받는 자이고 "뿌리는 자"는 주는 자이기 때문이다. 주는 자가 받는 자보다 복되다는 것은 주님의 생각이다. 취하는 자보다 타인이 취하도록 뿌리고 베푸는 자의 손이 더 아름답고 그런 "공짜"를 생산하는 자의 자태가 더 우아하고 향기롭다. 값없이 나누어 주는 '공짜' 마인드는 결과보다는 어떤 원인 때문에 땀 흘리는 것이다. 그 자체만으로 너무도 즐거워 어떤 보상을 기대하지 않는 즐거움에 취한 상태를 의미한다.

물론 뿌리는 자와 거두는 자를 비교하는 것은 최상의 접근법이 아니다. 주님은 이러한 두 종류의 사람을 함께 기뻐해야 하는 동반자로 묘사한다. 그러나 동시에 "뿌리는 자"가 "거두는 자"를 시기하지 말고, 할 수만 있다면 "뿌리는 자"가 되라고 권고하는 듯하다. 이러한 권고가 통하려면 손익의 물질적인 계산보다 하나님의 주머니에 있는 공평한 저울추를 늘 의식하지 않으면 안되겠다.

17
진리의 증거

이 성경이 내게 대하여 증거하는 것이로라 (요5:39)

요한을 여인의 몸에서 난 최고의 인물이라 한 것은 예수님의 평가였다. 그는 진실로 주님의 길을 예비하는 마지막 주자였기 때문에, 그의 입술에는 모든 선지자의 예언자적 무게가 실렸다. 그런데 주님은 요한의 증거보다 더 큰 증거가 있다며 사람에게 증거를 취하지 않겠단다. 그리고서 하시는 말씀이 성부께서 친히 자신을 위하여 증거하며, 그리스도 예수께서 행하신 일이 증거하며, 성경이 그에 대하여 증거하며, 진리의 영이신 성령께서 증거할 것이라고 한다. 진리는 사람에게 맡겨지지 않았고 사람에게 의존하는 것도 아니며 사람이 감당할 수 있는 것도 아니다. 진리는 스스로 증거한다. 성경도 스스로 증거한다. 신학적 용어로는 계시의 자증성이라 하겠다. 천재의 통찰력이 진리의 엄밀성을 보증하지 못하고 인간의 보편성이 진리의 객관성을 담보하지 못한다. 그렇다고 존재감이 없다며 서운해 할 것 없다. 오히려 진리의 증거가 사람에게 맡겨지지 않았고 좌우되지 않는다는 사실이 은혜와 영광과 감사의 원천이다.

칼빈은 세상에서 가장 지고한 지혜의 총화가 하나님과 우리 자신을 아는 지식(cognitio Dei et nostri)이라 하였다. 이런 이중적인 지혜의 맥락에서 그의 교의학은 창조주 및 구속주가 되신 하나님을 아는 지식(de cognitione Dei creatoris et redemptoris)과 성령의 신비로운 역사로 말미암아(arcana operatione Spiritus) 그리스도 예수의 은혜를 인지하고 누리는 방식(De modo percipiendae Christi gratiae) 및 진리를 증거하여 당신의 백성을 모으시는 외적인 수단(De mediis)으로 구성되어 있다. 여기서 흥미로운 대목은 교회가 하나님의 진리가 증거되고 그의 백성들이 초대되는 외적인 수단으로 간주되고 있다는 점이다. 우리를 아는 지식의 핵심이다. 하나님을 아는 진리의 지식은 삼위일체 하나님이 그리스도 예수의 행하신 일들과 성경을 통하여 성령으로 말미암아 친히 증거한다. 그럼 우리는 뭐냐? 진리를 배우고 익히고 살아서 증거하는 외적인 수단으로 영광의 부르심을 받은 그의 증인이다.

'사람이 어찌 하나님께 유익하게 하겠느냐 지혜로운 자도 스스로 유익할 따름'이라 한 엘리바스의 진술이 아프게 꼬집은 것처럼, 우리가 의로운들 전능하신 분에게 무슨 기쁨이 있겠으며 행위가 온전한들 그분에게 무슨 이익이 있겠는가! 하나님의 본질과 영광은 인간으로 말미암아 첨삭되는 일이 결단코 없다. 어떠한 사람도 하나님의 영광에 이르지 못하며 거기에 가감할 수 없는데도 하나님의 진리와 나라가 연약하디 연약한 우리에 의해 마치 좌우될 것 같은 명령문이 때때로 주어지는 것은 그 자체가 어떤 것으로도 표현할 수 없는 은혜와 영광이다. 너희는 가서 모든 족속으로 제자를 삼아 진리를 가르치고 살아내게 하라는 명령을 주면서 주님은 성령으로 말미암아 증인이 되어질 것이라는 은혜의 주도성도 빠뜨리지 않으셨다. 우리는 하나님의 진리를 선포하고 그의 나라를 확장하는 대단한 사명의 수행자로 비장하게 헌신한 것이 아니다. 오히려 세상에서 비천하고 연약하고 없는 자들인데 진리와 관계된 최고의 영광스런 일에 은혜의 부르심을 받아 참여한 것이다.

하나님의 진리를 아는 것은 은혜이며 영광이다. 그 일에 외적인 수단이 되어 다른 사람들이 하나님을 알도록 돕는 일에 쓰인다면 그 자체가 도무지 표현할 길이 없는 영광이요 달려갈 길을 끝마친 이후에는 무익한 종으로서 마땅히 하여야 할 일을 하였을 뿐이라는 고백으로 감사와 영광을 하나님께 돌릴 수밖에 없어야 하는 게 정상이다. 우리의 존재감은 거기에 있다. 모든 귀하고 선하고 올바른 것들의 원천이며 최고의 선 자체이신 하나님을 안다는 게 얼마나 놀랍고 신비롭고 영광스런 일인지를 알지 못하면 우리의 생은 뒤틀린 열심과 조악한 불평과 추루한 자랑과 뻣뻣한 거만과 부당한 생색으로 점철될지 모른다. 주님은 사람에게 증거를 구하지 않으신다. 그게 기본이다. 그럼에도 불구하고 우리를 증인으로 부르셨다. 이미 기본을 초과했다. 이는 어떠한 생이 우리에게 펼쳐져도 하나님을 아는 자로 살아가고 있다면 은혜요, 영광이며, 감사가 마땅한 이유다. 우리는 하나님을 안다. 그리고 살아 있다.

18
그리스도 예수를 생각하며

너희가 나를 찾는 것은 표적을 본 까닭이 아니요 떡을 먹고 배부른 까닭이다 (요6:26)

오병이어 기적은 자연의 질서를 재해석할 단서를 제공한다. 자연에는 자연의 법이 있고 그 법은 인류가 공유하고 있다. 그러나 그것은 보다 높은 차원의 질서로 진입하는 임시적인 디딤돌에 불과하다. 하여 '여기가 좋사오니' 같은 태도로 자연에 안주하는 것은 금물이다. 물론 두 질서 사이에 배타적인 분리가 있는 것은 아니지만 그렇다고 자연의 가시적인 질서를 궁극으로 여기는 건 부당하다. 사람들은 예수님의 행하신 일들을 보고 임금 삼으려고 했다. 모세의 만나는 척박한 광야에서 생존의 문제를 해결했다. 이스라엘 백성들의 역사를 타고 이어지는 회복의 주린 목구멍을 언젠가는 모세와 같은 선지자가 나타나 기름진 것으로 만족시킬 기대감이 소멸되지 않게 하는 결코 망각될 수 없는 추억이다. 그런 이스라엘 백성이 예수님의 오병이어 사건을 목격한다.

드디어 올 것이 온 것이라고 생각할 수밖에 없었다. '억지로 잡아 임금 삼으려는' 그들의 심정이 이해된다. 그러나 예수님의 대응은 차갑고 헛갈린다. 아득한 소망이 눈 앞의 현실로 펼쳐질지 모른다는 무리들의 기대감에 찬물을 끼얹는다. 나를 찾는 것은 표적을 본 까닭이 아니요 떡을 먹고 배부른 까닭이라는 송곳처럼 의표를 찌르는 지적에 정이 뚝 떨어진다. '썩는 양식을 위하여 일하지 말고 영생의 양식을 위하여 하라'는 신중한 권면으로 국권과 민족성의 상실 속에서도 좌절하지 않고 버틸 수 있도록 그들을 지탱해 준 회복의 숭고한 열망을 '썩는 양식'일 뿐이라며 다된 밥상에 재까지 뿌리신다. 만나에 대한 그들의 아름다운 기억에도 재해석의 날을 세우셨다.

그건 '모세가 준 것이 아니라 오직 내 아버지가 하늘에서 내린 참떡'의 비유일 뿐이란다. '하나님의 떡은 하늘에서 내려 세상에게 생명을 주는 것'인데 '내가 곧 생명의 떡'이라고 하신다. 조상들은 '만나를 먹었어도 죽었지만 이는 하늘로서 내려오는 떡이니 사람으로 하여금 먹고 죽지 아니하게 하는 것'이란다. 그리고 '살리는 것은 영이니 육은 무익'하며 '내가 너희에게 이른 말이 생명이요 영이라'고 하신다. 이스라엘 백성은 기대감이 변하여 적개심의 화신으로 변한다. 결국 그들이 기억하고 기대하던 왕국상에 치명적인 흠집을 가한 예수님을 불법의 대명사가 매달리는 십자가의 죽음으로 제거하는 방향으로 가닥을 잡았다.

'하나님의 백성'이 기대하던 왕국과 주님께서 말씀하고 가르치신 '하나님의 왕국'은 너무나도 판이하여 둘 중의 하나가 제거되지 않으면 안되는 형국으로 치달았다. 이스라엘 백성들은 자기의 길을 꺾지 않았고 주님도 주님께서 만세 전부터 의도하신 하나님의 왕국을 '다 이루셨다.' 나는 하나님과 하나님의 나라에 대해 무엇을 바라는가? 예수님을 어떻게 이해하고 있는가? 썩어 없어지는 양식 조달의 수단으로 여기지는 않는가?

예수님에 대한 믿음과 기대감은 내가 가진 야망의 투사일지도 모르겠다. 말씀에 전무하는 이유가 떡 먹고 배부른 까닭에 움직이는 자들이 신주처럼 받드는 현세적인 욕망에 비위를 맞추고 그것을 이용하고 조종하여 사람에게 영광을 취하려는 모리배의 행보는 아닌지를 놀란 가슴으로 돌아보게 된다.

'서로 영광을 취하고 유일하신 하나님의 영광은 구하지 아니하니 어찌 나를 믿을 수 있느냐?' '마지막 때에 믿는 자를 보겠느냐?'고 말씀하고 계신 예수님은 과연 누구신가? 자연적인 질서를 따라 예수님을 이해하고 다수의 동의를 확보하는 넓은 대로행은 우리의 선택이 아니다. 우리는 자연적인 질서가 마치 비유처럼 들러리로 서서 기념하고 있는 예수님이 보여 주신 좁고 협착한 그러나 보다 높은 차원의 질서를 따른다. 오병이어 기적은 그 실체로서 예수님의 살과 피를 먹고 마시는 영적 질서의 비유였다. 썩어 없어지고 먹어도 다시 주려 죽게 되는 만나가 아니라 영이요 생명이신 주님의 말씀이 제공하는 질서에 부응하고 싶다.

19
예수님은 누구신가?

예수께서 이르시되 나는 생명의 떡이니 (요6:35)

오병이어 기적은 자연의 질서를 재해석할 단서를 제공한다. 자연에는 자연의 법이 있고 그 법은 인류가 공유하고 있다. 그러나 그것은 보다 높은 차원의 질서로 진입하는 디딤돌에 불과하다. 하여 '여기가 좋사오니' 같은 태도로 자연에 안주하는 것은 금물이다. 물론 두 질서 사이에 배타적인 분리가 있는 것은 아니지만 그렇다고 자연의 가시적인 질서를 궁극으로 여기는 것은 부당하다.

사람들은 예수님의 행하신 일들을 보고 억지로 임금 삼으려고 했다. 척박한 광야에서 생존의 문제를 해결한 모세의 만나는 이스라엘 백성의 역사를 타고 이어진다. 언젠가는 모세와 같은 선지자가 나타나 회복에 주린 목구멍을 풍요로운 기름기로 만족시키리라는 기대감을 불러일으키는 결코 망각할 수 없는 추억이었다. 이 이스라엘 백성 앞에 예수님의 오병이어 사건이 펼쳐졌다. 그들은 드디어 올 것이 온 것이라고 생각할 수밖에 없었다. '억지로 잡아 임금 삼으려는' 그들의 심정이 이해된다.

그러나 예수님의 대응은 차갑고 헛갈린다. 아득한 소망이 눈 앞의 현실로 펼쳐질지 모른다는 기대감에 찬물을 끼얹는다. '너희가 나를 찾는 것은 표적을 본 까닭이 아니요 떡을 먹고 배부른 까닭'이란 송곳처럼 의표를 찌르는 지적에 정이 뚝 떨어진다. '썩는 양식을 위하여 일하지 말고 영생의 양식을 위하여 하라'는 권면으로 국권과 민족성의 상실 속에서도 좌절하지 않고 버틸 수 있도록 그들을 지탱해 준 회복의 숭고한 열망을 '썩는 양식'일 뿐이라며 다 된 밥상에 재까지 뿌리신다.

만나에 대한 그들의 아름다운 기억에도 재해석의 날을 세우셨다. 그건 '모세가 준 것이 아니라 오직 내 아버지가 하늘에서 내린 참떡'의 비유일 뿐이라고 하신 것이다. '하나님의 떡은 하늘에서 내려 세상에게 생명을 주는 것'인데 '내가 곧 생명의 떡'이라고 하시며, 조상들은 '만나를 먹었어도 죽었지만 이는 하늘로서 내려오는 떡이니 사람으로 하여금 먹고 죽지 아니하게 하는 것'이라고 말씀하셨다. 그리고 '살리는 것은 영이니 육은 무익'하며 '내가 너희에게 이른 말이 생명이요 영이라'는 재해석을 가하셨다.

이스라엘 백성은 기대감이 변하여 적개심의 화신으로 변하였다. 그들이 기억하고 기대하던 왕국 이미지에 치명적인 흠집을 가한 예수님을 그대로 둘 수 없었다. 불법의 원흉들이 매달리는 십자가의 죽음으로 그분을 제거하는 방향으로 가닥을 잡았다. '하나님의 백성'이 기대하던 왕국과 주님께서 말씀하고 가르치신 '하나님의 왕국'은 판이했다. 둘 중의 하나가 제거되지 않으면 안되는 형국으로 치달았다. 이스라엘 백성들은 자기의 길을 꺾지 않았고 주님도 주님께서 만세 전부터 의도하신 하나님의 왕국을 '다 이루셨다.'

나는 하나님과 하나님의 나라에 대해 무엇을 기대하고 있는가? 예수님을 어떻게 이해하고 있는가? 썩어 없어지는 양식 조달의 수단으로 여기지는 않는가? 예수님에 대한 믿음과 기대감은 내가 가진 야망의 투사일 지도 모르겠다. 말씀에 전무한 이유는 떡 먹고 배부른 까닭은 아닌가? 신주처럼 떠받드는 현세적인 욕망에 비위를 맞추고 그것을 이용하고 조종하여 사람에게 영광을 취하려는 모리배의 행보는 아닌지 놀란 가슴으로 성찰하게 된다.

'서로 영광을 취하고 유일하신 하나님의 영광은 구하지 아니하니 어찌 나를 믿을 수 있느냐?' '마지막 때에 믿는 자를 보겠느냐?'고 말씀하고 계신 예수님은 과연 누구신가? 예수님을 이해하기 위해 다수의 동의를 확보하는 넓은 대로행은 결코 우리의 선택이 아니다. 우리는 자연적인 질서가 기념하고 있는 예수님이 보여주신 좁고 협착한, 그러나 보다 높은 차원의 질서에 순응해야 한다.

오병이어 기적은 예수님의 살과 피를 먹고 마시는 영적 질서의 비유이다. 썩어 없어지고 먹어도 다시 주리고 마침내 죽게 되는 일회용 만나가 아니라 영이요 생명이신 주님의 말씀이 제공하는 영원한 질서에 부응하는 자가 되어야 하겠다.

20
역설적인 증인

내가 심판하러 이 세상에 왔으니 보지 못하는 자들은 보게 하고 보는 자들은 소경되게 하려 함이라 (요9:39)

이어서 예수님은 '본다고 하니 저희 죄가 그저 있다'고 하셨다. 뚱딴지 같은 동문서답 어법이다. 보고 듣는 지각에서 가치를 경험하고 축적하며 문명을 이룩하는 인간에게 예수님의 '본다'와 '죄'의 동일시는 억울함을 넘어 냉소까지도 자아낼 수 있겠다. 이는 인간의 생겨먹은 근본을 무시하고 부정하는 것으로 여겨지기 때문이다.

'본다'는 행위는 빛의 협조를 필히 요구한다. 빛과 시간이 같다는 사실에서, '본다'는 것 자체가 가지는 치명적인 한계는 시간의 개입 없이는 이해의 문턱에 한 발짝도 들어서지 못한다는 것에 있다. 시간으로 번역되지 않으면 이해도 납득도 불가능한 게 전두엽 안에 꼬여 있는 인간 이성의 실상이다. 시간의 흐름을 근거로 그 안에서 발생하는 인과의 문법을 가지고 사물과 사태를 해석하는 인간에게 시간의 형식을 상대적인 것으로 돌리고, 심하게는 그 형식을 제거할 수도 있는 영원이라는 개념은 폭행에 가깝다.

세상의 창조에 대한 인간의 이해도 역시 시간에 근거한다. 시간 속에서 펼쳐지는 원인과 결과라는 시간적인 인지의 다발로 엮어주지 않으면 말씀의 명령으로 세상을 만드신 하나님의 창조는 정상적인 시각의 소유자를 소경되게 하는 사안이다. 그런데 성경은 그런 역설들로 충만하다. 영원하신 주님께서 주어로 계셔서다. 그러니 하나님이 계신 것을 믿지 않으면서 성경을 벗기고 세상을 주석하는 건 얼마나 무모하고 어리석은 시도인가!

그래서 증인의 방식이 요구된다. 성도의 삶이 하나님을 보여주는 성경의 해석이요, 진리의 번역이 되어야 한다는 방식 말이다. 이 시간의 세상이 아니라 저 영원의 세상을 근거로 살아가는 성도의 역설적인 삶은 소경의 눈을 밝히는 세상의 빛이다. 그게 소명이다.

21
사람의 영광을 경계하라

저희는 사람의 영광을 하나님의 영광보다 더 사랑했다 (요12:43)

이는 신앙을 가졌으나 출교의 두려움 때문에 예수님을 공적으로 주라 고백하지 못하는 소심한 혹은 비겁한 관원들 이야기다. 그런데 읽으면서 움찔했다. 나도 그런 관원으로 분류될 수 있다는 거북한 느낌 때문이다. 단순히 느낌의 예민함 때문이 아니라 양심조차 거부의 손사래를 치지 못해서다. 물론 사람의 영광을 하나님의 영광보다 소중하게 여기는 양태는 관원들과 다를 것이지만 본질에 있어서는 언급된 관원들과 나 자신이 전혀 다르지가 않다. 생각과 행실이 사람의 영광에 의해 조정되고 그것에 헐떡이는 삐뚤어진 기질을 가졌는데 표출되는 방식이 다르다고 해서 안심할 수는 없는 노릇이다. 사람의 영광이 가진 중독성과 해악성에 단호히 대처하는 태도가 필요하다. 아마도 최상의 해법은 하나님의 영광에 중독되는 것이리라 생각된다.

'영광(독사)'의 의미는 좋은 평판, 칭찬, 명예, 존경 등이다. 문제는 사람의 그런 영광이 마치 마약처럼 우리의 삶을 한번 건드리면 우리 스스로가 그것에 의한 자율적인 결박을 택한다는 것이다. 대중의 박수갈채 맛을 즐기면서 중독되어 헤어나지 못하는 유명인의 이름을 굳이 거명하는 것은 불필요한 일이겠다. 사람들의 칭찬과 존경을 하루라도 복용하지 않으면 삶의 근육이 마비되고 명분과 의미가 실종되는 현상들은 낯설지가 않다. 어쩌면 이러한 증세가 교회에 가장 심각하지 않을까 생각한다. 특별히 설교자의 자리가 위태롭다. 처음에는 은혜로운 말씀을 증거하여 성도들의 상처를 싸매주고 소망을 심으며 진리로 안내하는 기쁨에 취하다가 나중에는 하나님의 기쁨과 무관한 설교로 사람들의 영광을 취득하고 마침내 추락하는 막장이 쉬 펼쳐지기 때문이다.

  글쓰는 작가도, 가르치는 선생들도 자유롭지 않다. 하나님의 진리를 기술하고 가르치는 것과 사람들의 심성을 자극하여 영광을 끌어내는 것 사이의 구분이 모호하다. 그런 모호함이 은밀한 거래를 조장한다. 맛깔스런 글과 교훈을 생산하는 것이 하나님의 영광을 퍼뜨리는 수단인지 사람들의 칭찬을 낚으려는 떡밥인지, 하나님과 본인은 구분한다. 그러나 타인은 내면의 은밀한 동기를 모르기에 대부분 겉으로는 하나님의 영광을 표방하고 속으로는 사람의 영광을 은밀하게 챙긴다. 여기에 자신의 양심이 민감하게 반응하면 자기최면 내지는 망각으로 대응한다. 이는 타인에게 발각되지 않으면서 자신의 양심조차 거리낌이 없어지는 일거양득 신공이다. 어떻게 이렇게 잘 아냐고? 내 안에서 수시로 벌어지는 일들이다. 본문을 읽다가 움찔할 수밖에 없었던 이유기도 하고.

  나는 앞으로 설교하고 글 쓰고 가르치는 일에 종사할 가능성이 농후하다. 그래서 더 오싹하다. 하나님의 영광과 사람의 영광 사이의 택일 문제는 일평생 우리의 삶과 뇌리에서 떠나지 않을 격정적인 화두임에 분명하다. 본격적인 현장에 뛰어들기 전에 그런 선택의 본질을 면밀하게 파악하고 사람의 영광에 쉬 빠지지 않도록 적당한 무신경도 준비해야 겠다. 그럴 기회가 없을지도 모르지만 그런 영광에 중독되는 경우를 위한 자기만의 비상용 해독제도 구비해 두어야 하겠다. 그러나 이렇게 구차한 부산을 떨지 않아도 사람의 영광이 아니라 하나님의 영광을 추구하는 생의 제일가는 목적에 전적으로 중독되어 헤어나올 수 없다면 얼마나 좋을까. 그러나 그런 야무진 꿈은 일찌감치 접으련다. 이 땅을 살아가는 동안에는 실현되지 않을 것이니까.

　오히려 복음을 증거한 이후에 버림이 되지 않으려고 자신의 몸까지 쳐서 복종시킨 바울의 비법에 눈길이 끌린다. 동시에 하나님의 버림을 받았으나 이스라엘 백성과 장로들 앞에서 체면이 구겨지지 않도록 사무엘로 하여금 동행해 달라고 구걸하는 사울의 서글픈 모습도 연상된다. 사울의 비참한 종말을 반면교사 삼고 바울의 고단한 길을 택하는 것이 마음에는 원이로되 육신이 연약하다. 그럴 수 있으면 좋으련만……..

22
말씀의 달인

네가 지금은 알지 못하나 이후에는 알리라 (요13:7)

성경을 읽다가 때때로 낯선 구절들과 만난다. 내 상황과 어떠한 접촉점도 없는 내용들을 접할 때마다 솔직히 관심과 초점이 흐려진다. '주께서 헛다리를 짚으셨네!' 이런 불경한 생각으로 낯선 구절들은 내게 주어지지 않은 양식이라 여기고 중시하지 않게 된다. 그러나 내가 미처 생각하지 못했고 경험하지 않아 내 마음에 와 닿지 않는 구절들이 때때로 내게 가장 긴요한 말씀임을 인정하지 않을 수 없다.

말씀이 내 의식과 주의를 끌지 못하는 건 그 말씀이 쓸데없는 것이라서 그런 것이 아니다. 오히려 그런 현상은 우리의 경험이 짧고 생각이 좁고 마음이 둔하다는 사실을 폭로한다. 모든 인생과 만물과 역사를 다 아시는 주님께서 하신 말씀은 가장 기초적인 사실만 정직하게 생각해 보아도 수긍되는 설명이다. 다소 생소하고 나와 무관하게 보이는 말씀을 접할 때가 의식의 얕음과 경험의 왜소함과 사유의 빈곤을 인정하며 모든 부분에 있어서 우리의 지평을 넓혀야 할 필요성에 직면하는 때다.

원수들이 사방으로 우겨싸고 있어 주님만이 피난처요 안식처가 되신다는 시인의 고백을 접할 때에 가슴에서 아무런 감흥이 일어나지 않는다면, 이는 우리가 너무 평탄한 삶을 살고 있다는 현실을 고발하고 있다고 생각할 수도 있겠지만 보다 정직한 실상은 우리가 인생을 제대로 모르고 있다는 것을 의미한다. 성경이 아니라 우리가 헛다리를 짚는 인생을 산다는 증거다. 성경을 보면서 낯설고 무감각한 구절과 만난다면 전인격적 지평 확대의 호기이니 난해한 구절들을 만나도 성경을 덮지 마라. 오히려 변화와 성장의 기회를 포착함이 마땅하다.

상상할 수 없이 많은 단어들을 알게 된 비결을 털어놓은 어떤 영어의 달인 이야기를 읽었다. 그는 책을 읽을 때마다 전투적인 자세를 취했단다. '내가 모르는 단어가 나오기만 해봐라.' 해서 그는 그런 단어가 나올 때마다 주체할 수 없는 기쁨으로 의미의 살점이 하나도 남지 않도록 그 단어의 뼛속까지 구석구석 발라 먹었단다. 익숙하지 않은 단어와의 만남에 이루 말할 수 없는 극도의 갈증을 지닌 사람들은 걸어 다니는 사전이 되는 거다. 이는 자연법에 해당한다. 의미도 모르고 내용도 생소하고 써먹을 만한 구석이 도무지 발견되지 않는 말씀을 만나거든 꿀보다 더 달콤한 음식을 접한 듯 기뻐하라. 세상은 지금 말씀의 달인들을 요구한다.

23
주의 이름으로 기도하라

내 이름으로 무엇이든 내게 구하면 내가 시행할 것이다 (요14:14)

예수님 명의로 주문서만 제출하면 무엇이든 만사형통 된다는 이야기가 아니다. 아들을 통하여 영광 받으시기 원하시는 아버지의 바람이 투영된 고백이다. 사람들의 미친 욕망의 고삐를 풀어주는 면죄부도 아니다. 이 구절은 오히려 막대한 책임의 자리로의 초청이다.

기도는 예수님의 이름으로 드려져야 한다. 무슨 의미인가? 이는 이 땅에서 추구해야 할 모든 것들이 예수님과 무관하지 않아야만 한다는 의미이다. 예수님의 말씀과 무관하지 않아야 하고 예수님의 의도와 무관하지 않아야 하고 예수님의 존재와 무관하지 않아야 한다.

예수님은 누구시고 왜 이 땅에 오셨으며 무엇을 하셨는지, 알지도 못하고 관심도 없이 그것과 무관하게 드려지는 기도는 기도가 아니다. 응답되는 일도 없고 응답이 우리에게 유익인 것도 아니다. 우리는 예수님 같은 하나님의 아들이 되어야 하고 하나님의 아들처럼 이 땅에서 살아가야 하고 예수님이 이 땅에서 사신 것처럼 살아가야 한다. 그런 방향과 내용을 따라 하나님께 소원을 올리는 게 기도이다. 기도는 이처럼 예수님의 사역과 고난에 동참하는 것이며, 후사로서 예수님의 영광에 참예하는 것이다.

우리는 대체로 우리 각자가 가진 욕망의 실현을 위해 기도라는 방편을 활용하되 거기에 예수님의 명의를 동원하여 응답률을 높이고자 한다. 그러나 예수님의 이름으로 구하는 게 기도라는 사실에서 기도의 본질과 내용과 방식은 전적으로 달라진다. 이는 기도의 본질과 내용과 방식이 구하는 주체가 아니라 누구의 이름으로 하느냐에 좌우되기 때문이다.

예수님은 이러한 말씀도 하시었다. 내 말이 너희 안에 거하고 너희가 내 안에 거하면 무엇이든 구할 것이고 그리하면 모든 구하는 것들이 응답될 것이라고 말이다. 예수님은 말씀이며 그 말씀이 육신으로 오신 분이시다. 그리고 아버지의 뜻을 온전히 성취하는 것을 삶의 목적으로 삼으셨다. 예수님의 모든 말씀은 그분의 삶의 목적과 무관하지 않다. 그렇다면 주님의 말씀이 우리 안에 거할 때에 구하라는 말씀은 우리에게 주의 말씀이 성취되는 방향과 내용과 영광에 동참할 것을 촉구하는 초청의 일환으로 이해하는 것이 합당하다.

기도를 주님의 이름으로 드린다는 것보다 더 기도의 개념과 본질을 잘 해명하는 말씀은 없으리라.

24
미움의 이유가 중요하다

세상이 너희를 미워하면 너희보다 먼저 나를 미워한 줄을 알라 (요15:14)

예수님의 논지에 의하면, 세상은 하나님의 사람들을 미워한다. 이유는 우리가 세상에 속하지 않았고 주님의 택함을 받았기 때문이다. 간단히 말하면 주님 때문이다. 그래서 주님은 "세상이 너희를 미워하면 너희보다 먼저 나를 미워한 줄을 알라"고 하시었고 "사람들이 내 이름을 인하여 이 모든 일을 너희에게 하리"라고 밝히셨다.

과연 사람들은 지금 교회를 미워한다. 극도로 혐오하고 멸시한다. 그런데 문제는 예수님이 미움의 이유가 아니라는 점이다. 예수님과 너무도 달라서다. 교회의 탐욕과 결탁과 타협과 거짓과 음행과 횡령과 독재와 횡포 때문이다. 교회가 캄캄한 세상에 빛이 되기는 커녕 더 짙은 어두움을 드리우고, 썩어가는 세상에 소금이 되지 않고 오히려 부패의 촉매처럼 보여서다.

미움에도 격조라는 게 있다. 미움을 받는다고 무조건 '핍박'이나 '순교'라는 고품격 단어를 소환하는 것은 갑절이나 부끄러운 해석이다. 여기에 "할례 받지 않은 이 블레셋 사람이 누구기에 살아 계시는 하나님의 군대"를 모독하냐며 의분을 토했던 다윗의 언사로 목에 핏대를 올리는 것도 민망한 대처이다.

오늘날 교회가 처한 안타까운 현실은 예수님이 앞서 언급한 내용대로 "사람이 내 안에 거하지 아니하면 가지처럼 밖에 버리워 말라지고 사람들이 이것을 모아다가 불에 던져 사른다"는 말씀의 실현으로 이해함이 보다 합당해 보인다. 교회가 핍박을 받는다고 그것이 무조건 교회가 세상에 속하지 않았다는 증거라고 보기는 어렵다.

교회가 오히려 세상보다 더 세상적일 수도 있어서다. 우리의 개인적인 삶도 그러하다. 혹 핍박과 억울함을 당한다면 그런 현상보다 현상의 이면에 있는 이유를 살펴보는 게 중요하다. 교회가 사나 죽으나 주님이 이유이면, 사랑을 받든지 미움을 받든지 주님이 이유이면 얼마나 좋겠는가.

25
예수님의 억울함은 복음의 진수이다

말씀을 응하게 하려 함이러라 (요18:9)

아무런 이유도 없이 미움을 당하는 것은 억울한 일이다. 그러나 그런 억울함을 당하고도 전혀 다른 문맥에서 보다 깊숙한 곳에 초점을 맞추면 억울함도 상처도 분함도 허상에 불과하고 오히려 역설적인 유익이 있음을 발견한다. 예수님의 삶은 억울함 투성이다. 하나님과 동등됨을 마다하고 사람의 몸으로 오셨으니 사람들이 선한 것이 나올 수 없는 나사렛 촌사람 정도로 여겼던 것은 결코 이상하지 않다.

게다가 모든 사람들이 그 출신을 빤히 아는데 '하나님의 아들이다,' '아버지와 하나다,' '위로부터 왔다' 등의 '불경한' 언사들을 거침없이 토하는 예수님의 행실을 보니 눈꼴이 시리고 불쾌했을 것이다. 그들 입장에서 예수님의 십자가 삶은 억울함과 무관하고 오히려 심은대로 거둔 보응처럼 보였을 것이다. 그러나 우리는 안다. 예수님이 아무런 연고도 없이 당하신 그 억울함을. 빌라도 법정에서 자신의 정결함와 거룩한 신분과 고결한 목적을 정직하고 당당하게 밝혀 판세를 뒤집을 수도 있었는데 그저 우리의 죄 때문에 묵묵히 기다리셨다. '율법에 기록된 바'가 응하도록 피고의 정당한 권한마저 행사하지 않으신 예수님의 속사정을 우리는 안다.

말씀이 응하도록 예수님이 보여주신 이 억울함은 어두움 가운데서 복음의 빛이 가장 화려하고 강렬하게 발휘되는 역설적인 방식이다. 원수들이 까닭 없이 자신을 미워하고 있다며 울분을 토하던 다윗의 억울한 삶이 복음의 본질을 명확하게 보여준 모형인 것처럼 우리에게 혹 주어진 억울함은 복음이 복음답게 증거되는 높은 방편일 수 있다. 그래서 우리는 억울함 속에서도 미소를 잃지 않는다. 부당한 대우가 범람하고 생존에 위협이 가해져도, 정직하고 당당한 반론의 일성을 지를 절호의 기회를 외면한다. 오히려 복음이 제대로 증거되는 열매를 기대하되 그저 말씀이 응하도록 묵묵히 감사와 기쁨으로 우리의 영혼을 하나님께 의탁할 수 있다.

이로써 복음은 그런 것이라고 보여주고, 우리의 운명을 사람이 어찌하지 못함을 보여주고, 예수님을 카피하는 삶의 역설적인 희락을 맛보기로 보여주는 거다. 칼을 뽑으면 타인의 무장만 강화된다. 그러나 십자가를 붙들면 영혼의 무장까지 해제한다. 이런 종류의 자발적 무장해제는 경험하지 않으면 그 맛을 모른다.

26
십자가의 반전

다 이루었다 (요19:30)

일전에 보나벤처 붓으로 묘사된 주님의 수난과 죽음 이야기를 읽었다. 중세의 짙은 어두움은 그를 묵상의 끝 모를 심연으로 내몰았을 게 분명하다. 원문을 분석하고 문법을 운운하고 지식의 정확성 추구에 매달리는 것보다 몸과 영혼이 주님의 십자가에 뛰어드는 참여적인 묵상과 글쓰기가 보나벤처 글의 특징이다.

마리아와 요한과 다른 제자들의 눈동자를 빌리지만 관찰의 목마름은 그들보다 더 갈급해 보인다. 성경 이야기의 행간에 박힌 섬세한 요소를 읽어내되 특별히 육신의 어머니인 마리아의 마음에 감정을 이입한다. 십자가 처형의 모든 과정에 전 영혼을 쏟아부어 동행했을 유일한 사람은 주님의 어머니일 수밖에 없어서다.

잔인한 채찍이 주님의 등짝을 할퀼 때마다 튀기는 핏방울과 고통스런 신음이 마리아를 엄습한다. 주님의 옷자락은 군병들의 거친 손에 찢겨지고 찢어진 조각은 제비뽑기 방식으로 나뉘었다. 주님의 존재가 찢어지는 것이 신적인 진노의 결과인 양 사람에게 책임이 없다는 식으로 그 소유권이 흩어진다.

당국은 좌우에 강도의 십자가를 세우는 간사한 연출로 예수님을 죽어 마땅한 죄인으로 여기는 군중심리를 유도한다. 혹시 모를 민란의 희미한 조짐까지 꼼꼼하게 차단한 것이다. 아들의 죽음을 처음부터 끝까지 지켜

보는 어머니의 찢어지는 가슴과 그 눈물을 지켜보는 아들의 마음은 땅의 문맥에서 주어지는 가장 육중한 슬픔에 짓눌린다.

자신의 멈출 수 없는 눈물과 북받치는 슬픔을 아들이 본다면 십자가에 못 박혀 고통스런 아들의 가슴에 슬픔의 예리한 못까지 박는 원인을 제공할 것이라는 사실을 잘 아는 어머니는 슬픔으로 무너지는 마음을 드러낼 수도 없어 이러지도 저러지도 못하는 복합적인 슬픔에 함몰된다.

그런데 그 슬픔은 '다 이뤘다'는 반전의 언설로 종결된다. 십자가는 인간의 본성적인 비참, 그러나 스스로는 그 심각성을 잘 모르는 비참의 잠재적 극치를 보여주되 바로 그 문제의 해법으로 하나님 자신을 우리에게 주시는 비참의 궁극적인 회복을 제시한다. 걸러 읽어야 할 중세의 신학적 미숙도 드물게 만났지만 보나벤처를 통해 나 자신의 본질과 십자가의 은혜를 경험했다. 이는 절기의 이벤트성 진리와 은혜가 아니기에 바울은 일평생 십자가만 알고 자랑할 것이라고 했다.

27
불쾌할 쓴소리

우리 개인의 권능과 경건으로 이 사람을 걷게 한 것처럼 왜 우리를 주목하느냐 (행3:12)

나면서 앉은뱅이 된 사람이 솔로몬 성전 미문에서 평소처럼 구걸하고 있었다. 그의 기대는 고작해야 동전 몇 닢이었다. 그런데 어느 날 평소처럼 성전을 출입하던 베드로와 요한의 '우리를 보라'는 심상치 않은 목소리가 들렸다. 이전보다 괜찮은 무언가가 주어질 것이라는 암시였다. 설레이는 마음으로 고개를 들었다.

그러나 사도들은 예상을 뒤엎고 "은과 금은 내게 없다"는 금전적인 기대감을 일거에 묵살하는 입장만 밝히는 것이었다. 이어지는 말은 더욱 가관이다. 그리스도 예수의 이름으로 일어나 걸으란다. 앉은뱅이 평생에 처음 경험하는 일이었다. 걷는다는 것은 늘 그림의 떡이었다. 평소의 바람이 아니었다.

그런데 걷기도 하고 뛰기까지 했다. 구하던 것을 받지는 못했으나 순식간에 궁극적인 필요가 채워졌다. 구하던 것을 더 이상 구하지 않아도 되는 해결책이 주어졌다. 믿어지지 않았다. 모든 백성들도 크게 놀랐다. 모두가 범상치 않은 눈빛으로 베드로와 요한을 주목했다. 신령한 기운의 주인공을 교주로 떠받들 기세였다.

이에 베드로가 저항의 입술을 열었다. 이 일을 놀랍게 여기지 말라고 한다. 특정한 개인의 권능과 경건으로 이 사람을 걷게 한 것이 아니니 자신들을 주목하지 말란다. "예수로 말미암아 난 믿음"이 이 사람을 온전하게 했다고 밝히며 기적의 근원을 자신에게 돌리지 않고 예수 그리스도 그 이름의 권능으로 돌린다. 처신이 정확했다.

기적을 일으킨 사도들의 처신은 모든 시대의 범례이다. 기적이 있다면 그리스도 예수의 권능으로 일어난 것이다. 어떤 목회자나 선교사나 신학자나 장로나 집사의 개인적인 권능과 경건에서 비롯되지 않는다. 이것은 경우에 따라 달라지는 핫바지 주장이나 억지가 아니다. 모든 경우에 단 하나의 예외도 없이 적용되는 원리이다.

오늘날에도 설교나 기도나 찬양을 통해 주님의 영광이 나타나고 치유가 일어나고 회복이 발생한다. 그런데 그 공로나 원인을 자신의 개인적인 경건과 권능에 돌리며 사람들의 영광을 취하고 심지어 무소불위의 권력을 휘두르는 교주 수준의 목회자가 곳곳에서 목격된다. 겉모양이 과하지 않으면서 은밀한 실속을 챙기는 자들도 동일하게 교활하다.

베드로와 요한은 그러지 않았다. 한 자락의 영광을 갈취하는 것도 끔찍한 저주처럼 경계했다. 바울과 바나바도 그러했다. 나면서 앉은뱅이 된 자를 일으키자 자신들을 헤르메스와 제우스의 육체적 현시로 간주하는 무리를 향해 격렬한 거부의 반응을 보였다. 옷을 갈기갈기 찢어 몸뚱이를 보이며 "우리도 너희와 같은 성정을 가진 사람"임을 역설했다.

혹 설교를 잘 한다면, 기도에 능력이 있다면, 찬양을 잘 드린다면, 겸손과 온유가 몸에 배어 있다면, 존영과 위엄이 있다면, 기적의 통로가 되었다면 타인과는 다른 자신의 우월성을 입증하는 증거인 양 간교하게 이득의 방편으로 잽싸게 돌려서는 안된다. 오히려 다른 모든 사람들과 성정이 같다는 사실을 인정하고 보여주는 사도적 처신이 요청된다.

교회의 규모와 무관하게 성공과 출세와 자랑에 헐떡이는 욕망의 본질은 동일하다. 특히 대형교회의 경우에는 그런 욕망의 외면화가 현저하게 나타난다. 돈도 챙기고, 명예도 챙기고, 존경도 챙긴다. 아부도 챙기고,

권력도 챙기고, 뇌물도 챙긴다. 괜찮다고 생각되는 것들은 마구잡이로 삼킨다. 약간의 체면이 있는 사람들은 다른 듯 보이지만 고도의 은신술을 구사하여 사람들의 눈을 가릴 뿐이다.

개인의 권능과 경건이 나쁘다는 소리가 아니다. 그것을 이익의 방편으로 삼는다는 게 문제라는 이야기다. 모든 영광과 존귀와 찬양을 그리스도 예수께 돌리지 않고 자신에게 돌린다는 게 늘상 교회의 치명적인 문제였다. 모든 시대에 그러했다. 지금도 다르지가 않다. 이는 유명세를 경험한 사람만이 아니라 모두가 경계해야 할 문제이다.

어떠한 이적과 기사도 개인의 권능과 경건에서 비롯되지 않았다는 사실, 목회 인생이 끝나는 순간까지 의식의 손아귀로 거머쥐고 있어야 할 사도들의 교훈이다. 아니 죽을 때까지다.

28
베드로의 그림자

다 나음을 얻으니라 (행5:16)

베드로의 그림자, 사람들은 치유를 위해 그 그림자에 덮이려고 그가 출입하는 곳마다 운집했다. 놀라운 사실은 예루살렘 근읍 허다한 사람들도 모였고, 병든 사람들과 더러운 귀신에게 괴로움 받는 사람들이 "다" 나음을 얻었다는 것이다.

이는 신령한 만병통치 그림자 이야기가 아니다. 두 가지 목소리가 들린다. 하나는 우리를 부르시는 하나님의 목소리다. 다른 하나는 죄와 고통의 땅에서 신음하는 사람들의 목소리다. 어느 것 하나라도 외면하지 말아야 한다.

첫째로 하나님의 목소리는 지금의 나 자신을 다그치고 계신다. 내가 누구인지, 후사의 신분과 상태가 합당한 존재인지 다급한 질문들을 스스로에게 던지는 목소리다. 두번째는 어디를 가도 마음의 고막을 울리는 목소리다. 이 목소리는 썩어짐의 종노릇에 눌린 피조물의 신음이다. 피조물의 신음보다 더 굵고 선명한 목소리는 사람들의 그것이다. 연약하고, 가난하고, 무지하고, 무력하고, 절망스런 형편에 처하여 강함과 부요함과 생명의 지식과 능력과 소망을 기다리며 회복의 때를 갈구하는 목소리다. 웃음 밑에서도 들리고 흥분의 탄성 속에서도 그 저변에는 감추어지지 않는 신음이 있다.

내 주변에는 진실되고 성실하게 살아가는 사람들이 많이 있다. 외모로 판단하여 속사람이 죽어가는 현실에 등 돌리지 말자. 세상의 그 절박한 생명과 소망의 요청을 외면하지 말자. 부요한 것처럼 보여도, 웃음이라는 화려한 장신구로 가려도, 그 속에는 여전히 영원한 생명과 무한한 소망의 갈증이 있음을 외면하지 말자. 그림자라 할지라도 그것으로 타인들을 섬길 수 있을진대 하물며 마음과 생명으로 베푸는 섬김과 수고는 얼마나 향기로운 것일까?

주님의 부르심과 세상의 신음은 결코 분리된 것이 아니다. 연결되어 있으며 그렇게 연결되어 있도록 하신 것이 하나님의 은혜요 섭리이다. 베드로의 그림자에라도 덮히기 소망하는 사람들은 지금도 많이 있다. 안타까운 모습을 긍휼히 여기며 그 자리를 바라보자.

29
주어지신 하나님

하나님은 생명과 호흡과 만물을 친히 주시는 분이시다 (행17:25)

우리에게 있는 것들 중에 받지 아니한 것이 하나도 없다. 본문은 그 주어진 것들의 구체성을 보여준다. 아무리 고귀한 가치로도 교환의 대상으로 삼을 수 없는 생명과 그 생명이 주어지고 있다는 의존성을 보이는 호흡과 그 생명을 지탱하는 제반 환경으로 모든 만물을 하나님이 친히 주셨다는 것은 두 가지의 의미를 내포하고 있다. 첫째, 언제나 행동은 행위자의 속성을 보이는 증거이다. 그래서 생명과 호흡과 만물을 우리에게 주시고 계시다는 것은 하나님은 한 번도 중단됨이 없이 지금도 우리에게 주시는 분이라는 속성의 표상이다. 주어진 대상보다 주신 자가 관심의 일순위다.

둘째, 우리에게 가장 소중한 것으로서 생명과 호흡과 생존의 환경을 주셨으나 그것은 하나님이 진정으로 주고자 하시는 선물에 비하면 아직까지 비유나 서곡에 불과하다. 잠깐 있다가 썩어 없어지는 변동될 것들은 의미만 전달하고 소멸되고 마는 속성을 지녔다. 그런 속성이 우리를 일시적인 선물의 영원한 의도로 소급하게 만든다. 그것은 하나님 자신이 우리에게 주어지실 '지극히 큰 상급' 즉 최고의 선이 되신다는 거다. 언제든지 주어진 것이 주신 분보다 크지 못하다. 하나님이 우리에게 주고자 하시는 궁극적인 선물은 하나님 자신이란 얘기다. 이 두 가지는 성경 해석학의 핵심적인 문법이다. 문법대로 읽어야 성경이 읽힌다. 내 편에서 가늠된 '형통이 하나님의 뜻'이라는 해석학은 늘 의미 왜곡의 원흉이다.

하나님 편에서 관찰되는 형통은 영원 불변하고 무한하고 전능하고 전지하고 편재하신 하나님 자신이 우리에게 선물로 주어진 바 되셨다는 것에서 찾아진다. 그래서 우리는 우리의 생명과 호흡과 만물을 그에게 돌리는 게 가능하다. 우리의 것이라 주장하지 않고 만물이 그에게서 비롯되고 그로 말미암아 그에게로 돌아간다고 고백한다. 그리스도 예수는 우리에게 지극히 큰 상급으로 주어지실 하나님 계시의 정점이다. 그리스도 예수로 말미암아 우리는 하나님의 온전한 형상에 이른다. 이런 방식으로 하나님은 우리에게 주어진 바 되시고 우리는 자신을 하나님께 드리는 '줌의 신비'가 구현된다. 바빙크는 이런 사실을 다음과 같이 표현했다.

"그리스도 예수는 선포되신 하나님, 우리에게 주어지신 하나님이 되신다. 그는 스스로 존재하는 하나님, 자신을 나누어 주시는 하나님, 따라서 은혜와 진리가 충만하신 분이시다. 나는 너희 하나님이 되리라는 약속을 처음 말씀하신 순간부터 그 자체 안에 나는 너희 하나님이 되신다는 충만한 뜻을 내포하고 있다. 하나님은 자기 백성이 자신들을 그에게 줄 수 있도록 자신을 주시었다."

30
거룩에 대해서

하나님의 복음을 향해 구별된 바울은 (롬1:1)

거룩은 구별되는 것인데 어디로의 구별이냐? 하나님과 복음을 향하여 구별된 사람이 거룩한 사람이다. 그러나 기준이 외부의 명제적 명령으로 있고 그것을 행동으로 옮기는 식의 구별은 바리새인 수준에 불과하다.

우리의 구별은 외부의 신적인 명제에 반응하는 것이 아니다. 하나님의 말씀이 내면 깊숙한 곳을 파고들면 자발적으로 그것을 준행한다. 자율성이 보존되는 높은 차원의 순종에 의해 확인되는 구별이다. 하나님의 명령이 밖에 있고 그것을 따라가는 것은 종교적 비범일 수는 있겠으나 성경이 요구하는 구별됨은 아니다.

명령 자체에 위엄이 있거나 거절에 뒤따르는 형벌이 순종을 촉발하는 경우에는 의식적인 행위이기 때문에 자랑이 뒤따를 수밖에 없겠다. 그러나 마음에 쌓인 말씀이 행위로 번역되는 것은 너무도 자연스런 일이고 의식의 과정도 생략하는 것이어서 자랑으로 발전하기 어렵다. 그래서 너무도 안전한 순종이며 구별이다. 구별은, 거룩은, 연출이 아니라 향기이다.

31
창조는 계시다

그의 영원하신 능력과 신성이 그가 만드신 만물에 분명히 보여 알려졌나니 (롬1:20)

창조 자체가 계시의 행위요 이후에 뒤따르는 모든 계시의 시작과 원리라는 입장에 근거하여 바빙크는 동물들도 인간의 도덕과 부도덕을 상징하고 있다며 이렇게 말한다.

    개는 충성의 상을, 거미는 산업의 상을, 사자는 용기의 상을, 양은 양순의 상을, 비둘기는 순결의 상, 곧 하나님을 갈구하는 영혼의 마음을 그린다. 여우는 계교의 상을, 벌레는 빈곤의 상을, 호랑이는 잔인의 상을, 돼지는 비열의 상을, 뱀은 사악한 속임의 상을 그린다. 인간의 형상과 가장 가까운 원숭이는 위로부터 온 영이 없는 육체적 기관의 독특성이 무엇을 뜻하는지를 설명한다. 원숭이를 통해 인간은 자기 자신의 풍자를 직관하게 된단다.

    그러나 인간 존재의 근원이 성경 밖에서 과학적 추론과 근거를 통해서는 증명될 수 없으며 인간 본연의 고유한 가치도 하나님의 얼굴을 바라보지 않고서는 확인되지 않는다. 세상의 사색이 지쳤을 때 겨우 내리는 결론은 원래 세상이 영원하며, 진화 혹은 변화의 꼬리를 물고 또 물어서 오늘날의 세상이 되었다는 맹랑한 공상이다. 하나님은 존재의 태양이고 모든 피조물은 그 전체가 하나님의 지나가는 섬광일 뿐이라는 사유는 세상에서 기대할 수 없는 진리이다. 주님의 선물이다.

    그래서 하나님을 안다는 것은 인간의 공로가 일인치도 개입할 수 없는 전적인 은혜다. 그런 하나님을 아는데도, 그를 경외함과 감사함과 순종함이 없다면 그 불경함이 얼마나 큰 것일까? 혹 진멸되지 않고 있다면 그의 자비와 긍휼이 무궁하기 때문이란 사실만 증거하고 있다고 봄이 옳다. 무엇을 보더라도 어떠한 사건을 보더라도 그 속에서 하나님의 속성을 읽어내는 것은 만물과 역사에서 가장 소중한 것을 취득하는 지혜이다. 창조의 계시적인 성격을 존중하지 않는다면 썩어짐의 종노릇하는 피조물의 신음은 그치지 않으리라 여겨진다.

32
하나님의 한 의

율법 외에 하나님의 한 의가 나타났으니 율법과 선지자들에게 증거를 받은 것이라 (롬3:21)

예전 M.div 시절에 한 선생님이 풀어주신 내용을 더듬는다. 바울은 로마서 3장에서 이처럼 율법과는 다른 '하나님의 한 의'를 소개하기 시작하여 11장에 이르도록 일관된 주제를 풀어간다.

로마서의 신학적 무게는 '하나님의 한 의'를 새로운 신학의 급작스런 출범이 아니라 율법과 선지자가 줄곧 증거해 온 것으로 해석하고 있다는 점에서 단선적인 안목의 어설픈 측량을 불허한다. 구약 전체와 바울이 펼치고자 하는 '하나님의 한 의'라는 중심적인 논지와의 통일성과 연속성을 존중해야 하고 그것을 살피려면 구신약 전체를 저자이신 하나님을 의식하며 통으로 보되 하나도 가감하지 않는 자세로 접근해야 마땅하다.

바울의 구약학은 로마서가 제공한다. 로마서를 읽으면서 우리는 신약 전체가 포섭된 구약의 사도적 해석학에 푹 빠지는 황홀경을 경험한다. 유쾌하다.

이런 성경의 전체성 경험을 구약학은 물론이고 신약학도 동일하게 제공해야 마땅하다 생각한다. 표현을 달리하면, 로마서가 제시하는 구원의 전포괄적 파노라마 전체에 도달하지 못하는 구약학과 신약학은 아직 성경을 제대로 벗기지 못한 미완성 해석학일 뿐이라고 해도 무방하지 않을까 생각한다. 신약을 공부하고 구약을 공부하는 것은 구약에서 예언하고 증거한 것이 신약에서 구현되고 성취된 것과의 조화 속에서 동일하신 하나님의 일관된 역사와 그 궁극적인 종착지로 인간의 구원과 하나님의 영광에 이르는 것이어야 하겠다.

왜 날마다 구약을 탐독하고 신약을 펼치는지, 그것으로 도달하길 원하는 언어와 문법과 배경을 넘어선 진리의 안식처는 어디인지, 그러기 위해서는 가방끈을 언제까지 붙들어야 하는지를 신학 공부하는 동안에 바르게 확립해야 한다. 그러지 않으면 진리의 어중간한 일부를 전체인 양 과장하고 심지어는 왜곡하는 이들이 설익은 경건으로 신학교의 강단과 교회의 설교단을 거만하게 활보할 가능성이 짙어진다.

특별히 구약의 율법과 선지자를 읽으면서 바울이 로마서 전체에 펼쳐 놓은 '율법 외에 하나님의 한 의'에 이르지 아니하고 '율법' 자체에 머무는 해석학은 진리를 삼천포로 유배시켜 입출을 봉쇄하는 것과 일반이다. 도덕이나 윤리적 교훈에 머물거나 삶의 매력적인 처세술을 제공하는 것에 안주하는 것도 동일하게 어리석고 위험하다.

로마서 3장 21절은 우리가 반드시 알아야 할 내용의 포문을 열어서도 좋지만 우리가 성경을 어떻게 해석해야 하는지의 사도적인 범례를 제공하는 것이어서 더욱 깊은 묵상을 요청하는 본문이다.

33
성화의 영광

화목하게 된 자로서는 훨씬 더 (롬 5:9)

구원은 우리에게 절대적인 하나님의 은혜로 값없이 주어진다. 하나님이 보시기에 우리가 괜찮았기 때문이 아니다. "값없이" 주셨다는 말은 구원이 우리에게 어떠한 근거를 두지 않은 하나님의 단독적인 행위라는 뜻이다. 즉 구원의 대가를 지불한 적이 없는데도 주어졌기 때문에 "값없이"고, 구원의 대가가 화폐가치 개념으로 측량될 수 없이 무한해서 "값없이"인 것이다.

죄의 삯은 사망인데 그것은 죄의 해결이 아니다. 그저 죄의 필연적인 결과다. 온 세상에 죄가 관영했을 때에 하나님의 심판으로 온 인류가 홍수에 휩쓸리는 집단적인 사망이 있었으나 죄가 해결된 것은 아니었다. 이는 인간의 본성이 여전히 악함을 보시고도 물로써는 심판하지 않겠다는 하나님의 말씀에서 유추된다. 대홍수 이후에도 인간은 여전히 악하고 부패했다. 이토록 막강한 삯이 요구되는 죄문제의 해결은 인류의 대규모 몰살에 의해서도 이루어질 수 없었다는 이야기다.

여기서 우리는 죄에서의 구원이 이 세상의 어떤 저울로도 계량될 수 없도록 놀랍고도 무한한 은혜임을 확인한다. 구원에서 보여진 은혜의 크기는 구원을 가능케 한 희생물의 무게로 가늠하는 것이 합리적일 것이다. 즉 완전한 하나님와 완전한 인간이신 그리스도 예수의 무게만큼 구원은 그 값이 측량되지 않을 정도로 크고 놀라운 은혜다. 우리에게 보여지고 입증된 하나님의 사랑이 갖는 크기도 그리스도 예수의 크기와 동일하다.

그런데 이러한 구원의 크기는 우리가 죄인과 원수의 신분으로 있을 때에 받은 은혜의 크기일 뿐이라고 바울은 말한다. 그리고는 "화목하게 된 자로서는 훨씬 더" 크고 놀라운 구원과 기쁨이 주어질 것이라는 바울 특유의 점강법이 등장한다. 화목의 자녀가 된 우리가 누리도록 초대받은 구원의 영광은 죄인과 원수의 신분에서 받은 구원과는 비교할 수 없도록 크다는 말이겠다.

성화는 드디어 좁고 협착한 길로 운명지어진 고난과 슬픔의 길이 아니다. 중생과는 비교할 수 없는 큰 기쁨과 감격을 누리도록 주어진 영광의 길이다. 그런데 그 길을 걸어가야 할 하나님의 사람들이 그런 영광의 길을 마다하고 사람의 영광에 침 흘리며 구걸하는 모습이 간간이 목격된다. 추하고 민망하다. 주께서 가기를 원하시는 길과 이르기를 원하시는 영광을 멸시하고 사람들의 탐심이 쏠리는 곳에 성도의 발걸음도 몰려드는 현실이 참으로 안타깝다.

하나님이 독생자의 피로 값주고 사신 그의 백성은 측량할 수 없는 구원의 은총을 입었으나 그것은 시작에 불과할 정도로 "훨씬 더" 크고 놀라운 은혜와 영광이 허락되어 있다. 구원 이전의 상태와는 비교할 수 없도록 놀라운 은혜와 영광의 가능성을 갖고서도 여전히 세상의 썩어 없어지는 영광과 이윤에 눈이 어두우면 얼마나 우매한 일인가! 바울은 우리에게 성화의 측량할 수 없는 영광을 취하고 향유하는 백성의 특권을 교훈하고 있다. 이는 아무리 감격하고 감사해도 지나침이 없는 대목이다.

34
율법의 준거성

율법이 없었을 때에는 죄를 죄로 여기지 아니했다 (롬5:13)

인간의 정체성을 너무도 잘 보여주는 구절이다. 인간 안에는 어떠한 객관적 기준도 없다는 의미를 나는 이 구절에서 유추한다. 율법 이전에도 아담의 시대에서 모세의 때까지 죄와 사망이 온 세상에 군림하고 있었다. 모든 사람이 죄를 범하였기 때문에 모든 사람이 사망에 이르게 되었다는 것은 율법수여 전후로 조금도 달라지지 않았다.

그런데 율법 이전에는 죄를 죄로 여기지 않았다. 율법이 더해진 것은 죄를 심히 죄되게 하려 함이다. 물리적인 분량의 추가를 위함이 아니었다. 죄를 깨닫게 하려 함이었다. 율법의 빛이 비추기 이전에는 죄를 죄로 깨닫지를 못했다는 이야기다. 죄를 모르면 자신에 대해 아무것도 모른다는 뜻이다. 율법이 주어지기 이전에는 온 인류가 그러했다.

이성의 빛으로는 죄를 죄로 알지를 못한다. 이는 이성이 죄를 감지할 만큼 예리하지 못해서다. 죄 자체를 인식하는 것도, 죄를 저지르고 있다는 사실도, 죄 아닌 것과 죄를 안 짓는 것도, 그 기준은 인간 자신에게 있지 않다는 이야기다. 사람이 죄인임을 시인하고 회개하는 것은 인간 안에서 이루어진 일이 아니라는 말이기도 하다. 진리의 빛이 비추어진 은혜의 결과이다. 전도 대상자가 해도 죄문제에 거부감을 표하는 현상은 결코 이상하지 않다. 오히려 죄를 깨닫고 시인하고 회개하는 것이 이상하다. 그게 기적이요, 은혜이다.

무엇이 죄인지, 어떻게 죄를 피하는지, 선행은 무엇인지, 어떻게 행하는지 사람의 내면에는 인지와 판별의 기준이 없다. 그 기준은 율법의 빛으로 말미암아 주어지는 것이다. 율법의 이런 기능은 중생 이후에도 유효하다.

35
율법과 영의 관계

율법은 거룩하고 계명도 거룩하고 의로우며 선하도다 (롬7:12)

"우리가 육신에 있을 때에는" (ὅτε γὰρ ἦμεν ἐν τῇ σαρκί, 롬7:5) 죄의 정욕이 율법을 통하여 우리의 지체 안에서 역사한다. 당연히 사망을 위하여 열매를 맺는 수순이 이어진다. 그러나 과거에 얽매였던 법에서 이제 그리스도 예수의 육체로 말미암아 자유롭게 된 우리는 우리 자신을 율법 조문의 오래된 것이 아니라 영의 새로운 것으로 다스림을 받아야 한다.

그러나 이러한 바울의 논지를 율법 폐기론 혹은 율법 무용론 방향으로 몰아가면 안되겠다. 사유의 일반적인 흐름이 그런 식으로 흘러갈 것을 의식한 바울은 곧장 "율법이 죄냐 그럴 수 없다"고 말하며 타협의 여지를 불허하는 논박의 쐐기를 박는다. 거룩하고 의로우며 선하다는 율법의 속성도 가지런히 열거한다. 이런 율법으로 우리는 죄를 제대로 깨닫는다.

그러나 죄에 대한 깨달음이 신앙의 종착지일 수는 없다. 그런 깨달음은 절망의 출구에 불과하기 때문이다. 소망의 입구로 이어져야 한다. 하나님은 독생자 그리스도 예수의 십자가 죽음으로 소망의 문을 만드셨다. 흉물스런 뼈다귀가 나뒹구는 절망의 골짜기에 만들어진 문이다. 지성소를 가리던 휘장도 찢어졌다. 다른 중재자가 필요하지 않게 되었기 때문이다.

외부에서 노려보는 율법의 눈길을 의식하지 않아도 된다. 율법에 무지해야 된다는 말이 아니다. 예레미야나 에스겔을 통해 말씀하신 것처럼 "새 마음과 새 영"으로 다스림을 받게 되어서다. 이는 우리가 그리스도 예수의 마음과 그리스도 예수의 영으로 다스림을 받는 자유인이 되었다는 말이다. 죄와 사망의 법에서의 해방은 생명의 성령의 법으로의 예속과 연결된다.

성령의 법으로 다스림을 받는다는 것은 율법과의 단절이나 결별을 의미하지 않는다. 이는 그리스도 예수의 죽으심이 "육신을 따르지 않고 그 영을 따라 행하는 우리에게 율법의 요구가 성취되게 하심"(ἵνα τὸ δικαίωμα τοῦ νόμου πληρωθῇ ἐν ἡμῖν τοῖς μὴ κατὰ σάρκα περιπατοῦσιν ἀλλὰ κατὰ πνεῦμα)이란 바울의 정교한 이해와 진술에서 공히 확인된다.

바울의 논지는 이제 율법을 버리고 우리의 감정과 느낌이 이끄는 대로 '자유롭게' 살라는 이야기가 아니다. 육신대로 살지 말고 영으로서 몸의 행실을 죽이라는 것이다. 영으로서 몸의 행실을 죽이라는 것도 향방이 없어서는 아니된다. 율법은 하나님의 입에서 나온 말씀이며 그 말씀의 방향을 따라 몸의 행실을 죽이되 육신이 아니라 영으로서 그리하란 이야기다.

여기서 "영"이라는 말은 선지자가 언급한 "새 마음과 새 영"을 뜻하는 것이라고 보아도 무방하다. 이는 다시 우리에게 대하여 여전히 밖에 있으면서 책임과 의무를 독촉하는 돌판에 새겨진 율법의 몽학선생이 아니라 심비에 새겨진 율법과 관계하고 그 율법의 성취는 그리스도 예수의 마음을 본받아 성령으로 말미암아 가능한 것이라고 이해해도 무방하다.

율법과 영은 서로에게 배타적인 양자택일의 대립항이 아니다. 율법은 바울이 명시한 것처럼 살리는 법이며 그 살림을 가능하게 만드는 것이 하나님의 영이라는 것이다. 이는 힘과 능이 아니라 오직 여호와의 신으로만 가능한 것임을 고백한 아모스의 진술과도 무관하지 않다. 육신과 영의 대립을 율법과 영의 대립으로 오인하면 율법과 영에서 어느 하나를 버리는 과격한 극단만을 걷게 될 것이다.

말씀과 성령은 대립이나 충돌을 불허하고 조화하며 병행한다. 이것도 버리지 말고 저것도 포기하지 말아야 한다.

36
일상의 기독교적 재조명

너희 몸을 하나님이 기뻐하시는 거룩한 산 제물로 드리라 (롬12:1)

밥하고 빨래하고 설겆이도 도맡아서 하시는 '괴짜' 선배님이 계시다. 이렇게 전자제품 관련 가사들을 직접 행하면서 주부들의 고뇌와 필요를 경험하고 읽어내는 동안 30여종 이상의 특허출원도 하고 알짜배기 정보도 곳곳에 전파하고 공유하는 분이다. 그분에게 일상은 가치와 의미의 출처였다. 가장 일상적인 것은 모든 사람들이 그 부분의 소비자란 이야기고 거기에서 한 발짝만 앞서가면 대박이 난다는 건 삼척동자도 아는 사실이다.

플라톤의 철학은 이론의 상아탑 축조와는 정반대로 실천적인 삶이라는 목소리를 내는 참으로 존경스런 전천후 박학다식 철학자가 계시다. 철학의 중년을 넘어 완성의 고지에 거의 도달하신 그분의 붓은 지금 일상 번역으로 분주하다. 먹고 마시고 배설하고 웃고 자고 주거하고 옷 입는 지극히 일상적인 것들은 그가 판독하는 최상의 정직한 철학 텍스트다. 지금까지 그분이 생산한 철학 이야기는 마치 일상 벗기기의 준비운동 내지는 예고편이 아닌가도 싶다.

연구 실험실이 목양실 옆에 있어야 한다고 주장하는 천재 신학자도 있다. 과학은 신학의 마지막 대화자로 모든 학문을 블랙홀 수준으로 흡수하고 있으며 일상은 그런 대통합적 과학의 최첨단 분야가 되었다고 문명의 현주소를 고도의 경건과 박학으로 읽으시는 분이시다. 기라성 같은 세계적인 노벨상 수상 및 입후보 과학자들 모임에서 발표도 하고 논문도 개재하는 그분은 일시적인 기적을 일상이란 항구적인 기적의 맛보기라 하시었다.

사도들도 풀기 어려운 것이 있기에 억지 해석의 위험성을 경고해야 할 정도로 진리의 깊이와 높이와 넓이와 길이의 극대치를 논구한 사도가 있었다. 그는 신구약 전체를 관통하는 하나님의 지혜와 지식의 부요함은 너무도 깊어서 측량할 수 없고 그의 길은 추적되지 않는다는 백기투항으로 교리적 논의를 종결할 수밖에 없다는 사실을 아는 삼층천에 준하는 경지까지 이르렀고 그러므로 우리에게 마땅히 요구되는 하나님 경외와 경배는 우리의 몸을 하나님께 산 제사로 드리는 것이라고 주장했다.

몸은 일상의 다른 표현이다. 최고의 사도가 신구약 전체의 진리를 종합하고 그것에 준하는 우리의 마땅한 도리와 본분으로 몸을 산 제사로 드리란다. 일상을 주목하지 아니할 수 없게 되었다. 그런데 우리는 일상을 사소한 것, 무가치한 것, 평범한 것, 지루한 것, 무의미한 것으로 치부하기 싶다. 그러나 하나님은 그분을 높이는 우리의 경배와 찬양을 일상에서 찾으신다. 하나님이 주목하면 사단도 주목한다. 하나님의 기쁨이 큰 것일수록 사단의 속임수는 보다 간교하다.

일상은 너무도 소중하다. 문화는 일상이다. 문화의 중심부에 가정이 있다. 가정이 무너지면 문화가 무너진다. 사단이 가정에 왜곡과 파괴의 군침을 흘리는 건 당연하다. 지금 가정의 정체성과 질서가 심히 흔들리고 있다. 한 사람의 인격과 지식과 교양과 양심과 문화를 배양하는 가정의 소중함이 무시되고 세상에서 매겨진 가치의 유행성 순번을 따라 죄마저 인간의 위엄과 존엄성 일번지로 간주하는 사회적 합의점이 세상 곳곳에서 선진국의 척도처럼 앞다투어 공포되고 있다.

죄는 죄다. 다윗의 고백처럼 죄는 본질상 하나님을 향한다. 죄의 여부는 하나님에 의해서 가늠된다. 우리는 하나님이 죄라고 규정하신 것을 죄라고 고백해야 한다. 여기에 다른 이야기를 섞어서는 안된다. 사실 가정보다 근본적인 일상은 바로 인간의 본성이다. 그런데 본성이 죄로 물들었다. 우리는 본성의 차원까지 죄와 친숙하다. 그래서 가정이 없는 사람들도 피해갈 수 없는 일상이 본성이요 죄라는 이야기다. 당연히 인간의 본성과 죄 문제의 왜곡은 일상의 근간을 뒤흔드는 일이겠다.

예수님은 죄라는 범인륜적 일상을 해결하러 오셨다. 그런데 죄악된 본성에 왜곡이 가해지면 예수님의 성육신과 죽음과 부활은 다 허사다. 만세 전에 정하신 하나님의 뜻과 계획은 수포로 돌아가고 죄에서의 자유라는 구원도 불필요한 일이니 세상의 일에서도 통치와 섭리의 손을 거두셔야 하시겠다. 죄문제를 건드리면 이렇게 꼬리에 꼬리를 물고 하나님의 존재와 행하시는 일에 불경한 도전의 칼끝을 겨냥하는 셈이겠다. 과도한 비약적 풀이라고 반박해도 좋다. 원하시는 대로 생각해도 자유겠다. 그러나 적어도 나는 그렇게 생각한다.

나에게는 일상이 너무도 소중하다. 희귀한 전문가용 진리의 특정한 조각이 아니라 모든 진리가 개입하고 합력하는 현장이 바로 일상이기 때문이다. 동시에 죄도 거기에 개입한다. 일상이 너무도 신비롭다. 오늘날의 과학이 신학보다 앞질러 일상에 눈독을 들이고 최상급 의미를 부여한 것이 사실이라 할지라도 일상의 기독교적 재조명이 저자권을 위반하는 것은 아니다. 일상은 하나도 버릴 것이 없다. 여호와를 경외하고 그분을 예배하는 것과 직결된 문제이기 때문이다.

삶을 철학으로 이해하는 철학자는 모든 분야에 관여한다. 일상을 신학의 대상으로 주목하는 신학자도 모든 곳을 진리로 조명해야 한다. 신학의 현장은 일상이다. 진리가 진동하는 현장도 책상과 학회가 아니라 일상이다. 신학의 목적을 실천으로 이해한 믿음의 선배들이 제공하는 통찰은 수백 년 수천 년이 지난 지금도 여전히 번뜩인다. 사람은 사람이고 짐승은 짐승이고 남자는 남자이고 여자는 여자다. 남편은 남편이고 아내는 아내이고 부모는 부모이고 자녀는 자녀인데 이걸 강조하면 법에 저촉되는 뒤틀린 일상의 시대가 지금이다.

할 일이 태산이다. 죽는 날까지 신학의 붓을 꺾지 못하겠다.

37
십자가의 도

예수 그리스도와 그가 십자가에 못 박히신 것 외에는 아무 것도 알지 아니하기로 작정하였음이라 (고전2:2)

주님과 십자가의 도만을 알기로 작정한 사람이 있었다. 단순히 지식이 짧아서가 아니었다. 그는 신분과 학식에 있어서 당대의 석학이라 불리는 최고의 관원이었다. 산헤드린 공의회의 소장파로 가장 활동적인 인물이란 점을 감안하면 그가 그리스도 예수의 십자가만 알기로 작정한 것은 그리 간단한 판단이 아님에 틀림없다. 도대체 십자가의 도가 무엇인가? 오늘날 분야별로 인물과 주제별로 세세하게 분화된 신학계를 생각하면 하나님을 아는 지식이 그리 간단한 것도, 쉽게 취득되는 것도 아니라는 것을 짐작할 수 있다. 십자가의 도에 특별한 애착을 보이는 이유는 무대포가 아니다.

성경의 중심적인 주제는 하나님 사랑이다. 그 사랑의 대상은 하나님 자신과 그의 몸을 구성하는 전 교회를 일컫는다. 그 사랑은 사람이 산출하는 것도, 땅에서 발견되는 것도 아니다. 위에서 보여주신 사랑이 진정한 하나님의 사랑이다. 그 사랑이 이렇게 나타난 바 되었다며 가리키신 것은 바로 예수님의 십자가다. 지극히 사랑하는 독생자 그리스도 예수를 우리가 아직 죄인으로 있었을 그때에 우리에게 내어 주심으로 아버지의 사랑이 가장 극대화된 형태로 나타난 것이 바로 '십자가의 도'라는 것이다. 그것만 알기로 작정하는 것이 최상의 지혜라는 바울의 생각에 동의한다.

사실 우리가 살아가는 모든 호흡의 순간들은 비록 주변에 생명을 위협하는 환경이 조성되어 있지 않더라도 생명을 건 시간이며 생명과 맞바

꾼 내용들을 가지고 살아가는 것이다. 그런데 그 생명의 모든 순간들을 우리는 무엇과 거래하고 있는가? 썩어 없어지는 것들이 얼마나 질식할 정도로 빼곡한가! 환경과 상황에 떠밀리는 경우가 허다하다. 나아가 아무런 외압이 없어도 무엇을 선택할지 몰라 '허비'라는 말에 어울릴 정도로 생의 순간들이 숨가쁘게 지나가고 있지는 않은가?

사실 그렇다. 우리는 그리스도 예수의 보혈의 대가로 지불된 생명 중의 생명의 순간들을 살아가고 있으면서도 턱없이 부족하고 하찮은 가치를 잡으려고 손을 부르르 떨고 있다. 그런데 여기서 바울의 '십자가의 도' 판단이 등장한다 '나는 날마다 죽노라'는 판단은 십자가의 도만 알기로 작정한 자의 구체적인 삶의 형태이다. 그것은 '내가 사는 것이 아니라 내 안에 그리스도 예수께서 사는 삶'이다. 진리 안에서, 진리와 더불어, 그 진리가 내 안에서 사는 삶이다. 진리가 우리를 자유롭게 만든다는 것은 물질과 건강의 보증을 의미하지 않는다. 세상에서 가장 크고 극복하기 어려운 부자유는 바로 자기 자신이다. 외부의 환경이 주는 부자유는 근원적인 자유를 건드리지 못한다. 그러나 내면에서 일어나는 부자유와 종노릇은 밖에서 일어나는 어떤 자유함도 극복할 수 없는 것이다.

'날마다 죽는다'는 것은 물리적인 자살을 의미하지 않는다. 오늘날 많은 사람들이 견디다 못해 붙드는 마지막 선택이 '자살'이다. 자기 자신이 스스로를 결박하는 마지막 족쇄라는 사실을 알지만 해결책이 없었다고 보아야 한다. 사회의 부조리와 불의를 두둔하는 것이 아니다. 지금 근원적인 내용들을 다루고 있기에 차제에 설명이 필요한 것들을 생략한 것 뿐이다.

진리이신 예수님이 내 안에 거하셔서 주는 자유함이 없으면 결국 죽음으로 자신의 생명을 결박하며 극단적인 부자유의 길을 걷는다. 세상에는 이루 말할 수 없는 기구한 고생과 환란과 슬픔이 존재한다. 정도의 차이가 있지만 사실 모든 사람들이 경험하는 일들이다. 자아가 연약한 자는 한 마디의 부정적인 언사에도 생명을 던지기에 고난과 슬픔의 분량과 영향력을 절대적인 잣대로 가늠할 수 있는 것은 아니다. 다만 모든 자들이 저마다의 형편과 사연으로 죽음의 그림자에 노출되어 있는 것만은 분명한 사실이다.

바울이 붙잡은 '십자가의 도'는 자유의 수단인 동시에 자유한 삶의 비밀을 알려주는 모형이다. 죄인과 의인, 과거와 미래, '로부터'의 해방과 '에로'의 자유, 죽음과 생명, 멸망과 구원, 어두움과 빛, 미련과 지혜, 이 모든 것들이 만나고 연결되는 접점이 십자가다. 십자가의 도는 좁은 문이며, 협착한 길이다. 그 길은 삼위일체 교리를 생략하고 가볍게 여기는 길이 아니다. 하나님의 무한성, 불변성, 그리고 영원성을 다 존중하는 길이다. 성경에 기록으로 계시된 모든 영원한 진리들이 이어지는 곳이다. 나도 바울처럼, 십자가 외에는 다른 것들을 알지 않기로 작정한다. 그 의미는 앞으로 살아가는 삶의 매 순간들이 부지런히 입술을 열어 증거할 것이다.

38
설교의 준비

내 말과 선포는 인간적인 지혜의 부추기는 말로써가 아니다 (고전2:4)

인간적인 꼼수와 신적인 지혜의 경계가 모호하다. 그런데 우리의 설교는 그 경계를 허물고 수시로 넘나든다. "인간적인 지혜의 부추기는 말"이 없으면 심지어 설교마저 마비된다. 과히 중증이다. 나 자신을 두고 하는 말이다. 사람들의 생각을 몇 수만 앞질러도 연출과 조작이 가능하고 대체로 들키지도 않는다. 여기에 연출의 근육이 조금만 강해지면 상대방의 심리 변화 유발은 '누워서 떡먹기' 경지까지 단숨에 등극한다.

그런 능숙함을 가진 설교자가 있다면 청중의 감동과 찬동과 슬픔과 아픔을 다루는 것은 식은 죽 먹기겠다. 설교에 절묘한 반전 스토리 두 가지만 적소에 투입하고 그럴듯한 극단적인 반례 몇 꼭지만 삽입해도 효과는 만점이다. 이러한 심리술의 노리개나 희생물로 전락하지 않으려고 사람들은 처세술을 연마하고 상대방의 심사를 간파하기 위해 독심술에 능란한 고비용 달인들 고용도 마다하지 않는다. 일시적인 효능의 중독성은 과히 마약 수준이다.

여호와 경외함이 빠진 설교자의 설교 행위는 조잡한 꼼수에 불과하다. 인간적인 지혜의 부추기는 말을 가지고는 말씀의 선포가 헛수고다. 설교 강단에는 하나님을 경외하는 지혜자가 필요하다. 나의 지혜가 아니라 성령의 나타남과 능력으로 말씀이 선포되기 때문이다. 나아가 교회의 강단에는 하나님의 계시를 성령의 감동으로 기록할 당시 선지자와 사도의 철저한 '자기 부인' 상태에서 성령의 능력으로 하나님의 말씀을 선포하는 설교자가 적격이다. 설교단에 오르기가 두려운 이유이다. '자기부인,' 설교 준비의 핵심이다.

39
아비의 영광스런 길

그리스도 안에서 일만 스승이 있으되 아비는 많지 아니하니 (고전4:15)

그리스도 안에서 아비가 많아야 한다는 교훈과 그런데 지금은 그렇지가 않다는 책망이 교차하는 구절이다. 그리스도 안에는 아비가 많지 않을 것이라는 암담한 현실의 진단인 동시에 그럼에도 불구하고 최소한 이 서신을 읽는 자들만은 그런 현실에 매몰되지 않고 부성애의 길을 가라는 아비로의 초청이다. 현실의 암담함에 대한 이해는 절망의 근거가 아니라 그런 현실을 바꾸는 소망의 주역이 되라는 초청이다. 나는 하나님의 말씀을 언제나 그렇게 이해한다. 아무리 엄격한 명령도 우리를 파괴하기 위함이 아니라 우리를 세우기 위해 주어졌기 때문이다. 바울은 다른 곳에서 하나님이 주시려는 마음은 두려움이 아니라 오직 능력과 사랑과 근신하는 마음이라 했다. 이는 우리에게 말씀을 주시는 하나님의 의도를 잘 보여준다. 그러므로 아무리 엄중한 하나님의 계명에 대해서도 절망이나 두려움이 아니라 소망과 설렘의 태도로 대함이 마땅하다. 이는 문장의 준엄한 표정이 아니라 주어의 인자한 미소를 응시하는 자의 특권이다.

아비가 없다는 진단과 아비가 되라는 도전을 투척한 바울 자신은 아내와 자녀가 없기에 혈육의 아비 경험이 없는 사람이다. 그러나 바울은 고린도 교회에 대하여 단호한 목소리로 믿음의 아비로서 "내가 복음으로 너희를 낳았다"고 선언한다. 바울은 생물학적 아비의 무경험자의 입장이 아니라 영적인 아비의 유경험자 입장에서 교훈하고 있다. 그러나 그의 모진 경험담에 따르면, 그리스도 안에서 아비가 된다는 것은 그리 녹록치가 않다.

먼저 바울은 자신의 사도적 소명과 관련하여 "하나님이 사도인 우리를 죽이기로 작정한 자 같이 미말에 두셨으매 우리는 세계 곧 천사와 사람에게 볼거리가 되었다"고 진술한다. 이 진술은 아비의 길을 가고자 하는 우리에게 언제라도 하나님에 의해 존재의 바닥에 내동댕이 쳐질 각오를 촉구한다. 세상에는 멸시와 조롱의 탄알이 늘 장전되어 있다. 하나님의 사람다운 아비가 되고자 한다면, 총알받이 신세는 우리의 일상이다. 세상에 대하여 우리는 심심풀이 볼거리에 불과하다. 물론 우리를 존재의 미말에 두어 구경거리 상황으로 내몰고, 굶주린 사자가 사방에서 삼킬 자를 찾으며 끈적한 군침을 흘리고 있는 이 상황의 직접적인 연출자는 사탄이다. 그런데 하나님은 사태가 이러한데 전혀 관여를 안하시는 듯하다. 아니 어쩌면 사탄의 교활하고 광포한 난동을 쓰시기로 작정하신 듯한 인상까지 받는다. 이게 지금 바울의 심정이다. 마치 하나님은 자신을 "죽이기로 작정하신 자"처럼 여겨진다. 당연히 하나님은 우리를 위하시는 분이시다. 그런데도 현실은 우리를 "죽이기로 작정하신 분"처럼 느껴진다. 그게 아비의 마음을 품은 사도의 길이다.

구경거리 신세를 신앙적으로 극복하고 초탈하는 것이 아비의 행보를 보증하는 것은 아니다. 바울은 이어서 고백한다. 우리는 그리스도 때문에 미련하되 너희는 그리스도 안에서 지혜롭고, 우리는 약하되 너희는 강하며, 너희는 존귀하되 우리는 비천하다. 무슨 말인가? 자녀에게 생명이 역사하기 위한 사망의 역사를 아비는 각오해야 한다는 이야기다. 아비에게 요구되는 희생이다. 아비가 되려면 자녀를 잉태하고 해산해야 하는데 거기에 따르는 고통은 죽음이다. 바울은 "우리가 주리고 목마르며 헐벗고 매맞으며 정처가 없고 또 수고하여 친히 손으로 일을 하며 후욕을 당한즉 축복하고 핍박을 당한즉 참고 비방을 당한즉 권면하니 우리가 지금까지 세상의 더러운 것과 만물의 찌끼가 되었다"고 술회한다. 아비의 길은 그래서 '죽으려고 작정하는 길'이다. 그런데도 가야 하고 또한 가고 싶은 길이라는 사실이 신비롭다. 생명을 수단으로 삼아 죽기까지 전진해야 하는 길인데도 그 길을 고집하는 사람들이 있다. 죽음의 영광이란 역설 때문이다. 생명이 타인에게 역사하고 죽음은 자기에게 역사하면 억울하고 비통해야 마땅한데 거기에서 영광의 향기가 진동한다.

바울은 아비의 길을 고집한 사도였다. 최소한 고린도 교회에 대해서는 그러했다. 자신의 입술로도 그것을 밝혔다. 그러면서 자신이 걸어간 생명과 죽음의 역사가 교차하는 아비의 길을 추천한다. "너희는 나를 본받는 자가 되라"고. 이는 고린도 교회만이 아니라 하나님의 사람들 모두에게 주어진 도전이요 영광의 초청이다. 아비의 길은 분명 목회자의 길이다. 성도에게 생명을 꽃피우기 위해 자신의 생명을 거름으로 내어주는 사망의 역사를 각오해야 하는 게 목회자다. 그러나 밀알 하나가 땅에 떨어져 죽으면 많은 열매를 맺는 것이 인자의 영광이듯 목회자의 길에는 영광이 뒤따른다. 세상에 대하여는 제사장 나라인 하나님의 사람들 모두가 품어야 할 사명이요, 취해야 할 영광이다. 가정이든 교회든 아비의 길은 요리조리 피하면서 아비의 행세는 민첩하여 세상도 놀랄만한 악취를 발하는 지경까지 가서는 안되겠다. 그런 악취는 이단들이 충분히 뿜어내고 있다. 그런 악취 겨루기는 신경을 끊으시라. 우리는 그리스도 예수의 향기를 자신의 죽음으로 내뿜는 자들이다. 이 신비이자 역설인 진리대로 살아야 한다.

40
교회다운 교회의 회복

이 악한 사람은 너희 중에서 내쫓으라 (고전5:13)

사귀지도 말고 내쫓아야 할 사람들이 있다. 그들은 교회에서 음행하는 자들이다. 바울은 이런 자들을 내어 쫓으란다. 이 말은 이 세상의 음행하는 자, 탐하는 자, 토색하는 자, 우상 숭배하는 자들을 도무지 사귀지 말라는 말은 아니다. 그러면 세상 밖으로 나가야 할 것이다. 교회는 하나님의 법이 무엇이고 어떻게 통용되는 곳인지가 드러나는 현장이다. 최소한 그런 명시적인 부르심을 받은 곳이다. 음행자를 사귀지도 말고 내보내라 한 것은 교회 안에 이방인 중에라도 없는 음행이 있음을 통탄한 바울의 언사였다.

그러나 단순히 성적인 음행만이 아니었다. 교회에서 벌어지는 돈, 명예, 권력 등과 결탁한 온갖 악취나는 모든 음행들에 대해 동일한 태도를 취함이 마땅하다. 물론 그렇게 엄중한 잣대를 들이대면 교회에 남아날 사람들이 없을 위험성도 있겠다. 교회의 공중분해 가능성이 현실화될 지도 모른다. 그러나 그건 교회의 존립에 적신호가 아니라 교회가 마땅히 존재해야 할 이유의 청신호다.

물론 뭐 묻은 개가 뭐 묻은 개 나무라지 못한다. 타인의 티끌을 건드릴 정도로 자신의 들보가 해결된 사람은 없기에 실현 가능성이 희박한 공염불일 수도 있겠다. 허나 환골탈태의 필요성은 지금이 그 어느 때보다도 절박하다. 나부터, 지금부터, 가까운 곳에서, 적은 것부터 시작하여 하나님의 교회다운 교회로 거듭나지 않으면 안되겠다. 나 자신을 돌아보며 소박한 실천이 싹트는 하루이길 소원하는 아침이다.

41
바울의 자발성

모든 것이 가하나 (고전10:23)

바울은 괜찮은 남정네다. 그의 화려한 경력을 보면 당대에 신랑감 일순위를 놓친 적이 없을 것으로 추정된다. 출세가도를 질주하던 그가 복음의 열렬한 일군으로 돌변했다. 저간의 사정을 밝히는 그의 서신들을 보면 신적인 섭리의 지문이 여기저기 채취된다. 요약하면 영원으로 소급되는 하나님의 완전한 뜻과 계획, 그것이 시간의 역사에 펼쳐진 결과란다. 하나님의 절대적인 주권과 작정과 섭리라는 인간의 합리적 이성과 경험 몇 조각을 동원하고 고도의 정밀한 망막(retina)으로 뚫어지게 관찰해도 그 정체의 희미한 윤곽도 잡히지 않는 하늘의 신비가 바울의 경험과 지각에서 머리 둘 곳을 찾았다.

그러나 정작 하나님의 이러한 신비로운 진리를 서신으로 발설한 당사자인 바울은 모든 것들을 하나님께 의탁하며 역사의 유장한 흐름에 맡기는 결정론적 삶을 살아가지 않았다. 이러한 사실에서 상식의 꼭지가 돌아간다. 나는 바울의 역동적인 자발성 발휘에서 숨이 차오를 정도의 거인다운 믿음의 면모를 관찰한다. 먹고 마시고 결혼할 권리를 박탈당해도 될 사람은 없고, 밭 가는 소의 입에는 망을 씌우지 않아야 하고, 복음 전하는 자는 복음으로 말미암아 산다는 인간의 상식과 구약의 율법과 예수님의 말씀이 있었다. 그러나 이 모든 것들에 부합한 권리의 행사를 마다하고······.

바울은 "모든 사람에게 스스로 종이 되는" 아무도 환영하지 않는 방향으로 자율성을 발휘한다. 그리고는 복음 때문에 자기에게 주어진 권을 다 쓰지 아니하는 이것이 바로 자신이 받게 될 상이란다. 바울이 지칠 줄 모르고 몰아붙인 믿음의 질주가 무엇을 어떻게 추구하고 있었는지 그 실체의 속살이 드러나는 대목이다. 이렇게 바울은 천국을 침노했다. 하늘의 창고 귀퉁이에 떨어진 엽전 한 개까지 손톱으로 긁어 챙기려는 탐욕적인 침노가 아니었다. 그리스도 예수가 바로 천국이며 그래서 그리스도 예수를 아는 가장 고상한 지식을 취하고 어찌하든 그리스도 안에서만 발견되길 원하여 자신에게 유익하던 것조차 배설물로 여기며 자신의 생명조차 조금도 귀한 것으로 여기지 않고 십자가의 길을 사수했던 그런 향기로운 침노였다. 주님께서 우리에게 원하시는 성숙한 자발성 발휘의 진면목은 이런 침노였다.

42
희미하고 부분적인 지식

우리가 지금은 거울로 보는 것 같이 희미하나 그때에는 얼굴과 얼굴을 대하여 볼 것이요
지금은 내가 부분적으로 아나 그때에는 주께서 나를 아신 것 같이 내가 온전히 알리라 (고전13:12)

우리는 모두 땅에 거하면서 살아간다. 그런데 바울은 삼층천 출입자다. 구약에 대한 지식에 있어서는 둘째 가라면 서러워할 최고의 석학이다. 다른 사도들과 비교할 수 없는 분량과 수준의 학식을 구비한 인물이며 구약 전문의 완벽한 암송자요 출중한 내용 전달자다. 나아가 몸으로 계셨던 그리스도 예수와 더불어 배운 다른 제자들과 달리 3년이나 부활하신 그리스도 예수의 직접적인 가르침을 받은 사도였다. 하나님과 신적인 것들에 대한 지식이나 시공간 안에 있는 피조물과 역사에 대한 지식 모두 바울보다 뛰어난 사람을 찾는다는 것은 불가능에 가깝다. 그러나 그는 자신의 지식은 희미하고 부분적인 것일 뿐이라고 공언했다. 질과 분량에 있어서 바울에 비해 현저히 빈약한 지식의 소유자인 우리는 어쩌라는 말인가! 그러나 바울의 이러한 발언은 겸양의 수사법 구사가 아니다. 오히려 있는 그대로의 사실에 대한 꾸며지지 않은 시인이다. 이것이 하나님을 아는 지식에 대한 우리의 태도를 교정한다.

인간은 어떤 대상에 대한 지식을 즉각적인 취득이 아니라 매개체를 통하여 취득한다. 그 매개체가 바로 "거울"이다. 그러니까 거울은 방법이고 지식은 내용이다. 사용하는 거울의 투명도에 따라 취득되는 지식의 질과 양이 달라진다. 거울 중에는 유리로 된 거울도 있고, 빛이라는 거울도 있다. 역사라는 거울도 있고, 고전이란 거울도 있고, 사람이란 거울도 있는

데 자기 자신도 그런 거울들 중에 포함된다. 택하는 거울의 종류에 따라 거기에 비추어진 지식의 차원도 달라진다. 물리적인 지식을 얻기 위해서는 빛과 유리로 된 거울이 필요하다. 지금의 객관적인 지식을 얻기 위해서는 지나간 역사와 고전의 거울이 필요하고, 나 자신에 대한 지식을 얻기 위해서는 타인과 자신이란 거울이 모두 필요하다.

세상의 지식만이 아니라 기독교적 진리의 취득을 위해서도 필요한 최고의 거울은 단연 성경이다. 성경의 거울이 우리에게 제공하는 지식의 질과 분량은 우리의 육안이나 빛이나 타인이나 고전이나 역사라는 거울에 비추어진 것과는 판이하며 비교를 불허할 정도로 월등하다. 하나님 자신에 대해서든, 천상적인 것들에 대해서든, 인간적인 것들에 대해서든, 사회적인 것들에 대해서든, 물질적인 것들에 대해서든 최고의 지식에 도달할 수 있는 유일한 매개체요 거울이 있다면 바로 성경이다. 그래서 믿음의 선배들은 성경을 기독교 진리가 주어지는 원리이며 원천이라 하였다. 그러나 바울은 성경을 통째로 암송했고 성령의 감동까지 받은 사람인데 자신의 지식을 희미하고 부분적인 지식일 뿐이라고 한다.

사실은 사실대로 인정하자. 바울의 고백처럼 이 땅에서 우리가 취득할 수 있는 지식은 희미하고 부분적인 것이다. 그러나 이것은 죄도 아니고 부끄러운 것도 아니고 이상한 것도 아니다. 희미하고 부분적인 지식의 취득은 지극히 정상이다. 희미한 것인데도 선명하게 안다거나 부분적인 것인데도 전체적인 지식을 가지고 있다면 오히려 그것이 수상하다. 주로 이단들이 그러하다. 합당하고 정상적인 무지를 비웃으며 그것을 포교의 틈새로 활용하기 위해 선명하고 전체적인 지식을 미끼로 투척한다. 그들의 전략은 주로 '요걸 몰랐지'다. 하나님의 신적인 감동으로 성경을 기록한 바울 자신도 희미하고 부분적인 지식을 가지고 있다는데 그보다도 더 선명하고 전체적인 지식을 가지는 것은 최소한 이 땅에서는 정상이 아니다.

이 땅에는 선명하고 전체적인 지식이 주어지지 않았고 앞으로도 주어지지 않는다. 희미하고 부분적인 지식에 만족해야 한다. 성경은 분명히 전체를 말하지 않고 어떤 부분만을 말하고 침묵한다. 그 침묵의 경계를 존중해야 한다. 하나님이 이 땅에서 살아가는 우리에게 설정한 지식의 지계표를 임의로 변경하는 것은 불법이다. 그러나 이것은 우리에게 분명히 알도록 계시된 성경의 기록에 대해서도 무지해야 한다는 주장과는 무관하다. 성경의 가르침에 눈길도 주지 않는 무관심과 성실하지 못해서 무지에 머물게 된 게으름에 인식론적 면죄부를 발부할 의도는 추호도 없다. 다만 앎의 경계를 넘으려는 당돌한 시도보다 그런 경계를 만드신 하나님의 의도를 존중하고 그 의도 파악에 관심을 요청하고 싶다.

여기서 우리는 지식의 희미함과 부분성이 믿음과 소망과 사랑의 중요성, 특별히 사랑의 우월성을 강조하는 맥락에서 언급되고 있음을 주목해야 한다. 우리가 이 땅에서 희미하게 알고 부분적인 지식을 가진다는 것은 항상 있어야 할 믿음과 소망과 사랑의 발휘와 무관하지 않다. 물론 아는 만큼 사랑하고 사랑하는 만큼 안다는 지식과 사랑의 선순환적 연관성도 있다. 그러나 여기서는 지식의 선명함과 희미함 사이의 간격, 그리고 부분성과 전체성 사이의 여백을 믿음과 소망과 사랑이 매운다는 그런 연관성에 주목하고 싶다. 이 땅에서 선명하고 전체적인 지식으로 채워진 자에게는 적정한 희미함과 부분성을 가진 사람과는 달리 미지의 대상을 추구하는 믿음과 소망이 비집고 들어갈 빈공간이 없다.

믿음과 소망과 사랑의 가치가 생산되는 독특한 현장이 바로 희미하고 부분적인 지식이다. 완전한 지식을 확연하게 안다면 얼굴과 얼굴을 대면하여 보고 완전히 알게 되는 그때에 대한 믿음과 소망이 필요하지 않다. 이 땅에서의 사랑도 나 자신의 인격과는 무관하게 나온 완전한 지식의 기계적인 배설물일 뿐이리라. 주님께서 다시 오시는 때에도 상황은 크게 달라지지 않을 것이다. 얼굴과 얼굴을 대면하여 얻는 완전한 앎이 비록 땅에서의 희미하고 부분적인 지식과는 분명히 다르지만 그곳에서 이루어질 놀라운 가치와 의미가 생산되는 천상적인 희미함과 부분성은 여전히 있을 것이라고 생각한다. 이는 때가 이르러서 새하늘과 새땅에 가더라도 우리가 하나님의 전지에는 이르지를 못해서다.

우리는 하나님을 아는 지식에 있어서 자연과 역사는 물론 성경을 읽을 때에라도 거울을 보는 듯한 희미함과 거울이 담아내는 부분성을 존중하되 자연과 역사와 성경에 계시된 정도의 적정한 희미함과 부분성에 최대한 이르도록 노력하는 우리의 도리이다. 이는 믿음과 소망과 사랑이 가장 화려하게 꽃피는 현장은 바로 그 지점이기 때문이다. 신명기 29장 29절의 말씀도 이러한 이해를 돕는다. 거기서는 오묘한 일과 나타난 일을 구분하고 전자는 하나님께 속하였고 후자는 우리에게 속했다고 모세는 진술한다. 나타난 일이 전부가 아니라는 이야기고 오묘한 일의 협조가 없다면 나타난 것은 희미하게 아는 지식의 경계를 넘어갈 수 없다는 말이겠다. 동시에 나타난 것에 대해서는 최고의 전인격적 학구열 발휘를 요구한다.

43
바울의 과격한 언사

만일 누구든지 주 예수를 사랑하지 아니하면 저주를 받을지어다 (고전16:22)

바울은 대체로 과격하고 직설적인 언사를 구사한다. 심지어 사랑을 논하는 고전 13장에서도 예언과 지식과 믿음의 고유한 가치에 금이 갈 정도로 가볍게 상대화시키는 방식으로 제치고 사랑의 압도적인 우선성과 우월성을 강조했다.

진리의 복음과 다른 것을 전하거나 더하거나 빼는 경우, 사도들은 물론이고 천사라도 저주의 명단 아랫목을 차지하게 될 것이란다. 이게 다 그의 격정적인 회심과 삶의 스타일에 걸맞은 필치라고 이해해도 큰 무리는 없겠으나 뭔가 다른 사연이 있어 보인다. 그게 궁금하다.

바울의 언사는 애매함과 복잡함이 없이 단순하고 명료하다. 아기자기하고 아리송한 군더더기 수식어가 없다. 물론 우리의 어그러진 죄성 탓에 모든 게 헛갈린다. 하여 성령의 조명 없이는 한 마디도 이해되지 않는다.

나는 바울의 언사를 이렇게 생각한다. 진리의 차원이 하늘이 땅보다 높음 같은 격차 때문에 나온 언사이다. 예수님의 동문서답 식의 의사소통 사례들도 같은 맥락이다. 인간 문맥에서 던져진 물음에 결박되는 방식이 아니라 질문자의 선 자리로 적응하되 그를 진리의 높은 차원까지 끌어올려 주께서 하시는 말씀을 듣도록 하는 방식의 화법 말이다.

예수님을 사랑하지 않는 것은 저주와 동급이다. 기분이 나빠지고 상식이 뒤틀려도 타협은 불가하다. 예수님을 사랑하지 않으면 저주의 수혜자가 된다는 사실, 이는 상식과 다수결로 도달할 수 있는 결론이 아니기에 우리의 자유와 존엄을 침해하는 듯한 과격성이 느껴진다. 좌우에 날 선 검보다 예리하고 섬뜩하다.

허나 어두움이 땅을 덮고 캄캄함이 만민을 가리운 세상의 실상을 고려하면 지반을 뒤흔드는 듯한 과격한 화법은 불가피한 선택으로 이해된다. 그렇다고 이것을 빌미로 우리의 추한 언사를 정당화할 생각일랑 접으시라. 성경의 언어와 우리의 언어를 구분하지 않는 게 자유주의 신학의 세련된 면이면서 동시에 무서운 함정이다. 우리는 가장 아름답고 가장 선하고 가장 깨끗하고 가장 올바르고 가장 고상한 언어를 사용함이 마땅하다. 할 수만 있다면.

44
의로우신 하나님

하나님은 참되시다 (고후1:18)

1) 아담 이후로 인간은 죄인이기 때문에 죄를 짓는다. 2) 죄를 지었기 때문에 죄인이 되었다는 말도 틀리지는 않다. 존재가 행위에 우선하기 때문에 전자가 더 끌린다.

1) 하나님은 의로우신 분이시기 때문에 행하시는 일마다 의롭다. 2) 하나님은 의로운 일을 행하시기 때문에 의로우신 분이시다. 동일한 맥락에서 전자의 진술을 더 선호한다. 1)은 하나님의 의로움과 그가 행하시는 일의 의로움을 가늠하는 기준이 하나님 밖에서는 찾을 수 없다는 사실을 함축하고 있다. 2)에는 하나님이 행하시는 일을 하나님 밖에서의 어떤 기준에 근거하여 의롭다고 판정하고 그런 판단을 따라 하나님도 의롭다는 평가에 도달하는 다소 무례한 사유의 흐름이 포착된다.

하나님 자신보다 더 높은 권위나 기준이 없다는 차원에서 나는 하나님 자신과 그의 행하시는 섭리를 이해함에 있어서 신적인 속성의 의로움을 전제로 섭리의 의로움을 이해한다. 지구촌 전역에서 전쟁과 폭풍과 쓰나미와 지진과 독재 등으로 중다한 사람들이 생명을 잃었고 고통에 시달렸고 지금도 그러하다. 이성의 필름이 끊어지는 듯한 비극들은 마치 하나님의 부재를 공포하는 듯 보인다. 사람들은 신 존재를 향한 막연한 동경마저 깔끔하게 지운 것 같다.

허나 아무리 슬프고 안타까운 일들이 지구촌을 뒤덮어도 그런 일들을 근거로 하나님의 의로운 속성을 판단하진 않으려 한다. 그런 섭리가 다 이해되지 않더라도 여전히 하나님의 의로움을 근거로 의미의 실타래를 풀어가는 이해의 수순을 고수하려 한다. 이런 식으로 판단하는 이유는 하나님의 의로움은 무엇에 의해서도 폐하여질 수 없어서다. 세상에는 우리가 납득할 수 없는 일들이 무수히 많다. 그렇다고 우리의 지적인 빈곤을 해소하기 위해 창조주의 신적인 속성에 안다리를 거는 방식으로 풀어서는 안되겠다.

그러니 나는 "믿기 위해서 이해하지 않고"(intellego ut credam) "이해하기 위해서 믿는"(credo ut intelligam) 그런 입장에 서 있는 셈이다.

45
약할 때 강함이라

내가 약한 그때에 강함이라 (고후 12:10)

바울이 받은 계시는 지극히 컸다. 이는 그의 정교한 저술들만 봐도 확인된다. 이처럼 자랑거리는 얼마든지 있었으나 자신을 위해서는 약한 것들 외에는 자랑하지 않겠단다. 이는 약함과 강함이 절묘하게 교차하는 주님의 역설적인 가르침 때문이다. 지극히 큰 여러 계시로 자만하게 될 가능성이 농후한 상황에서 하나님은 바울의 육체에 자만 억제용 가시를 보내셨다. 떠나가게 하려고 주님께 세 번이나 구했으나 "내 은혜가 네게 족하도다 이는 내 능력이 약한 데서 온전하여 짐이라"는 교훈이 주어졌다.

일평생 바울을 괴롭히고 약한 상태에서 벗어나지 못하게 만든 이 가시가 바울에게 준 교훈은 "내가 약한 그때에 강하다"는 것이었다. 바울에게 "약함"은 교훈을 목적으로 한 일회성 수단이 아니었다. 자신의 약함을 "큰 기쁨으로" 일평생 자랑한 것이 그 증거이다. 바울의 해괴한 처신은 사실 납득하기 어려웠다. 우리의 약함과 그리스도 예수의 강함이 어떻게 서로 상응하고 동시적일 수 있는지에 대한 실재적 경험이 없어서다. 그런데 오늘 성경을 읽고 묵상하다 문득 그런 경험이 급습했다. 말씀에 대한 것이었다.

우리가 약할 때 말씀은 막강한 위력을 발휘한다. 반면 우리가 강하면 강할수록 진리의 말씀은 그만큼 가소롭게 여겨진다. 말씀과 우리 사이에 이런 힘의 기묘한 반비례가 있는 줄 예전에는 그리 뚜렷하게 의식하지 못하였다. 사람이 약해지면 다른 감각이 예민하게 발달한다. 눈이 약한 사람들은 귀가 밝고 귀가 어두운 사람은 눈의 관찰이 예리하다. 우리에게 어떤 약함의 가시가 있으면 평소에 사용하지 않던 신경이 자극된다. 평범하던 말씀도 천지를 진동하는 진리임을 감지하게 된다.

일평생 바뀔 기미도 보이지 않는 연약함을 내 안에서 발견한다. 그러면 주님께 원망을 쏟고 한탄하기 십상이다. 그러나 그럴 수 없음을 사도에게 배운다. 비록 영혼을 찌르는 뾰족한 가시라고 할지라도 스스로 높아지지 않게 하시려는 하나님의 은혜라는 사실을 말이다. 연약함이 발견될 때마다 어떠한 말씀이 나에게 위력을 발휘할 것인지, 꿀보다 달콤한 진리의 어떠한 맛을 경험하게 될 것인지를 기대하게 된다. 개인의 성향이든 건강이든 가정의 문제이든 모두가 우리로 진리에 이르기를 원하여 마련하신 은혜의 수단이기 때문이다.

문제가 없는 날이 없는 인생을 살아가는 분들이 계시다면 그런 연약함 속에서 강하게 발휘되는 말씀의 위력을 마음껏 즐기라고 권면하고 싶다. 도무지 해결의 실마리도 보이지 않는 항구적인 문제의 삽바를 하루종일 거머쥐고 씨름하는 사람들이 적지 아니하다. 바울은 "큰 기쁨으로" 자신의 약함을 자랑했다. 주님의 강함이 거기에서 온전하여지기 때문이다. 자아의 지경을 넓혀 공동체로 여기고 나 자신을 그 몸의 한 지체로 여긴다면 해결되지 않는 교회의 문제도 주님의 강함이 발휘되는 출구라는 이유로 감사할 수 있겠다.

주변에 나를 힘들게 만드는 사람이나 사건이 있더라도 그런 확대된 연약함 속에서 발휘되는 주님의 강함을 큰 기쁨으로 향유하는 믿음의 거인들이 하나둘씩 일어나면 좋겠다.

46
하나님의 예정

그 기쁘신 뜻대로 우리를 예정하사 (엡1:5)

사람의 마음은 만물보다 거짓되고 심히 부패해 있다지만 정작 인간 당사자는 그것을 모르고 있다는 것이 예레미야 선지자의 날카로운 진단이다. 이것을 잘 아는 다윗은 '자기 허물을 능히 깨달을 자'가 없으니 그 모든 것을 유일하게 알고 알게 하실 하나님께 '숨은 허물에서 벗어나게 해 달라'고 간구한다. 인간의 부패성은 그 규모가 측량되지 않아서다.

욥은 세 친구들의 신학적 능변을 능가하는 구약의 가장 탁월한 신학자로 로마서에 버금가는 진리의 규모를 세웠다. 그러나 하나님 앞에서는 자신을 '무지한 말로 이치를 가리우는 자'요 '스스로 깨달을 수 없는 일을 말하였고 스스로 알 수 없고 헤아리기 어려운 일을 말하는 자'라 하였다. 하지만 그는 택함을 받았고 은혜를 입었다. 그런 지각에서 근원적인 자기부인이 가능했다.

우리가 본질상 진노의 자녀로서 허물과 죄로 죽었던 영적 상태의 심각성에 대해 무지하다. 그만큼 심각한 어두움 가운데서 건져 빛으로 불러내신 하나님의 은혜에도 무지한 것이다. 이런 맥락에서 나는 하나님의 예정을 생각한다. 진노의 자녀가 하나님의 자녀로 부름을 받아 영생을 누리게 된 근원으로 소급하면 땅에서 펼쳐지는 가까운 원인 그 너머의 차원이 있다.

하나님이 그 기뻐하신 뜻을 따라 정하심! 바울은 그것이 선악을 알거나 행하기도 전에, 그리고 창세 이전에 일어난 일이라고 말한다. 그러니까 피조물과 시공간 속에서 일어나는 일들이 변경할 수 없는 불변의 신적 작정하심 되겠다. 만물보다 심히 부패하고 거짓된 우리의 마음이 구원의 여부를 선택하지 않고 하나님이 지극히 높고 의로우신 판단력을 따라 우리를 택하신 것보다 더 크고 확실한 은혜가 없다. 피조물이 그 본성에 따른 자율성에 어떠한 강압이나 위협 없이도 결국 그리스도 안에서 통일되는 그런 하나님의 정하심은 우리에게 가장 견고한 확신의 근거이며, 가장 깊은 겸손의 샘이면서 가장 은밀한 은혜의 내용이다. 구원이 만물보다 심히 부패하고 거짓된 우리 마음의 판단에 좌우되는 것이라면……. 아, 상상만 해도 끔찍하고 오싹한 일이겠다.

비록 우리에게 택자와 유기자의 분별이 맡겨지지 않았다 할지라도 성경이 작정과 예정의 신적인 신비를 적당한 분량만큼 노출한 것은 사람으로 하여금 음부의 권세가 흔들 수 없는 확신에 거하게 하면서도 교만하지 않게 한다. 나아가 하나님의 절대적인 주권에 합당한 경외심을 갖고 하나님의 측량할 수 없는 은혜를 깨닫게 하사 필경 일평생 감사의 행로에서 이탈하게 않게 하시려는 성경 저자의 의도에 따른 것이라고 믿는다.

시공간에 얽매이지 않는 신적인 인과율인 하나님의 작정과 예정은 눈에 관찰되는 인과율을 따라 사물과 사태를 인식하고 판단하는 인간의 안력이 결코 미치지 못할 신비다. 하나님께 속하였고 하나님이 친히 가려두신 영역, 맞다. 그럼에도 불구하고 성경은 그 신비가 믿음으로 말미암아 알려질 수 있을 정도로만 적당히 노출하고 있다. 당연히 신비라 할지라도 성경이 침묵하고 있지 않은 이상 묵과되지 말아야 할 것이고 인간의 호기심을 따라 성경이 드러내지 않고 하나님께 속하도록 가려둔 영역을 함부로 범하는 것도 금물이다. 호기심에 이끌려 선을 넘어가는 순간 돌이킬 수 없는 미로에 빠진다는 칼빈의 경고는 빈말이 아닌 것이다.

믿음은 보지 못하는 것들의 증거다. 비록 이성의 빛으로도 볼 수 없는 것이라 할지라도 하나님의 작정과 예정은 성경이 명시하고 있는 엄연한 사실이다. 택자와 유기자의 구별은 이성의 빛으로는 조명될 수 없는 영역이기 때문에 그것은 사람에게 맡겨진 심판과 정죄의 무기도 아니다. 나는 확신과 겸손과 감사의 근거로서 하나님의 정하심을 믿고 고백하는 일에 어떠한 주저함도 없다.

47
욕망 제거법

만물 안에서 만물을 충만케 하시는 자의 충만이니라 (엡1:23)

영적으로 공허하면 욕망하는 것이 많아진다. 마음의 손아귀로 움켜쥐는 욕망이 클수록 내게 하나님에 의한 충만의 부재 혹은 결핍이 크다는 사실을 반증한다. 하나님 자신에 의해서만 채워지는 욕망의 빈 주머니를 유한한 어떤 것으로 채우려는 것은 어리석은 헛수고다. 무한한 욕망의 유한한 해소는 또 다른 욕망의 갈증만 부추긴다.

이는 은을 좋아하는 자가 은으로 만족함이 없음과 일반이다. 욕망은 버리는 게 상책이다. 근심도, 시기도, 질투도, 증오도, 불안도 덩달아 버려진다. 그러나 속사람이 공허한 채로 욕망에 마취제만 주입하는 것은 무수한 부작용이 뒤따르는 처신이다. 만물을 충만케 하시는 분의 충만이 다른 욕망을 불필요한 것으로 만드는 식이어야 뒤탈이 없어진다.

욕망을 거머쥐면 쥘수록 욕망이 우리를 더 거세게 거머쥔다. 진정한 자유는 욕망의 해소에서 비롯된다. 욕망이 해소된다 해도 욕망하는 성향은 해소되지 않는다. 이런 맥락에서 자기를 부인하는 것은 진정한 자유를 얻는 역설적인 비법이다. 성경에는 구구절절 우리를 온갖 종류의 결박에서 자유케 하는 진리로 충만하다. 진리가 자유케 한다.

성경을 부지런히 읽고 면밀하게 관찰하고 정교하게 분석하고 철저하게 체득하고 지혜롭게 준행하되 성경의 진리로 인격과 삶을 장악하게 한다면 참 자유인의 경지에 이르게 될 것이다. 좌우에 날선 검보다 더 예리하여 영과 혼을 찔러 쪼개는 말씀으로 죽고자 하면 산다는 자유의 비결을 명심하자. 욕망 제거법의 구체적인 지침은 결국 성경이다.

나아가 성경이 가리키는 분, 만물을 충만케 하시는 분으로 충만하지 않으면 땅에서의 욕망은 결코 제거되지 않는다. 그게 섭리다. 채워져야 할 것으로 채워지는 것보다 더 완벽한 욕망 제거법은 없다. 만물을 충만케 하시는 그리스도 예수로 충만하게 채워지지 않으면 예수님 이외의 다른 불순한 무언가로 대체하는 욕심이 들어온다. 죄악이며 필히 사망을 가져온다. 인간은 그렇게 지어졌다. 하나님의 형상대로 지음을 받은 자의 생리이다. 그게 창조의 섭리이며 신비이다.

48
도둑질 문제의 적극적인 해법

도둑질하는 자는 다시 도둑질하지 말고 돌이켜 자기 손으로 좋은 일 행함으로
수고하여 가난한 자들에게 구제할 수 있도록 하라 (엡4:28)

거짓말 문제는 거짓말을 내뱉지 않으면 종결되는 것이 아니라 선하고 정직한 말로 입술을 빼곡하게 채우는 방식으로 해소된다. 도둑질 문제를 푸는 열쇠도 도둑질의 소극적인 중지만이 아니다. 나아가 도벽에 중독되어 있던 손이 좋은 일로 눈코 뜰 새 없도록 분주해야 한다.

게다가 그런 수고의 목적에 있어서도 자신의 빈곤 해결하는 것을 넘어 타인의 가난까지 타파하는 것이어야 한다. 선한 행실과 정신의 정립이 도둑질 문제의 열쇠이다. 이는 악을 선으로 이긴다는 원리의 구체적인 사례이다. 악의 문제는 악의 억류나 제거로 풀어지지 않는다. 세상에 창궐하는 악의 문제를 푸는 열쇠는 선이다. 악인의 관영은 의인의 관영으로 대응해야 한다.

이는 또한 여호와를 경외하는 것이 악을 미워하는 것과 결부되어 있다는 사실과도 의미의 결을 같이한다. 악을 피하는 방법은 여호와 경외에서 찾아진다. 도둑질하지 말라는 것은 부정적인 계명이다. 부정의 문제를 푸는 해법은 긍정이다. 부정의 부재는 더 심각한 부정의 준비일 뿐이다. 처음보다 더 심각한 부정의 시작이란 얘기다.

더러운 귀신이 어떤 사람에게 있다면 문제의 해결은 귀신을 내쫓는 귀신의 부재가 아니다. 그 귀신보다 더 악한 일곱의 귀신이 깨끗하게 청소되고 수리된 그 사람에게 돌아와 그의 나중 형편이 훨씬 더 심해졌다. 원수

의 문제도 그 원수의 제거로 해결되지 않는다. 그보다 더 심각한 일곱의 원수가 등장해 사태는 훨씬 악화된다. 원수 문제를 푸는 예수님의 비법은 잘 알듯이 그를 사랑하고 기도하며 축복하는 것이었다. 그게 하나님의 섭리다. 세상의 은밀한 질서다. 부정을 긍정으로 푼다는 원리, 우리의 적극적인 삶을 요청한다.

49
사람의 사찰과 하나님의 감찰

하나님이 내 증인이시니라 (빌1:8)

하나님의 말씀을 지킨다는 것은 본래 사람들과 관계된 것이 아니다. 어떤 외적인 유익들과 관계된 것도 아니다. 순종은 말씀의 주어이신 하나님과 관계한다. 보고 알아주는 사람이 없어도 짤짤한 보상이 수반되지 않더라도 말씀을 붙들고자 하는 것은 오직 하나님 한 분만이 그 이유이기 때문이다. 믿음의 경주란 동기(motive)의 싸움이다. 눈에 보이지도 않고 사람이 관여할 수도 없는 내적 동기의 관찰자는 주님 뿐이시다. 주님에 대한 태도와 관계성이 맨살을 드러내는 영역이 내면의 은밀한 동기이다.

민간인 사찰은 천인이 공노할 불법이요 만행이다. 사람들의 내밀한 것을 알고 불의하게 이용하는 사악한 인간의 천박한 꼼수가 사찰이다. 이와는 달리 하나님이 모든 만물과 역사의 창조자와 보존자와 심판자 신분에 걸맞게 적법한 권위를 가지고 행하시는 전방위적 '감찰'이 있다. 이것은 늘 제일 좋은 것을 주시고 가장 좋은 길로 이끄시는 목적과 방향을 따라 행하시는 신실한 사랑의 필연적인 행위이다.

하나님의 사람들은 하나님이 부여하신 것 그 이상을 말하고 행하는 것을 불법으로 여기는 자들이다. 하나님이 한하신 경계를 함부로 옮기지 말아야 한다. 옮기면 그것을 정하신 자의 권위를 침해하는 것이다. 타인의 은밀한 삶과 속마음을 엿보는 행위는 주님과 그 사람 사이의 고유한 관계를 훼손하고 동기의 순수성을 눈치와 조작으로 변질되게 만든다. 사람은 하나님의 말씀에 순종하고 말씀을 따라 서로 사랑하는 부르심에 충실하면 된다. 그게 하나님 앞에서 제대로 사는 것이다.

50
사랑과 지식과 분별

나는 이것을 기도한다: 너희 사랑이 지식과 모든 총명에 있어서 점점 더 풍성하게 하사 (빌1:9)

바울의 기도는 빌립보 교회를 향한 개인적인 바램이 아니다. 주님께서 교회로 하여금 얻도록 구하라고 본을 보이신 기도의 모델이다. 바울의 짤막한 기도는 무엇을 추구해야 하는지에 대한 명확한 방향과 지침을 제공한다. 무엇을 기도해야 하는지, 어떤 것을 추구하며 살아야 하는지에 대한 갈망을 가지고 사도의 기도를 뜯어보자.

바울은 자신의 기도에서 사랑은 몽롱한 감정의 정지된 상태가 아니라 지식 및 온전한 분별력의 지속적인 증대와 결부되어 있음을 지적한다. 당연히 뜨거운 가슴을 사랑의 전부로 여겨서는 안되겠다. 계속해서 자라나야 하는데 지식과 분별이 온전해질 때까지 자라나야 한다고 바울은 가르친다.

사랑은 바른 지식을 가능하게 하는 동시에 지식을 요청한다. 사랑하는 만큼 알고 아는 만큼 사랑할 수 있다는 다소 모순적인 순환 어법이 사랑과 지식의 이러한 관계를 잘 설명한다. 그리스도 예수를 아는 지식에서 자라가야 주님을 더욱 더 사랑하게 된다. 알면 알수록 사랑하지 않을 수 없어지기 때문이다.

주님을 알수록 우리는 무엇이 유용한 것인지를 분별하고 인정하게 된다. 주님을 모르면 대체로 썩어 없어지는 것들에 짐승의 본능 수준으로 집착하게 된다. 영원히 없어지지 아니하는 것보다 찰나적인 사물과 상태가 더 유용하게 보이기에 그것을 얻으려고 이성이 없는 맹수처럼 사납게 달려든다. 그런 판단력을 따라 살아간다.

이는 올바른 진리의 지식에 이르지 않은 자가 살아가는 방식이다. 진정한 사랑과 온전한 사랑의 의미를 모르지만 주님을 사랑하고 있다고 여기기에 틀리지 않았다고 생각하고 돌이키려 하지도 아니한다. 주변에서 진실하게 조언해도 구차한 잔소리에 불과하다. 마치 지식이 없는 소원의 광기처럼 지식이 없는 사랑의 맹목성도 제어할 수단이 없어 보인다.

사랑에도 격이 있다. 깊고 높고 길고 넓은 차원이 있다. 온전하지 않은 상태의 사랑을 전부로 여기거나 사랑의 최종적인 상태나 정점으로 여긴다면 얼마나 위험한지 모른다. 온전한 사랑의 훼방자가 될 가능성이 높아서다. 어설픈 철부지 사랑은 낭만적인 추억일 수는 있겠으나 우리가 지향하고 부단히 머물러야 할 사랑의 종착지는 아님을 깨달아야 한다.

사랑이 온전하기 위해서는 지식과 분별에서 자라가지 않으면 안된다. 그 자람의 정도는 무한대다. 그래서 마음을 다하고 뜻을 다하고 힘을 다하고 목숨을 다해야 하는 게 사랑이다. 지성과 방향과 재능과 가치를 다 걸어야 한다. 이는 수단이나 방편일 수 없고 지나가는 과정일 수도 없다. 왜냐하면 하나님 사랑이기 때문이다.

사랑의 단면이 아니라 포괄적인 개념을 정립하고 그러한 개념의 사랑을 추구하는 것이 바울의 기도가 가르치는 교훈이다.

51
기독교적 지혜

너희로 지극히 선한 것을 분별하며 (빌1:10)

무엇이 유용한 것인지를 분별하는 것이 기독교적 지혜라고 칼빈은 정의한다. 이 지혜는 공허한 교설과 사변으로 정신을 고문하는 것과는 무관하다. 주님은 믿음의 사람들이 무익한 것을 배우며 시간과 정신을 허비하는 것을 결코 기뻐하지 않으신다.

칼빈의 시대에 소르본 대학의 학자들이 일생을 탕진하며 매달렸던 주제들은 영적인 유익과 천상적인 삶의 윤택을 도모함에 있어서 심지어 유클리드 기학학의 논증보다 쓰잘데기 없는 것이라고 칼빈은 비판한다.

사단은 성도의 소명에 거치는 돌멩이 두기에 능숙하다. 실족하게 만들고, 걸려 넘어지게 하고, 삼천포로 빠지게 하는 궤변 구사력에 있어서 사단을 능가하는 존재는 없다. 유용하지 않은 것임에도 불구하고 그것에 집착하게 만드는 사단의 꾀임에 빠지는 사람들이 적지 않다. 대체로 학자들이 그런 경향을 강하게 보인다. '학문'이란 명패만 사용하면 교회의 유익과 무관한 것들에 매달려도 괜찮다는 관념에 너무나도 쉽게 타협의 손을 뻗는다.

이런 우매함은 전염성도 유난히 강하다. 학문을 논하는 놀이터의 담벼락을 넘어 교회와 선교 현장까지 비본질적 잡설과 잡무에 집착하게 만들어 시시비비의 올무에 꿰고 쥐락펴락 한다. 이는 대체로 내가 살아 있어서 걸려드는 함정이다. 별거 아닌 일들 때문에 곳곳에서 충돌하고 핏대를 올리고 찢어지는 일이 다반사다. 참으로 안타깝다.

사랑으로 쉬 덮어질 허물들에 노골적인 조명등을 비추어 그것들을 동네방네 공공연히 퍼뜨린다. 그러면 그 사안에 대해 편이 깔끔하게 갈라진다. 갈라진 두 편 사이에는 싸늘한 신학적 전선이 형성되고 평화의 교류를 허락하지 않는다. 만약 이런 무언의 룰을 깨뜨리는 자는 희생양이 되어 다시는 반복되지 않도록 강도 높은 징계의 본보기로 채택된다.

그러나 기독교적 지혜는 사랑으로 덮어질 사안에 대해서는 덮고 지나간다. 거기에 시간과 마음과 관심사를 과용하지 않는다. 교회에 진실로 유용한 것들을 식별하는 일에 집중한다. 그리스도 예수로 말미암는 의의 열매가 그것이다. 하나님의 영광에 이르는 일에 가용한 모든 재원들을 동원하여 열매의 풍성한 결실에 주목하고 매달린다. 공부를 하든 목회를 하든 사업을 하든 이런 지혜가 필요하다.

52
미완성과 미취득의 삶

내가 이미 얻었다 함도 아니요 온전히 이루었다 함도 아니라 (빌3:12)

바울은 그리스도 예수를 얻기 위하여 자신에게 유익하던 모든 것들을 배설물로 여겼으며 심지어 해로운 것이라고 진술했다. 그는 로마의 태생적인 시민권자이며 산헤드린 공회의 의원, 최고의 문벌 가멜리엘 학파의 문하생이었다. 또한 교계의 질서라고 자부하던 바리새인 중의 바리새인, 구별된 선민인 히브리인 중의 히브리인이었다. 이 정도면 당시의 사람들이 가장 부러워 할 최상급 스펙의 소유자가 아니던가! 그런데 그런 스펙을 무익과 악취와 혐오의 대명사인 배설물에 불과한 수준으로 격하시켜 버렸다. 이 말은 사회적인 반향을 일으켰다. 이러한 가치의 반전에 사회 전체가 술렁거릴 정도였다. 이는 조금 다른 문맥에서 "바울아 네가 미쳤도다 네 많은 학문이 너를 미치게 한다"는 총독 베스도의 어투에서 얼추 느껴진다. 이는 만약 바울이 미치지 않았다면 다른 모든 사람들이 미쳤다는 사실을 시인하는 어법이다. 스스로 판 무덤인 셈이다.

모든 사람들이 그렇게도 흠모하는 유익들을 배설물과 가볍게 동일시한 사고의 배후에는 오로지 그리스도 예수를 얻겠다는 바울의 일념이 문맥에서 읽어진다. 그렇다. 바울의 가치를 조정하는 저울추는 그리스도 예수였다. 그를 얻기 위해서는 어떠한 것도 대가로 지불할 용의가 있었다. 다른 곳에서는 자신의 목숨조차 조금도 귀한 것으로 여기지를 않을 정도였다. 제정신이 아니라는 주변의 평가는 전혀 과하지가 않았다. 진실로 바울은 예수에게 미친 사도였다. 사실 그것이 진정 사도의 사도다운 최상급 면모였다. 그리스도 예수에 대한 갈증 때문에 다른 어떠한 것도 유혹의 미끼로 작용하지 못하는 바울의 그 자유는 어떤 경지일까? 사실 곧 숨이 끊어질 어떤 위인에게는 비록 사로잡혀 있어도 누려지는 자유와 기쁨이 상상을 불허하지 않던가. 이단들이 이런 것을 왕성하게 악용한다. 교주에게 올인하는 순간 교주의 경지가 자신의 경지가 되는 듯한 자유의 가식이 모든 것들을 내던지고 그를 추종하게 만든다.

그러나 교주 따위의 인간 군상과는 비교할 수 없는 그리스도 예수에게 사로잡힌 사람이 바로 바울이다. 답답한 속을 뚫어주는 술이 제공하는 자유는 고작해야 무절제한 고성방가, 노상방뇨, 주접떨기 수준이다. 법의 울타리를 마구 넘나드는 권력이나 부와 명예가 주는 자유도 술 취하는 수준과 별반 다르지가 않다. 이는 모두 후회가 곧장 엄습하고 수치와 민망으로 낯을 붉히게 하는 것들이다. 그러나 예수님이 제공하는 자유는 질적으로 다르고 정도에 있어서도 격차가 현저하다. 예수님은 진리시다. 사로잡혀 있어도 결박이 아니라 자유가 되는 것은 진리가 유일하다. 그래서 진리만이 "자유"라는 말의 사용이 용인된다. 진리만이 아니라 무한대의 사랑과 거룩과 의와 지혜와 지식과 선하심의 원형이신 그리스도 예수께 결박되면 될수록 그의 무한한 최고급 자유가 자신의 것으로 주어진다. 진리이신 그리스도 외에는 어떠한 사물도 자유를 선사하지 못한다. 비록 모양새는 "자유"를 제공하는 듯해도 이내 "중독"과 "속박"의 촉수로 둔갑한다.

바울은 그리스도 예수로 말미암는 유익을 위협하는 모든 것을 단호하게 배설물로 여겼다. 그런 단호함의 반대편에 그가 향유한 자유의 경지가 어떤 것인지가 대충 느껴진다. 온갖 종류의 보화가 다 담긴 그리스도 예수의 전인격이 바울이 누린 자유의 경계였을 것이다. 과히 무한대의 자유였을 것이라고 나는 단언한다. 이러한 자유를 맛 본 자에게 아무리 막대한 땅에서의 지상적인 자유를 약속한들 무슨 유혹이 되겠는가! 죽음도 그를 결박하지 못하는데 그 어떤 것이 그를 묶는 유효한 족쇄일 수 있겠는가! 예수의 존재와 사역, 그리스도 예수와 그의 달리신 십자가 외에는 알지도 않고 자랑치도 않겠다고 작정한 사람에게 먹힐 미끼가 과연 무엇일까! 진정한 자유는 이런 것이다. 결박할 끈이 없어지는 자유이다. 종국적인 것으로는 죽음에의 종노릇 행보를 중단하는 지점에서 진정한 자유는 날개를 단다. 자신의 생명 그 이상의 가치를 발견하지 못한다면 그 행보를 막을 다른 대체물은 없다.

바울의 정신세계 안에 또 하나의 도전이 있었다. 그것은 바로 자신이 추구하던 것을 아직 얻지도 않았으며 온전히 이룬 것도 아니라는 항구적인 정진의 자세이다. 이는 이렇게 해석된다. 그리스도 예수를 얻는 것은 이 땅에서 일평생 추구해야 할 목표인 동시에 그러한 추구 자체가 이 땅에서의 삶이라는 거다. 바울은 정말 못말리는 위인이다. 무한하신 그리스도 예수의 영광을 득하는 것은 이 땅에서는 완성과 완취가 불가능한 경주란다. 앞만 응시하며 질주해야 할 폿대란다. 그러나 비록 완성하지 못하고 온전히 가지지도 못하는 것이지만 그럼에도 불구하고 이 땅에서 고작 맛보기로만 주어져도 인간의 상상 그 이상의 무한한 자유가 주어지는 폿대이다. 바울이 생각하는 나그네의 삶은 바로 그것이다. 이미 얻었다고 목에 힘이 들어가지 않는 삶이었다. 완주해서 싫증이 나고 다른 폿대를 찾아 헐떡여야 하는 그런 일회성 폿대가 아니라 아무리 누리고 성취해도 더 큰 갈증을 투하하는 신비로운 폿대를 지향하는 삶이었다.

바울은 영속적인 미완성와 미취득의 삶을 고백한다. 그럼에도 불구하고 그리스도 예수께 완전히 사로잡힌 삶의 가능성을 충분히 보여준 그에게 심히 매료된다. 하늘에서 이루어질 완성과 취득을 더욱 고대하게 하는 점증적인 갈증 유발 일로를 걸었던 그에게 경의를 표하고 싶은 아침이다.

53
지성인의 허울

그 안에서 발견되려 함이니 (빌3:9)

정보를 취득하고 유통하며 자신의 존재감을 확보하려 하는 지성인을 생각한다. 최고의 지성인 대열에서 빠지지 않을 바울은 그리스도 안에서 발견되기 원하는 존재감 추구의 모본을 보였다. 나는 타인에게 모르는 것을 알려줄 때 때때로 그렇게 함으로써 타인에게 나의 존재감을 높이는 은밀한 욕망이 내게 있음을 확인한다.

지식의 단계는 아직도 나에게 실체가 아님을 깨닫는다. 그런데도 내 지식과 내 존재의 일치를 타인에게 기대하고 있다. 새롭고 깊은 지식을 얻고 전달하며 타인과의 존재 격차를 벌이려는 이 남루하고 유치한 몰입은 마땅히 알아야 할 것은 오히려 모르고 있는 나 자신의 실상을 보지 못하도록 몽롱한 최면을 건다. 아니 의도적인 망각으로 그런 몽롱함을 고집하고 있는지도 모른다.

나는 누구이며, 어떻게 살아야 하는가? 외면을 치장한 장신구에 의해 확인되는 나의 정체성은 허울이다. 나 자신을 그 정체성의 본질로 규정하는 것은 보다 고약한 가식이다. 나의 존재감은, 우리의 존재감은 그리스도 안에서 비로소 확인된다. 그리스도 안에서 존재감을 찾고 그 안에서만 발견되는 사람이고 싶다.

54
신성의 모든 충만

그 안에는 신성의 모든 충만이 육체로 거하시고 (골2:9)

교리의 체계화에 대한 공교회적 움직임에 촉매가 되었던 알렉산드리아 장로 아리우스 사상의 핵심은 그리스도 예수가 피조된 존재라는 것이었다. 즉 성자는 존재하기 시작한 때가 있었고 실체에 있어서 성부와 동일하지 않다는 그의 주장은 4세기 초반을 신학적 격동의 시대로 내몰았다. 많은 사람들이 아리우스 주장에 편승했다. 인간의 보편적인 사고와 호응했기 때문이다. 그러나 이와 관련하여 교회가 확립한 첫 번째 공교회적 교리는 그리스도 예수의 신성이다. 성부와 성자는 동일한 실체를 가졌다(Ὁμοούσιος)는 것이다.

예수님의 몸은 분명히 창조의 결과였다. 예수님에 대한 아리우스 장로의 이해는 눈에 보이는 예수님의 육체에서 출발했다. 보이는 것은 나타난 것에서 말미암지 않았다는 바울의 인식론이 존중되지 않았다. 아리우스 장로와는 달리 바울은 그리스도 예수를 "신성의 모든 충만이 육체로 거하시는" 분으로 이해했다. 사실 바울도 초기에는 그리스도 예수를 육체로 대하였다. 그런 관점은 사람들을 대할 때에도 적용되어 성도들도 육체로 알았다고 바울은 자백했다. 그러나 이성이 거듭난 이후에는 육체로 대하지 않았다고 진술한다.

눈을 열어서 확보된 지각에서 이해가 시작되는 우리의 인지적 한계를 과장하고 과신하는 것은 무모하고 위험하다. 단춧구멍 사이즈의 눈에 담기 위해 심지어 무한하고 영원하신 하나님의 존재와 섭리도 임의로 변경하고 억지로 구겨 넣으려고 하기 때문이다. 보는 눈이 얼마만큼 보아야 사물의 객관성에 도달할까? 듣는 귀가 얼마만큼 들어야 정보의 객관성에 도달할까? 만물의 다양성과 소리의 중다함과 우주의 광대함 앞에 우리의 눈과 귀가 감지하는 영역이 얼마나 된다고 자신의 지각을 진리의 잣대로 추앙하고 판단의 보좌에 앉히는가? 보는 것보다 보이지 않는 것이 많다면, 듣는 것보다 들리지 않는 것이 훨씬 더 많다면 눈과 귀가 조달하는 정보에 의존하면 할수록 주관적이 되고 이것은 어리석인 일이다. 최소한 하나님을 아는 지식에 있어서는 그렇다.

하나님을 이해하는 우리의 머리는 그분이 친히 자신을 계시하신 성경에 의존하는 것이 가장 안전하다. 예수님은 "신성의 모든 충만($π\bar{α}ν τ\, ὀπ\, λήρωμα$)이 육체로 거하시는" 분이시다. 완전한 하나님이 되신다는 사실을 이것보다 더 명료하게 표현할 방법이 또 있을까? "나와 아버지는 하나"라고 하신 예수님의 말씀을 바울식 표현으로 바꾸면 "신성의 모든 충만"이다. 아버지와 아들은 신성에 있어서 완전한 하나시다. "그 안에는 지혜와 지식의 모든 보화가 감추어져 있다"고도 했다. 이는 부활하신 예수의 직접적인 가르침을 받은 바울의 종합적인 그리스도 이해였다. 보다 많이, 보다 멀리 보며 눈으로 보지 못하는 광대하거나 극미한 세계를 목격할 수 있는 시대가 되었다. 그렇다고 해서 바울의 이러한 이해가 상대화될 수는 없다. 문명의 진보란 고작해야 보고 듣는 정보의 도토리 키재기 수준의 확장일 뿐이기 때문이다. 하나님의 진리가 가장 부요하게 증거되고 존중된 시대가 역사적 진보의 정점이다.

나아가 바울의 그리스도 이해는 인간에 대한 이해의 발판이다. 바울은 그리스도 안에서 우리가 완전하게 된다고 단언한다. 올바른 그리스도 이해 없이는 우리 자신에 대한 올바른 이해도 없다는 이야기다. 주님을 모르면 우리 자신에 대해서도 모른다. 그리스도 안에서 우리의 온전함에 대해서도 무지할 수밖에 없다. 성경의 계시에 의존하지 않는 그리스도 이해는 인간 자신에 대한 이해도 왜곡한다.

55
항구적인 기도의 이유

쉬지 말고 기도하라 (살전5:17)

신앙의 나이테가 한겹씩 늘어날 때마다 이 말씀의 질감이 달라진다. 기도는 삶에서 어쩌다가 만나는 환란 수습용 비품이 아니라는 사실이 절감된다. 기도는 삶의 모든 순간들을 위해 '명하여진 은혜'이다. 한순간도 기도와 무관할 수 없기에 기도는 쉬지 말아야만 한다.

일상의 모든 소소한 일들도 스스로는 아무것도 하지 못하고 혹 해결된 일들이 있더라도 나의 능과 힘으로 이루어진 것은 지극히 소소한 일조차도 없다는 것, 이는 신앙적인 해석이 아니라 그 자체로 사실이란 깨달음에 젖어든다. 심지어 존재하는 것도 그러하다.

"쉬지 말고 기도하라." 인간의 본질적인 상태를 이것보다 더 정확하게 묘사하는 표현이 있을까? 존재하고 살고 기동하는 모든 것들이 주님께 의존하고 있다는 인간의 실존은 한번도 변경된 적이 없다. 누구도 스스로 존재하고 스스로 살고 스스로 움직이지 못한다.

한순간도 기도 없이는 살아갈 수 없다. 기도 없이는 아무것도 못하겠다. 기도 없이는 움직임도 가능하지 않다. 그런 상황이 주어질 때마다 유쾌하고 즐겁지는 않으나 나 자신의 처한 본성을 직시할 수 있어서 유익이다. 죽음 앞에서는 그 유익의 크기가 갑절이나 더하겠다.

지혜자는 우리에게 어려운 때에 숙고를 권하였다. 하나님은 어떤 분이신지, 우리는 누구인지, 하나님과 우리의 관계는 어떤지를 환란의 때보다 더 선명하게 확인하는 기회는 많지가 않다. 타인의 고난을 진실하게 이해하는 최고의 준비도 환란의 때이겠다.

시간은 반복되지 않고 매 순간 만나는 경험도 동일하지 않다. 하나의 경험이 전달하는 교훈의 색조와 결은 고유할 수밖에 없다. 그것을 포착할 기회를 놓쳐서는 안되겠다. 요즘 그런 숙고의 기회가 많이 주어진다. 생의 고유한 순간들, 놓치고 싶지가 않다.

나에게는 이것이 기도를 쉬지 말아야 할 이유이다. 명령문을 대할 때마다 강요나 억압이 아니라 영혼의 소생과 갈등의 종식과 눈의 밝아짐을 경험한다. 성경은 이렇게 은혜로운 명령으로 충만하다. 은혜 베푸시고 싶으셔서 '안달'이 나신 아버지의 말씀이다.

56
신학자의 고민

오직 너 하나님의 사람아 이것들을 피하고 (딤전 6:11)

바울은 우리에게 피해야 할 것들이 있음을 강조한다. 하나님의 사람에게 실천이 요구되는 일과 피해야만 하는 일들이 있기에 신학을 공부하며 늘 뇌리의 아랫목을 차지하는 고민이 있다.

책을 읽고 토론을 하고 글을 쓰면서 관심과 가치의 구심점이 성경의 핵심에서 멀어지고 있을지도 모른다는 것이다. 가만히 있으면, 어느 분야를 섭렵하고 나만의 고유한 지적 상아탑을 구축하여 사람들의 관심과 칭찬을 흡입하며 고지 정복의 나른한 쾌감에 잠기는 방향으로 관심이 휩쓸린다. 인간문맥 속에서 합의되고 설정된 임의적인 기준에 희비를 걸고 매달리는 자신을 발견할 때면 코의 호흡으로 연명하며 훅 불면 날리우는 인생의 경박이 한없이 부끄럽다.

신학에서 변증은 필연이다. 어떠한 주제든 시시비비, 옳고 그름의 문제는 발생하기 마련이고 거기에 반응하는 것은 신학의 실천적인 본성이기 때문이다. 하지만 사람에게 변론의 각을 세운다고 해서 경건의 근육이 단련되는 것은 아니며 오히려 엉뚱하고 기형적인 기질이 인격과 삶에 군살처럼 박힐 위험성만 더욱 높아진다. 그렇다고 침묵이나 무관심이 능사는 아니다. 하여 어떤 특정인, 특정학파, 특정시대 신학이나 신앙의 문제에 개입하고 해명하는 것은 불가피한 과제이되 성경 전체의 진리가 고백되고 보존되고 전달될 수 있도록 늘 전역사와 세계교회 전체를 의식하지 않으면 안된다.

여러 믿음의 선배들이 진리를 왜곡하고 파괴하는 다양한 이단들의 광란을 도저히 침묵할 수 없어서 변증의 입술을 열고 논박의 붓날을 세웠다. 그러나 상대방이 내세우는 그릇된 논지의 허리를 꺾는 것 자체를 능사로 여기지 않았다. 묻고 답하는 중에 무의식적 타협과 수긍에 매몰되어 진리의 순수성과 엄밀성이 무너지는 변론의 생태적 한계를 간파하고 있었기에 완급을 적당하게 조절하며 균형을 유지하려 했다. 잘못과 오류를 수정하기 위해서는 책망의 채찍도 필요하고 교훈의 당근도 필요하며 의로움의 구축과 올바름의 정립도 필요하다.

다양한 사람들을 만나고 다양한 문헌들을 읽고 다양한 사안들과 마주치고 다양한 필요들을 발견한다. 다 반응하며 살기는 곤란하다. 시간과 관심과 에너지가 유한하다. 선택과 집중이 필요하다. 선택과 집중의 기준과 방편이 궁금하여 물음의 리스트에 올려두고 줄기차게 고민한 끝에 성경이 모든 역사와 모든 만물의 헤아릴 수 없도록 무수한 것들에 대한 최상의 선택과 집중이란 결론에 이르렀다. 성경은 세세한 것들을 일일이 다 건드리지 않으면서 온 세상과 전 역사를 다 감싼다. 놀랍고 신비롭다. 성경에 매달리면 몸이 열이라도 해결하지 못하는 과제들이 백기로 투항한다.

성경 텍스트를 붙들고 씨름하는 것이 가장 즐겁고 행복하다. 한 구절만 씹어도 진리의 황홀한 맛에 곧장 중독된다. 내 영혼에 달기가 송이꿀의 당분을 무색하게 한다. 달콤하던 모든 것들의 달콤함을 제거한다. 모든 필요가 거기에서 해소된다. 여기에서 소박한 해법을 발견했다. 변증이나 논박은 특정한 사안에 몰입되어 두뇌와 입술을 동원하는 방식으로 상대방의 머리를 공격하고 입술을 틀어막는 것이 아니라 말씀의 선택과 집중이 내 인격과 삶에 체화되고 축적되어 그 자체가 상대방의 인격과 삶에 발견적인 해법이 되는 식이어야 한다는 것 말이다.

우리는 하나님의 성전이다. 하나님이 거하시는 곳이다. 진리가 인격과 삶으로 머물러야 하는 곳이다. 변론의 생리는 머리와 입술을 분주하게 하여 우리 자신이 먼저 진리의 터와 기둥이 되어야 한다는 선행적인 과정을 무시하고 생략하게 만든다. 함정이다. 사단은 이런 논쟁에서 지더라도 우리가 변론의 덫에 걸리기만 하면 궁극적인 면에서는 이기는 승부수를 노리고 있다. 이는 사단이 깔아놓은 논쟁의 판에 뛰어드는 것 자체가 조심스런 이유겠다. 그래서 전인격적 무장이 우선이고 필요에 따라서만 언어와 붓을 사용하는 것이 지혜겠다.

당장 반박의 피를 토하지 않으면 심각한 위기가 초래될 것 같은 긴박한 상황들이 많이 발생한다. 이때 침묵은 비겁으로 간주된다. 그러나 진리는 쉽게 무너지지 않는다. 오히려 준비되지 않은 등판이 위험하다. 웨스트민스터 고백서가 나온 이후에 곧장 영국 본토에서는 그렇게도 우람한 진리의 체계가 뿌리마저 뽑혔다. 이 기현상이 우리에게 주는 교훈은 결코 가볍지 않고 단순한 것도 아니다. 지식의 생산과 진리의 파종이 항상 병행하는 것은 아니라는 교훈 말이다. 물론 진리가 어느 시대나 지역에 심겨지는 것은 기적이고 은혜이다. 진리를 머리만이 아니라 심장과 수족에 보관하는 것은 은혜 수혜자의 도리겠다.

보다 심오하고 높은 진리의 골격을 다시 생산할 필요는 없다. 역사 속에는 이미 주님께서 허락하신 교훈들로 충분하다. 그것을 전인격과 삶에 담아내는 것은 교회의 몫이라고 생각한다. 교회사 속에서 가장 화려하게 빛난 진리의 고백들을 입술에 올렸다고 신학자의 소임을 접는다면 큰 오산이다. 하나님의 진리가 한 시대의 심장을 관통하게 하는 것은 그 진리를 자신의 심장에 담아낸 진정한 진리의 사람들이 나타나야 가능하다. 사단은 이것을 경계한다. 생명보다 귀한 진리를 시끄러운 논쟁거리로 매도하는 일에 능숙하다. 진리가 논쟁의 도마 위를 벗어나지 못하도록.

교회는 진리의 터와 기둥이다. 진리는 교회의 신분이고 인격이고 삶이어야 한다는 이야기다. 교회가 이 정체성을 포기하면 진리가 무너진다. 천재나 영웅 몇 사람의 활약으로 떼우려는 창조적 소수 발상은 접으시라. 하나님의 사람 개개인이 모두 동일한 비중으로 참여해야 한다. 이것은 일회성 이벤트가 아니기에 선동이 아니다. 우리의 방법론은 진리의 터와 기둥으로 각자가 선 자리에서 일평생 살아내는 삶이어야 한다. 우리가 진리의 터로 닦아져야 하고 기둥으로 세워져야 한다.

57
속고 속이는 일의 함정

악한 사람들과 속이는 자들은 더욱 악하여져 속이기도 하고 속기도 하나니
그러나 너는 배우고 확신한 일에 거하라 (딤후 3:13)

시시비비가 틀어지고 진위가 엇갈리면 왠만한 사람들은 전두엽이 더 꼬이는 법이다. 그동안 몰랐던, 아니 알았지만 의식의 적당한 조각을 할애하지 않았던 사안의 흐릿한 실루엣이 뚜렷한 현실로 관찰되면 곧장 선전포고에 들어가고 그 사안에 의식의 전영역을 투입하는 일들이 낯설지 않게 목격된다. 그러나 전쟁이 그렇듯이 주적이 확인되고 그와의 전면전에 돌입하면 가치의 광범위한 재편성이 일어나고 때때로 윤리나 합리성의 '떳떳한' 실종도 수반한다.

세상에는 속이는 일과 속는 일들이 음모의 은밀한 형태를 취하기도 하고 분명한 실체가 있어도 '풍문'이란 개념의 탈을 쓰고 위장하는 경우도 있다. 법과 제도라는 공인된 '폭력'이 거짓의 수단으로 동원되는 경우도 있고 도덕의 끈이 조금 느슨한 분위기가 마련되면 아예 거짓이 자유의 한 유형으로 공공의 단상에 올라선다. 거짓의 세계를 알면 알수록 인생의 회의는 깊어진다. 뭔가 기초적인 가치의 토대가 무너지는 듯하다. 이 대목에서 거짓은 함정의 성격을 갖는다.

거짓의 문제는 공공연한 노출로 해결되는 사안이 아니다. 백주에 까발리면 모든 게 종결되는 문제가 아니다. 거짓의 아비인 사단에게 거짓의 은폐와 거짓의 득세는 수단적인 들러리 목표일 뿐이다. 그의 감추어진 꼼수는 거짓이 탄로나고 그 기세가 꺾이는 위장된 패배를 미끼로 사람들의 호

기심과 분노가 거짓의 페러다임 속에서 알아채지 못하도록 놀아나게 만드는 것이다. 이는 수천년 전에 욥이 간파했던 '속이는 자와 속는 자가 다 주님께 속했다'는 광의의 섭리 개념을 탈취하는 꼼수다. 거짓의 출입이 없는 곳이 한 군데도 없는 이 세상에서 하나님의 섭리적 개입 자체를 봉쇄하는 꼼수 말이다.

거짓을 관찰하고 거짓을 파헤치고 거짓에 분노하고 거짓의 정복에 환희하는 거짓 중심적인 사고방식과 행동양식은 괜찮다고 안심하는 와중에 사단이 파놓은 함정이란 이야기다. 바울은 속고 속이는 일들이 신앙과 삶을 주조하는 거푸집이 아니라는 차원에서 '배우고 확신한 일에 거하라'고 했다. 우리의 의식과 삶을 움직이는 중심추와 틀은 우리가 배우고 확신한 그리스도 예수시다. 그 안에서 존재하고 살며 기동해야 한다.

삼위일체 하나님이 사유와 언어와 삶과 행실의 중심이지 않으면 사단의 어두움을 이기고 정복하고 희열하는 중에 보다 근원적인 면에서는 그의 함정 안에서 놀아나는 패배자가 된다. 기준을 사단의 손에 양도하지 말아야 하겠다. 배우고 확신한 일에 거하는 것이 사단의 위장된 프레임에 놀아나지 않는 비결이다.

58
안식

이미 그의 안식에 들어간 자는 자기 일을 쉬느니라 (히4:10)

히브리서 4장은 여호수아 전체의 주제를 안식으로 규정했다. 구속에 대한 것이 아니라 구속된 하나님의 백성들이 갖는 독특성과 소명에 관계된 것, 그게 바로 안식이다. 믿음으로 우리가 들어가는 약속의 땅은 바로 안식이다. 안식이 있다는 것은 평강과 고요와 안정과 만족이 있다는 것이다. 이런 맥락에서 가나안 땅은 안식을 의미한다. 그 땅에는 기름진 젖과 달콤한 꿀이 흐른다. 그러나 여호수아 전체는 안식의 대단히 역동적인 얼굴을 보여준다.

게으르고 안주하고 만족하고 나태한 느낌과는 완전히 상반된 전쟁의 기운이 여호수아 이야기 전체에 감돌고 있기 때문이다. 이것은 안식일의 주인이신 예수님이 안식일에 죄인을 용서하고 죽은 자를 살리시고 병든 자를 고치시고 가난하고 연약한 자들을 돕는 적극적인 안식일 준수를 통해 안식일의 본질을 잘 보여주신 것과 흡사하다.

안식일은 시간의 흐름을 따라 맞이하는 노동의 중지일이 아니다. 이스라엘 백성들이 안식의 땅 가나안에 들어간 이후 그들의 과제는 전쟁하는 것이었다. 안식의 땅에서 칼을 휘두르고 낭자히 흐르는 피를 목격하고 부녀들과 노인들과 아이들이 죽어가는 비극을 목격해야 했다. 그것은 안식과는 너무도 무관해 보여서 여호수아 주제를 안식으로 잡는 것 자체가 모순인 것처럼 거북하다. 그러나 이 거북함은 오히려 안식에 들어간 자의 삶에 우리가 얼마나 왜곡된 개념과 기대를 가지고 있으면 성경 자체가 말하고 있는 안식의 개념조차 낯설 정도인지 우리의 무지를 고발한다.

안식은 편안히 먹고 마시며 낙을 누리는 것이 아니다. 침노하고 힘써 추구해야 하는 대상이다. 그래서 바울은 안식에 들어가길 힘쓰라고 하였다. 그렇다면 힘쓰는 내용은 무엇인가? 그것은 안식으로 들어가는 것이 인간의 노력에 달렸고 그것에 의해 좌우되는 것이라는 의미가 아니다. 안식은 오히려 이런 의미와 정면으로 반대되는 개념이다. 안식에 들어가기 위해 힘써야 할 내용은 바로 자기를 부인하는 것이다. 그것은 동시에 범사에 하나님을 인정하는 적극적인 행위이다. 자기와의 싸움은 가나안 땅에서의 전쟁들이 보여준 것보다 치열하다.

자기와 싸워 이기는 것이 진정한 안식이다. 하나님을 그런 방식으로 기념하되 영원토록 지속되는 것이 안식이다. 안식의 이러한 역동적 개념은 이 땅이 허무하고 시시한 사람들에게 구속을 받아 안식에 들어가게 된 자들의 삶이 어떠해야 하며 어떠한 사람으로 초대되고 있는지를 너무도 분명히 가르친다. 즉 그것은 자기를 부인하고 하나님을 인정하는 것이 안식이며 그것이 땅에서 살아가는 동안 성도의 삶이고 소명이다.

여호수아 13장은 정복되지 않아 아직 소유권이 넘어오지 않은 것처럼 보이는 땅들도 분배의 대상으로 언급하고 있다. 정복되지 않은 땅을 분배하는 행위 자체가 앞으로도 전쟁이 지속될 것이라는 미래의 암시이다. 이는 예수님이 '다 이루었다' 말씀하신 이후에도 자신이 지금까지 행한 일보다 더 큰 일을 너희들이 할 것이라고 말씀하신 것과 흡사하다. 이는 예수님이 행하신 일의 미완성을 뜻하지 않는다. 공간과 시간 면에서 보다 광범위한 일들이 전개될 것이라는 의미이다. 우리가 이 땅에서 누리는 안식은 전쟁의 종료 이후의 고요한 평화가 아니다. 죽는 순간까지 치뤄야 할 자기 부인 및 주님 인정 전쟁의 연장이다. 그런 삶으로의 초대가 가슴을 설레게 한다.

59
성경해석

하나님의 말씀은 살았고 (히4:12)

"찾고자 하는 것을 발견하지 못하는 사람은 갈증에 시달리고, 쉬 손아귀에 잡히기에 찾고자 하지 않는 사람은 권태에 빠진다. 성경은 성령의 탁월하고 심오한 조율로 구성되어 그 안에 보다 명료한 구절들은 우리의 기갈을 해소하고 다소 애매한 구절들은 우리의 까탈스런 입맛을 일소한다." 이는 어거스틴 주교의 교훈이다. 성경의 애매한 부분도 이유가 있고 명료한 부분도 다 이유가 있다. 이러한 성경의 조화로운 난이도 배합은 어쩌면 우리의 짐작보다 더 심오한 것인지도 모른다.

성경의 개별 구절들이 다른 구절들의 조명으로 의미가 밝아지고 그렇게 하는 것만이 적법하고 요긴한 성경의 사용인 것처럼 생각하면 마음의 한 구석이 허전하다. 의미의 난이도 문제를 넘어 각 구절들의 명암과 색조가 있는 그대로 조화를 이루어서 각각이 고유한 기능과 분량을 따라 성경 전체의 의미에 참여하고 있다는 사실도 합당한 해석학적 조명을 받아야 하겠다. 물론 일부 학자들의 문맥타령 촉발 가능성이 농후한 주장이다.

성경을 책으로 이해하는 인문학적 관념에 한번도 반론의 옆차기를 날려보지 않은 분들에게 성경은 책이 아니라 하나님의 말씀이란 바울의 '성경책' 개념이 귀에 거슬릴 수도 있겠다. 라틴어로 말하자면, 성경은 "책"(biblia)이나 "쓰여짐"(Scriptura)가 아니라 "하나님의 말씀"(sermo Dei)이다. '책'을 해석하는 방식과 '쓰여진 글'을 이해하는 방식은 서로 유사할 수 있겠으나 '하나님의 말씀'을 이해하는 방식은 책을 구분하고 장을 나누고 절을 쪼개고 단어를 해부하는 환원주의 방식과는 대단히 다르다. 그렇다고 전체주의 사상처럼 부분들의 집합이나 조각들의 맞춤에서 부분들의 합 이상으로 생산되는 개념의 나머지를 취하는 방식도 아니다.

왜냐! 하나님의 말씀은 하나님의 뜻이고 하나님의 계획이고 하나님의 마음이고 하나님의 성품이고 하나님의 명령이고 하나님의 섭리이고 하나님의 존재이기 때문이다. 하나님의 능력이고 하나님의 빛이고 하나님의 계시이고 하나님의 사랑이고 하나님의 지혜이고 하나님의 소통이고 하나님의 행위이고 하나님의 임재이기 때문이다. 칼빈이 언급했던 '성경과 더불어, 성경을 통하여, 성경 안에서' 생각하고 말하고 행하는 것을 인식과 행위 차원으로만 결부시켜 이해하지 않아야 한다. 성경의 주어인 동시에 성경 밖에서 그 성경을 조명하고 계신 하나님 자신이 배제된 어떠한 해석도 성경의 본래 의미와 목적을 벗어나게 된다.

하나님이 조절하신 명암과 색상에 맞도록 성경의 각 구절들을 이해하되 동시에 그 조각들이 그 모든 조각들의 주어이신 '하나님을 통해, 하나님과 더불어, 하나님 안에서' 조화롭게 통일되는 접근법을 따라 성경을 해석하는 것이 좋겠다. 그런데 그게 가능한 일일까?

60
유쾌한 멘붕

믿음으로 모든 세계가 하나님의 말씀으로 지어진 줄 우리가 아나니
보이는 것은 나타난 것으로 말미암아 된 것이 아니니라 (히11:3)

하나님을 아는 지식이 주어지는 방식 혹은 인식론은 믿음이다. 믿음 자체가 지식의 샘이라는 것은 아니며 주어진 소스가 지식으로 번역되는 과정에서 동원되는 불가피한 수단으로 소개되고 있다. 이는 믿음 없이는 어떠한 지식도 얻지 못할 것이며, 얻어진 바른 지식은 필히 믿음의 수단을 통했을 것이라는 말이기도 하다. 여기서 말하는 믿음은 모든 사람들의 본성적인 기재를 의미하지 않고 '바라는 것들의 실상이요 보지 못하는 것들의 증거'로서 보이지 않고 나타나지 않은 것, 즉 하나님을 향한 믿음을 일컫는다. 물론 나는 모든 지식의 생산에 각자의 주관적인 믿음이 깊이 개입하고 있다고 생각한다.

본문은 또한 세계의 기원을 푸는 열쇠로서 믿음의 기능을 꾸욱 눌러 강조한다. 세계의 창조가 이미 '나타난' 계시의 성격이 있음을 지적하되 그 창조적 계시의 신비를 벗기는 '보이지 않는 인식론'도 믿음이란 함의까지 담았다. 이는 믿음으로 말미암아 비로소 이해되는 세상에 대한 지식이 그것의 근원이라 할 하나님의 말씀으로 소급하지 않으면 아무리 넓은 보편성과 희귀성을 확보한다 할지라도 고작 학습된 무지의 허탄한 향연일 수밖에 없다는 의미까지 함축한다. 믿음으로 사는 의인의 눈에 세상이 하나님의 보이지 않는 영원한 신성과 무한한 능력이 계시되는 출구로 보인다는 바울의 지적은 이상한 일이 아니겠다.

그러므로 우리는 세상의 기원과 본질과 실존과 목적은 하나님의 말씀 밖에서는 알려질 수 없다고 보아야 한다. 하나님의 말씀은 하나님 자신과 어떤 식으로도 분리될 수 없기에 결국 하나님의 속성까지 소급하지 않고서는 어떠한 지식도, 그 지식에 기초한 어떠한 행위도 건강하지 못할 것이다. 이로 보건대 신학이 관심의 손을 뻗어야 할 영역은 거의 무제한에 가깝다. 그런 만큼 올바른 신학의 중요성은 하늘과 땅의 무게보다 중하다. 온 우주를 하나님의 속성으로 해명해야 할 과제가 신학자의 어깨에 얹혀진 셈이다. 게으름과 안일함의 음흉한 추파에 단호한 저항의 등짝을 돌리지 않으면 안되겠다.

신학적 행동반경 안에서 발견되는 필요에 부응하는 정도로는 신학자 본연의 부르심에 충실할 수 없음은 너무도 당연하다. 지극히 협소하고 구체적인 사안을 건드릴 때에라도 늘 우주를 의식하고 세계와 인류를 어깨에 짊어지는 각오와 자세에는 한 주름의 구겨짐도 없어야 하겠다. "세상이 하나님의 말씀으로 지어졌다." 감당이 안되는 선언이다. 미치겠다! 사람이 받아낼 만한 진리가 아님을 알면서도 한 오라기의 의식도 이 진리를 벗어난 방향으로 촉수를 뻗지 못하겠다. 완전한 무장해제, 전적인 자기 부인, 절대적 백기투항! 기도와 말씀에 전무하는 자리로의 부르심은 영광이고 흥분이고 감격이고 그 자체가 이미 상급이다.

진리에 대한 우리의 사랑이 공자의 "조문도 석사가의"(朝聞道 夕死可矣, 아침에 도를 듣는다면 저녁에는 죽어도 좋다)라는 구도자적 열정에도 미치지 못해서는 안되겠다.

61
은혜의 쓰나미

너희가 죄와 싸우되 아직 피흘리기까지는 (히12:4)

인종차별 문제를 법적인 노예제도 철폐로 해결하고 나니 그것이 사람들의 내면과 일상적인 문화로 파고들어 이제는 법으로도 해결할 수 없는 양상으로 접어들게 되었다며 안타까워하던 마크 놀 교수의 강연이 생각난다. 문제의 외적인 종결이 본질적인 해법은 아니라는 교훈이 강연의 핵심이다.

1561년 존 낙스가 칼빈에게 보낸 편지에는 메리가 영국으로 돌아온 이후로 우상적인 미사가 부활하여 말씀의 권능으로 정결하게 되었던 땅이 다시 영적 썩어짐에 굴복하게 되었다는 내용이 나온다. 경건을 가장한 외식과 대항하는 일이 이렇게 어려운 일(difficile fuerat adversus hipochrisim pietate fucatam pugnare)인 줄 몰랐다며, 이렇게 도움의 손길만 뻗는 자신이 칼빈에게 만성적인 골치(tibi perpetuo molestus sum)가 될 뿐이어서 미안한 맘을 드러낸다.

하지만 문제의 가장 중심부에 서 있을 때에라도 원수에게 두려움을 노출하지 않고 끝까지 소망의 끈을 붙들었던 예전과는 달리, 지금은 배교의 살얼음판 위에서 겪는 창상이 너무도 커서 영적으로 탈진할 정도란다. 하여 탄원과 원조의 붓을 들었고 제네바의 유사한 격정을 관통한 칼빈의 지혜를 구하는 서신을 띄웠던 것이었다.

낙스의 영국이 처한 상황에서 마치 한국교회 현실을 보는 듯하여 가슴

신약 묵상 **387**

이 짠하다. 이는 땅에 썩어 없어지는 것들을 부당하게 취득하고 그것을 보존하기 위해 불법도 서슴지 않으면서도 교회에 머리 둘 곳을 찾았다는 참으로 불쾌한 의심을 떨쳐버릴 수가 없어서다.

한국만큼 신앙의 자유가 보장된 나라가 또 있을까? 모든 외적인 핍박과 제도적인 족쇄는 사라진지 오래다. 그러나 우리 내면에 파고든 경건의 탈을 쓴 우상숭배 습성이 진리와 참경건의 질식을 초래하고 있지는 않은지, 사회에 유일한 희망의 빛마저 꺼뜨리고 오히려 어두움의 산실로 전락하고 있지는 않은지 두렵다. 정치와 경제와 언론과 문화에 선한 영향력을 행사하되 십자가의 방식과는 무관한 바벨론의 달콤한 전술에 구걸의 추한 악수를 청하는 방식으로 사회적 영향력을 도모하고 있지는 않은지 생각만 해도 소름이 돋는다.

그리스도 예수의 피묻은 향기가 사회에 거룩한 혼란을 촉발하는 것은 하나님의 은혜일 것이다. 어쩌면 피를 흘려야 할 정도로 죄와 싸움하지 않는 상황을 만드는 게 사단의 전략은 아닐까도 생각한다. 죄에 무뎌지는 것이 무서운 형벌임을 알기에 죄와의 혈투는 은혜의 한 증거라고 보아도 무방하다. 공의의 하나님은 죄를 간과하실 수 없으시다. 반드시 갚으신다. 그런데 우리가 죄에 무뎌지면 하나님의 심판이 홀연히 찾아와도 그게 심판인 줄도 모르게 된다. 죄와의 혈투 발언은 우리에게 죄에의 경성과 깨어 있음을 촉구하고 있다. 죄와의 혈투 속에서 교회는 교회다운 영적 아성을 회복한다.

싸우지 않고서는 변화도 성숙도 성취도 없다. 가만히 있으면 스멀스멀 자라는 건 죄 뿐이기 때문이다. 내면에는 끊임없는 전쟁의 결과로서 평화가 보존된다. 시대적 문제의 삽바를 거머쥐고 매달려야 한다. 특히 젊었을 때에는 온 인류와 역사 전체를 의식하며 가장 거대하고 근원적인 물음을 선별하고 씨름해야 한다. 하나님의 주권적 섭리는 팔짱을 끼고 뜨끈한 아랫목에 앉아 TV를 보듯이 세상을 관망하며 나른하게 살아가는 그런 피동성이 아니다. 생명의 씨앗이 뿌려지기 위해서는 단단한 땅이 부드럽게 기경되지 않으면 안되듯이 삶의 현장으로 뛰어들고 씨름하고 부대끼며 기경해야 한다.

초등학교 교육을 받는 아이들만 보더라도 정직이란 가치가 그들의 인격과 삶에 심어지는 것이 얼마나 어렵고 심지어 기적적인 일인지가 확인된다. 정직만이 아니라 우리의 전인격적 성화 혹은 거룩도 그러하다. 치열하게 생각하지 않고서는 발견되는 가치가 없고, 죽기까지 부단하게 싸우지 않고서는 얻어지는 변화가 없다. 절망보다 미련한 것은 없고 포기보다 교만한 것은 없다. 소망이신 우리의 주님은 어제나 오늘이나 영원토록 동일하고 세상 끝날까지 누구도 폐하지 못할 동행을 약속했기 때문이다. 인간의 전적인 타락을 녹록하게 보아서는 안된다. 피흘리기까지 싸우고 또 싸워야 할 삶의 전제이다. 결국은 선을 이루게 될 삶의 은밀한 섭리적 장치이다.

이마에 수고의 땀방울이 흘러야 소득이 주어진다. 이것은 타락 이후에 부여된 하나님의 은총이요 질서이다. 그 땀방울을 핏방울로 대신하신 주님은 우리의 모범이다.

62
시험을 만나거든

시험을 만나거든 온전히 기쁘게 여기라 (약1:2)

예기치 않은 일들이 터지면 손익부터 따지는 게 사람의 근성이다. 희로애락 선택도 대체로 그런 근성의 산물이다. 사태의 전말이 주로 가까운 원인과 결과에 따라 이해되고 그 이해에 기반한 행동은 타인의 공감을 낚는 호소력도 있어 이에 상충되는 다른 설명들의 접근은 문전박대 당하기 일수다. 맥락의 사이즈와 초점의 원근만 조정하면 전혀 다른 해석이 나올 수 있는 것인데도 자기 중심적인 사태 해석을 좀처럼 포기하지 않아서다.

시험은 대개 고통과 손해를 수반한다. 기쁨이란 반응과 어울리지 않는데도 사도는 우리에게 온전히 기쁘게 여기란다. 우리의 상식을 뒤집는 성경의 이러한 어법은 책갈피가 멀다하고 수시로 등장한다. 시험에 환영의 비상식적 쌍수를 들 사람은 없다. 그러나 사도 야고보는 상식과 합리에 근거해서 사태 파악하는 습성을 뿌리째 바꾸라고 주문한다. 단순히 긍정적인 사고방식 차원이 아니다. 성경 전체가 우리에게 제시하는 진리의 넓은 밑그림에 근거한 주문이다.

시험은 야고보가 서술한 것처럼 인간의 욕심에서 자라난 죄와 결부되어 있다. 시험의 출현은 엄밀한 의미에서 늘 우리의 욕심과 죄를 고발한다. 죄에서 자유로운 사람이 없기에 시험과 무관한 삶을 살아가는 사람도 없다. 시험은 불가피한 것이고 그 씨앗은 우리가 뿌린 것이라면 시험을 대하는 우리의 반응은 체념과 슬픔일 수밖에 없다. 그런데도 야고보가 온전히 기쁘게 여기라고 한 것은 우리의 인과율 중심적인 판단력을 무장해제시키면서 하늘의 해석학을 이식하는 반전으로 보아도 무방하다.

창세기 전체가 드러내고 로마서가 정리한 하나님의 속성, 악을 선으로 바꾸시고 죄를 피로 씻으시는 하나님의 선하심, 이는 야고보의 권면 배후에 깔린 맥락이다. 시험은 인간의 죄성을 보여주고 하나님의 선하심을 드러낸다. 시험을 만날 때마다 우리의 영혼은 겸손과 경외의 지성소로 한 걸음씩 이동한다. 시험과의 불가피한 대면에서 온전한 기쁨을 고집하는 이유는 금전적 이해득실 개념과는 전혀 무관하다.

시험은 하나님과 인간을 아는 지식의 보고이기 때문에 기뻐한다. 추악한 죄성과 무한한 선하심! 이걸 얻으려고 시험을 만나기 위해 몸부림을 치라는 게 아니다. 온전히 기뻐하는 것은 '시험을 만나거든' 사태에 대한 우리의 사후적인 반응이다.

63
칼빈의 원수동기

세상과 벗이 되고자 하는 자는 스스로 하나님과 원수되는 것이니라 (약4:4)

야고보는 세상과 친해지는 것을 하나님과 원수되는 것으로 간주한다. 세상은 육신의 정욕과 안목의 정욕과 이생의 자랑으로 이루어진 질서 일체를 일컫는다. 세상과 벗이 된다는 것은 그런 질서에 순응하고 거기에서 안식과 만족을 얻는다는 것을 의미한다. 야고보에 의하면 이는 하나님과 원수되는 첩경이다. 그런 세상과 단짝이 되는 것은 하나님의 관점과 하나님의 목적과 하나님의 의지를 대적하는 일이기 때문이다.

이러한 야고보의 기록을 근거로 하나님의 벗이 되고자 한다면 세상적인 사람들을 원수로 여기지 않으면 안된다고 주장하는 사람들이 있다. 이에 대해서는 주의가 필요하다. 다음은 칼빈에게 원수가 생기게 된 이유에 대한 자신의 소견이다. "내게 원수들이 있다면 그들은 모두 그리스도 예수의 원수들인 경우다. 나는 개인적인 동기로 혹은 투쟁의 본성 때문에 적개적인 태도를 취한 적이 단연코 없었다. 사실 나는 그런 분쟁의 원인 제공자가 된 적이 없다. 내게 원수가 생기는 유일한 이유가 있다면 그가 [주님의] 거룩한 가르침과 교회의 회복에 맞서기 위해 불경스런 도발을 감행한 경우가 되겠다."

그러나 세르베투스가 화장용 장작에 오르기 두 시간 전에도 칼빈은 그에게 이렇게 말하였다. "나는 당신을 미워하지 않습니다, 나는 당신을 멸시하지 않습니다. 나는 당신이 이토록 심각한 괴로움 당하는 것을 원한 적이 없습니다." 죽음의 문턱에 선 세르베투스 면전에서 이런 말을 한다는 게 어쩌면 극도의 잔인한 처사로 해석될 수도 있겠으나, 칼빈의 진정성을 믿는다면 그가 얼마나 공사를 뚜렷이 구분했고 개인의 존엄성 보존에도 얼마나 깊은 책임감을 가지고 있었는지 생각하게 된다.

칼빈의 글을 읽으며 비판의 입술을 함부로 열어서는 안된다는 생각이 엄습한다. 주의 진리와 교회를 사랑하지 않으면서, 그것이 짓밟혀도 아무렇지 않으면서, 내 이름을 건드리고 내 이익을 넘보는 이들이 불쾌하고 괘씸하여 혹은 다른 원인들로 답답한 마음을 시원하게 해소할 요량으로 쏟아내는 비판이 의외로 많다. 다들 비판에 있어 자격 미달이다. 물론 무비판이 능사는 아니다.

사랑으로 회복하고 세우되 자기 목숨이나 이익이 희생되는 대안까지 고려되지 않은 비판은 오히려 침묵이 상책이다. 원수가 없을 수는 없겠으나 원수 맺는 동기에 대해서는 자신에 대해 엄격해야 하겠다. 하나님과 벗이 되려는 의도와 무관하게 자신의 사적인 이해관계 때문에 누군가와 원수를 맺는다면 야고보의 말씀을 사사로이 오용하는 사례로 간주됨이 마땅하다.

64
보다 확실한 예언

우리에게 보다 확실한 예언이 있어 어두운 데를 비추는 등불과 같으니 (벧후1:19)

영원토록 변하지 않아서 지금 말하는 그것이 세상의 마지막 순간에도 여전히 옳은 것이 진정한 예언이다. 그래서 풀은 마르고 꽃은 시들지만 세월의 발톱이 아무리 할퀴고 치명적인 풍상을 유발해도 영원토록 변하지 않는 성경보다 더 확실한 예언은 없다. 진리의 빛이 두터운 오류로 덮여 보다 어두워진 때일수록 성경은 더욱 요긴하다. 성경을 읽고 탐구하는 것은 가장 깊은 예언의 세계로 들어가는 것이다. 당연히 사사로이 풀어서는 아니된다. 그래서 성경의 긴 해석사는 진리의 정통성(orthodoxy)과 보편성(catholicity)을 해석의 두 기둥으로 삼았다. 물론 권위의 순서에 있어서는 정통성이 보편성에 선행한다.

정통성은 성경이 성경 자체의 주석이란 사실에 근거하여 "성경과 더불어"(cum scriptura) "성경 안에서"(in scriptura) "성경으로 말미암아"(per scripturam) 해석에 왜곡이나 오류, 충돌이나 모순이 있지는 않은지를 꼼꼼히 규명하는 잣대를 지칭한다. 즉 성경의 올바른 해석은 성경이 말하지 않은 침묵의 경계선은 함부로 범하지 않으면서 (sola scriptura), 성경이 언급한 말씀은 토시 하나라도 묵언이나 망각으로 그냥 지나치지 않아야 하는 (tota scriptura) 오직 성경-전성경 원리에 충실해야 한다.

보편성은 성경이 기록되던 선지자들 및 사도들의 시대부터 사도들의 제자들과, 그들의 제자들인 교부들과, 그들을 바르게 읽은 경건한 중세 학자들과, 그들의 문헌을 섭취하며 교회의 부패무더기를 제거하고 정통을 회복시킨 종교개혁 인물들과, 그들을 건강하게 계승하되 조직적 교육적 제도적 고백적 체계적 규모를 현저하게 고양시킨 정통주의 인물들과, 그들의 유산을 지금도 보존하고 고백하는 하나님의 사람들이 동일하게 알아온 도도하고 편만한 진리의 흐름을 일컫는다.

　진리의 정통성과 보편성이 의미하는 바는 이렇다. 성경 한 구절을 풀기 위해서 그 구절 주변에 운집한 근거리 맥락도 간과되지 말아야 하겠지만 성경 전체와 그 성경의 해석사라 할 인류의 시간 전체가 거대한 문맥으로 존중되지 않으면 안된다는 것이다. 나아가 그 문맥보다 크신 하나님이 성경의 저자라는 사실에서 하나님 자신을 성경을 푸는 최종적인 배경의 정수로서 인정하고 존중하는 것이 정통성의 의미이다. 하나님의 말씀 앞에서 겸손하지 않을 수 없고 입을 함부로 열어서는 안되는 이유도 여기서 발견된다.

　확실하지 않고 지극히 주관적인 '예언'으로 성경의 보다 확실한 예언을 대체하는 무리들이 있다. 그들은 성경의 규범적 계시를 짓밟아 교회의 터를 허물고 스스로를 사도와 선지자로 지칭하며 다른 사도와 선지자를 추종자로 세우는 경솔하고 망령된 행실까지 경건으로 여긴다. 그러나 이 무리들의 광란에 너무 놀라거나 과도히 반응할 필요 없다. 어제오늘의 일이 아니기 때문이다. 교회의 제도적 권위를 남발하는 자들의 오만과 방자를 비판하고 견제하기 위해 제도권 밖에서 또 다른 극단의 무절제한 길을 걷는 것은 동일하게 오만하다. 이러한 반작용의 주기적인 출현은 역사 속에서 늘 목격되는 상습적인 현상이다.

　크리소스톰은 마지막 때의 혼돈을 갈파하고 "교회가 이단으로 장악되는 상황에서 성도의 유일한 피난처요 참된 기독교 진리의 유일한 시금석은 성경 뿐이라"고 탄식했다. '마지막 때'라는 용어로 긴박감을 조성하여

차분하고 객관적인 판단력을 제거한 후 은밀하고 추한 이윤을 취하고자 하는 무리들의 광기를 제대로 잠재우는 유일한 방법은 우리가 진리의 샘인 성경으로 돌아가는 것(ad scripturam)이다. 이런 필요성을 제고하기 위해 악한 날에 악한 자들도 적당히 지으신 주님의 섭리가 놀라울 뿐이다.

65
성경의 예언

예언은 언제든지 사람의 뜻으로 낸 것이 아니요
오직 성령의 감동을 받은 사람들이 하나님께 받아 말한 것임이라 (벧후1:21)

베드로는 성경을 예언으로 규정하고 그 예언의 속성을 이렇게 표현했다. 즉 예언은 사람의 뜻으로 나지 않았고 1) 성령의 감동을 받은 사람들이 2) 하나님께 받아 말한 것이라고 설명한다. 성경의 기록자는 분명히 사람인데 예언의 출처는 사람의 뜻이 아니라는 것이 우리의 상식을 건드린다. 그렇다면 예언의 해석이 기록자의 인간적인 뜻을 해명하는 것으로는 확보되지 않는다는 말이겠다. 그러므로 기록자의 습성이나 문체나 뉘앙스나 지식이나 경험이나 환경에 과도한 집착을 보이는 해석학은 금물이다. 그러나 경건을 빙자하여 기록자의 인간적인 여러 조건들을 무조건 부정하는 것도 보기에 흉한 극단이다. 오히려 부작용만 양산한다.

  하나님은 성경 기록자의 모든 조건들을 결코 배제하지 않으셨다. 시간의 특정한 시점에서 괜찮은 수단들을 급작스레 골라서 사용하신 것이 아니라 태어나기 이전부터 하나님의 장구한 섭리적 준비가 있었으며 시간의 한 시점에 이르러서 활용의 형태를 취했다고 봄이 더 타당하다. 그러나 이러한 활용의 사실을 구실로 삼아 인간의 무지와 실수와 연약과 제한까지 성경의 속성에 그대로 전이되어 성경도 무지와 실수와 연약과 제한이 있다는 식으로 성경의 신적인 속성을 제거하는 논법은 온당하지 않다. 그 이유는 베드로의 해명처럼 성경의 예언이 그 모든 인간적인 요소들이 포괄되어 있는 "사람의 뜻"으로 말미암지 않아서다.

성경이 성경이기 위해서는 사람의 뜻에서가 아니라 성령의 감동을 받은 사람들에 의해서 발화된 것이어야 한다. 기록자의 고유한 조건은 "성령의 감동"이다. 사유가 깊고 어휘가 중다하고 수사학에 능하여 기록의 적격자로 보이는 사람이라 할지라도 성령의 감동이 없다면 성경 기록자의 자격에는 미달이다. 성령의 감동은 "성령의 이끌림을 받는다"는 뜻으로서 기록자의 사사로운 뜻을 제어하는 동시에 기록자의 모든 조건들을 하나님의 뜻 전달에 적절히 동원하고 활용하는 감동을 의미한다. 성령의 감동이 있었다면 인간의 뜻은 배제되고 인간의 조건들은 하나님의 목적에 이바지한 것을 의미한다. 성령의 감동은 예언이 전달되고 기록되기 위해 성령이 행하시는 기록자의 준비이다.

나아가 성경의 예언은 그렇게 성령의 이끌림을 받는 사람들이 "하나님으로부터" 말한 것이라고 한다. 이는 내용의 출처에 관한 조항이다. 즉 성경은 성령에 감동된 사람이 자기의 말을 활자화한 것이 아니다. 즉 기록자의 준비가 있으나 그렇게 준비된 기록자라 할지라도 그들의 입에서 출고된 모든 말이 무조건 예언으로 간주되는 것은 아니라는 이야기다. "하나님으로부터" 말한 것이어야 예언이다. 베드로의 설명에 의하면, 성경의 모든 예언은 이렇게 두 가지의 조건이 모두 갖추어진 하나님의 말씀이다. 성령의 감동에 의한 기록자의 준비와 하나님의 입에서 나오는 신적인 출처 중 어느 것 하나라도 충족되지 않으면 예언일 수 없다.

이렇게 기록된 성경의 예언은 사사로운 해석을 거절한다. 사람의 뜻으로 말미암지 않고 하나님이 예언의 출처시기 때문에 기록자의 뜻이 아니라 하나님의 뜻을 찾아야 한다. 성령의 감동을 입은 사람들의 기록이기 때문에 예언을 기록자의 주변적인 상황이나 역사적인 환경에 의존하지 않고 성령의 증거에 의존하여 이해해야 한다. 물론 기록자의 인간적인 조건들을 수단으로 쓰셨기 때문에 도구적인 차원에서 분석의 대상으로 삼는 것은 불가피한 일이겠다. 그러나 해석의 주도성과 궁극성을 그런 인간의 조건들에 부여하면 사사로운 해석으로 전락하고 만다. 인간의 조건들에 대해서는 도구적인 성경만 고려해야 한다.